教育部人文社会科学研究规划基金项目（14YJA880073）
四川省教育发展研究中心重点规划项目（CJF14001）
西华师范大学博士科研启动基金项目（14E021）

我国义务教育发展失衡的制度述源及变迁研究

夏茂林　著

科学出版社
北　京

内 容 简 介

　　本书运用新制度经济学的理论和分析方法，分别从委托–代理制度、产权制度、非正式制度和制度变迁等角度，对我国义务教育发展失衡的根源即教育资源配置制度问题进行全面深入的系统审视，不仅对相关教育经济学理论进行了新的探索和进一步发展，而且也针对实际问题提出了相应的变迁义务教育资源配置制度的独到见解。其中不乏真知灼见和许多发人深省的观点。

　　本书非常适合作为教育经济与管理专业或教育学类专业的硕士、博士研究生的学习用书，也适宜于教育学专业的本科学生作为"教育经济学"课程学习的参考用书。同时，本书还可以为致力于教育制度经济学研究或义务教育均衡发展研究的学者们提供参考和借鉴。

图书在版编目(CIP)数据

我国义务教育发展失衡的制度述源及变迁研究 / 夏茂林著. — 北京：科学出版社，2015.12
　　ISBN 978-7-03-046575-7

　　Ⅰ.①我… 　Ⅱ.①夏… 　Ⅲ.①义务教育–教育制度–研究–中国　Ⅳ.①G522.3

中国版本图书馆 CIP 数据核字（2015）第 280011 号

责任编辑：杨　岭　孟　锐 / 封面设计：墨创文化
责任校对：陈　靖 / 责任印制：余少力

科 学 出 版 社 出版

北京东黄城根北街16号
邮政编码：100717
http://www.sciencep.com

成都创新包装印刷厂印刷
科学出版社发行　各地新华书店经销

*

2015 年 11 月第　一　版　开本：B5（720*1000）
2015 年 11 月第一次印刷　印张：12.25
字数：240 千字
定价：49.00 元
（如有印装质量问题，我社负责调换）

序

　　夏茂林博士所著《我国义务教育发展失衡的制度述源及变迁研究》一书，系统运用新制度经济学的理论和分析工具对义务教育发展失衡的制度根源进行了全面深刻的分析。其视角和方法独特，论证过程思路清晰、逻辑严密。全书观点独到，思想深刻，提出了许多发人深省的见解，值得一读。

　　义务教育阶段是我国各级教育中年限最长、所有人必经的阶段。在这一阶段受到什么样的教育，对学生能力的提高具有决定性意义，对他们的一生和国家的长远发展产生着基础性影响。因此，义务教育不仅是整个教育发展的基础，也是经济社会发展的基础。义务教育发展失衡必然导致整个教育发展的不协调及区域教育之间的矛盾与摩擦，制约国民教育的整体发展，加剧区域间经济社会发展的不均衡，进而制约国民经济的健康发展。因此，运用新制度经济学的理论，开展义务教育发展失衡研究，不仅有助于义务教育均衡发展和国民教育的整体发展，而且有助于整个社会经济的持续、稳定、健康发展。

　　应该说，对于义务教育发展失衡的制度研究已经不少。但是，如何全面地揭示义务教育发展失衡的制度根源，仍然是困扰学界的一大难题。笔者根据其对新制度经济学的梳理，选择了交易成本理论、委托-代理理论、产权理论、非正式制度理论和制度变迁理论等分析工具，对导致我国义务教育发展失衡的各种制度因素进行了系统分析和追根溯源，并对这些制度内容及其变迁规律进行了深入分析，进而对于治理义务教育发展失衡问题提出了制度变革的措施。这是一条非常新颖的分析思路。研究中，笔者使用新制度经济学的交易成本和现代契约理论对义务教育制度进行了全新的诠释，不仅利用委托-代理理论有力地分析了义务教育预算内经费问题，而且对长期不曾纳入义务教育资源均衡配置视野但却是导致义务教育发展失衡的重要因素的预算外经费配置问题进行了理论上的新思考。尤其是从产权的角度对义务教育人、财、物等资源的产权制度分析，包括对教育的剩余控制权和剩余索取权的探讨，为研究义务教育或者公立学校教育的产权制度提供了全新的参考。对于资源配置，一般的教育经济学理论尚局限于"不是政府就是市场"的二分法的分析。事实上，非正式制度作为其中的"第三只手"，一直潜移默化地制约着社会资源的配置。笔者在对于义务教育发展失衡的制度分析中，不仅从理论上分析了作为其另一只"看不见的手"的非正式制度的影响的必然性和特殊性，而且通过大量深入细致的调查，具体地剖析了义务教育办学差距的非正式制度根源，这为研究和治理义务教育发展失衡问题提供了新的有益的思考。

　　总之，这本基于笔者的博士学位论文修改而成的专著，从制度的层面对义务教育发展失衡问题进行了比较系统而全面的研究，是吸收利用经济学的理论和方法研究教育问题而获得的又一新作。毋庸置疑，这也是国内教育经济学学科发展中取得的新进展和新成果。

范先佐

2015 年 6 月 8 日于武昌桂子山

前　　言

我国义务教育差距(特指各类学校之间的资源配置差距)的演化经历了新中国成立以后不断缩小和改革开放以来不断扩大的不同阶段。通过对改革开放以来不同时期我国义务教育差距状况的梳理发现,"三级办学"期间(1978~2001年)我国义务教育的区域差距、城乡差距和校际差距不断拉大并达到悬殊的水平;尽管政府自2001年实行了"以县为主"的制度调整,但这一问题并没有得到有效解决,甚至越来越严重;2006年以来实行的农村义务教育经费保障机制同样没有明显改善这一状况。义务教育差距的严峻局势仍在不断加剧,并对我国社会发展产生了诸多不良影响和危害:危及社会公平正义,影响社会和谐稳定;助推了应试教育和择校风气;降低了教育资源配置的整体效率;与经济差距形成了恶性循环;在一定程度上阻碍了我国国民经济快速增长与结构优化。为此,缩小并消除义务教育差距已成为我国义务教育发展和社会发展的当务之急。

义务教育差距根源于义务教育制度。义务教育制度起源于其交易成本的节省,实质是一种为降低交易成本而演化形成的用以调节人们行为的交易契约和博弈规则。均衡发展作为降低义务教育交易成本的必然要求,已成为现代学校制度的重要契约目标和国际义务教育发展的共同趋势。因此,义务教育差距是一个典型的制度悖论,其实质是一个制度绩效问题。基于此,本书提出了该问题的研究假设,并进而确定将义务教育投入与资源配置的正式制度、非正式制度和相关制度变迁问题等作为研究内容,同时选择新制度经济学相关理论作为分析工具。

在正式制度方面,运用委托-代理理论并结合调查实际分析预算内义务教育投资体制发现,我国义务教育投资管理体制中的委托-代理结构不仅存在着信息不对称、目标函数不一致和契约不完全等一般委托-代理问题,而且存在许多特殊问题:初始委托人虚拟、缺位、弱势;代理人市场缺乏;代理层级过多、链条长;身份矛盾重叠;权责不对等;等等。正是这些问题导致和加大了我国义务教育的办学差距,具体表现为:①对投资代理人的逆向选择不仅使投资主体逐层下放而导致了区域教育差距,也使得义务教育投资体制出现了"城乡二元"委托-代理关系而导致了巨大的城乡教育差距。同时,代理人如"面子工程"等逆向选择行为也导致了校际教育的悬殊差距。②教育乱收费、克扣或拖欠教师福利、拖延支付教育经费等投资卸责行为导致了农村义务教育投入不足和城乡教育差距的不断拉大;在经费获取及师资配置上都存在的权力寻租问题也为义务教育差距推波助澜。③挤占或挪用教育经费等代理人合谋行为使得本该用于扶持和改善农村或薄弱学校办学条件的教育经费不能落到实处。④一些学校通过数据等信息造假等方式获取更多教育资源及过度的在职消费行为等内部控制问题使得薄弱学校办学条件难以改善，也加剧了教育差距的程度。

在分析了义务教育预算内投入体制问题以后，有必要从产权的角度进一步分析预算外办学经费和师资配置等正式制度问题对于教育差距的影响。从理论上看，教育机构本质上是一种特殊的企业。因此，教育产权不仅包括各行为主体（包括组织和个人）对于其财产的所有权、占有权、收益权和处置权，还应包括剩余控制权和剩余索取权。义务教育的公共产品属性决定了义务教育只能实行政府购买的国有产权。义务教育资源包括现金经营收益（预算外经费）和教师等都应实行政府统筹配置而非市场配置。优化义务教育产权安排应实行非营利性剩余分享制，由各种产权主体共同并对称地分享剩余控制权和剩余索取权。

产权制度决定了资源配置状况。通过理论分析并结合调查实际发现，我国义务教育在预算外经费和人力资源方面的产权制度对于义务教育差距的形成贡献巨大，主要表现在：①教育机构及其代理人剩余索取权缺失导致其均衡配置教育资源的动力缺失；②教育机构剩余控制权错位使得预算外教育经费缺乏政府统筹，从而导致校际教育差距拉大；③教师人力资本剩余索取权谬误导致师资配置失衡；④教师人力资本剩余控制权失谐导致师资配置失衡。

作为支配和约束人们行为的规范，制度不仅包括正式制度，还包括各种非正式制度。非正式制度是指一切没有通过正式成文方式确认的或社会正式组织予以强制实施的各种社会规范，包括意识形态、价值观念、道德信仰、风俗习惯、文化传统等。它与正式制度相互依存、相互补充、相互影响，共同决定着社会资源的配置状况。非正式制度作为一种不同于市场和计划的力量，是调节资源配置的"第三只手"（不同于市场的另一只"看不见的手"），在义务教育资源这个非市场化配置领域仍然起着重要作用。访谈和问卷调查及其统计分析显示，一些不合理的非正式制度因素也导致了我国义务教育差距的不断拉大。这些因素按其对义务教育差距的贡献大小排列分别为：差异发展观、应试教育、重点学校惯例、集权文化、潜规则、人情关系、拜金主义、本位主义文化、职业信仰、职业道德等。它们分别对应的四个维度即意识形态、习俗惯例、道德信仰和文化传统等对于财物资源配置和教师资源配置差距的影响力差异显著。这四个维度对于财物资源和人力资源的影响跟其对教育总体资源配置差距的影响趋势基本一致，即意识形态＞习俗惯例＞文化传统＞道德信仰。其中，潜规则、本位主义和差异发展观等因子对师资配置差距的影响显著高于其对财物资源配置差距的影响。

依据制度变迁理论并运用新经济史学常用的分析法等研究方法进一步分析我国义务教育差距不断演化及其治理背后的制度变迁问题发现，改革开放以来，社会经济环境、政府决策、利益博弈和文化意识是决定和制约我国义务教育制度变迁的主要因素。目前，我国义务教育制度既在一定程度上面临着纳什均衡、利益博弈阻力和路径依赖性等变迁困境，同时也面临着外部社会经济环境变化、中央政府及政策变化和博弈格局力量对比变化等带来的变迁契机。

因此，要有效治理义务教育差距问题，首先就应打破其制度变迁困境。为此，须从以下方面进行：①让决策者利益与制度变迁利益的方向一致，并加大中央政府对制度变迁的强制执行力度，以打破利益博弈格局；②强化关于"均衡发展及其技术"的学习机制，形成地方政府和社会民众对制度变迁的"多数同意"；③选择合适的制度变迁方式，实行政府强制式、主动式、局部式和渐进式变迁。

其次，还应针对义务教育资源配置的具体制度问题进行相应变革。第一，针对义务教育投资体制中的委托-代理问题，①恢复中央政府的投资委托人身份，由中央政府统筹义务教育资源的筹集和配置；②调整投资代理人，实行"以省为主、省直管县"的义务教育管理制度，将投资代理人层级统一上移到省级政府；③通过减少代理人层级、建立科学统一的资源配置标准和均衡发展的评价指标体系、健全均衡状况的信息公开制度、建立良好的代理人决策参与机制等途径来促进信息畅通，改善信息不对称状况；④将义务教育投资及其资源配置状况作为相关政府政绩考核的重要指标，并通过信息公开接受监督和进行奖优惩劣，以完善激励约束机制。第二，针对产权问题，①还给教育行政机构应有的剩余索取权和剩余控制权，把学校经营收入纳入政府统筹配置的权限范围之内；②加大并落实津补贴资助力度，健全教师人力资本剩余索取权制度；③协调各主体对教师人力资本的控制权，实行由地方教育行政部门统一聘任义务教育教师并定期流动的制度。第三，针对非正式制度问题，应重塑影响我国义务教育资源配置的非正式制度，以促进正式制度与非正式制度的协同变迁：①强化正确意识宣传，树立义务教育均衡发展观；②加强教育工作人员岗位交流和精神引领，重塑工作人员的职业道德与职业信仰；③通过加强正式制度导向和执法来促进非正式制度变迁。

总之，打破制度变迁困境是缩小义务教育差距的关键；改善投入体制的委托-代理关系是缩小义务教育差距的根本途径；调整相关产权制度是缩小义务教育差距的必要途径；重构非正式制度是缩小义务教育差距的难点所在。

目　　录

绪　　论

一、问题提出

义务教育差距已是一个老问题，也是近年来学界研究的热点、难点问题，但至今仍是一个亟待进一步研究和解决的重大问题。

（一）我国义务教育差距已与经济社会差距形成恶性循环

计利当计天下利。当"和谐社会""科学发展"成为我国 21 世纪新时代的新主题，尖锐的经济社会差距等问题成为关注的焦点的同时，日益悬殊的教育差距也逐渐引起人们的重视。"我国教育差距的严重程度和拉大差距的速度在许多方面比经济差距更大、更明显"（袁振国，2005）。教育作为社会系统的重要组成部分，在经济社会发展中起着先导性、全局性和基础性的作用，因而决定了经济差距与教育差距必然是互为因果、相互推动的关系。早在 1999 年美国智囊机构兰德公司的教育研究报告《缩减教育差异：效益与成本》就已指出：教育公平，能够给政府创造巨额的财政收入，给社会带来巨大的经济效益。国内众多研究也表明，教育差距对于经济增长、收入分配及社会发展均有显著的负面影响。"从累积效应看，教育差距对经济增长的影响始终为负"（王爱民等，2009）。而且，教育差距已阻碍了我国的经济增长，地区间教育差距已成为各地经济差距的重要因素（杨俊等，2007）。当期城乡收入差距的主要影响因素就是前期城乡教育差距。前期城乡教育差距每提高 1%，将使当期城乡收入差距扩大约 5.52%（林志伟，2006）。也有研究表明，我国城乡教育差距每上升 1%，城乡收入差距将上升 6.4个百分点，而且这种影响正越来越大（温娇秀，2007a）。可见，我国义务教育差距已与经济社会发展差距形成了恶性循环，严重制约了"和谐社会""科学发展"的实现，同时也成为我国成功跨越"中等收入陷阱"的重大障碍。虽然这一问题近年来已引起了党和政府的高度重视并已采取了一系列措施，但收效并不明显。义务教育差距非但没得到有效遏制，反而仍有进一步拉大的趋势（鲍传友，2005）。正是鉴于这一问题的严峻性，党的十八大报告中再次强调了要把"努力办好人民满意的教育。……均衡发展九年义务教育，……大力促进教育公平，合理配置教育资源，重点向农村、边远、贫困、民族地区倾斜……，积极推动农民工子女平等接受教育"① 等作为下一个阶段党的奋斗目标之一。十八届三中全会也进一步指出要"提高资源配置效率和公平性。……推进城乡要素平等交换和公共资源均衡配置"②。

(二)国家治理义务教育差距问题的具体政策亟待完善

近年来,为了解决义务教育差距问题,我国政府先后颁布了一系列新的应对政策。例如,21世纪以来国家提出将均衡发展作为义务教育政策的重要目标。2005年国家教育部又提出了《关于进一步推进义务教育均衡发展的若干意见》,并随后发出了《关于深化农村义务教育经费保障机制改革的通知》。虽然这些政策措施在一定程度上缓解了义务教育差距拉大的速度和程度,但并未能很好地解决这一问题。为此,《国家中长期教育改革和发展规划纲要》(2010—2020年)第四章第九条又进一步详细规划了"推进义务教育均衡发展"的政策目标③;2010年年初教育部也具体印发了《关于贯彻落实科学发展观 进一步推进义务教育均衡发展的意见》,提出了"把义务教育作为教育改革与发展的重中之重,把均衡发展作为义务教育的重中之重"等新的政策目标和举措。但是,这些政策举措仍只是在宏观层面上作出的初步规划和设计,其具体措施仍亟待进一步探索和完善,有些规定甚至还存在较大的缺陷或需要进一步研究和弥补的空间。这些问题如不能及时地得到解决,势必影响到政策实施的可行性和实效性及其最终目标的顺利达成。这些问题主要表现在以下几个方面。

1. 政策规定缺乏实质举措,可操作性不强

我国新一轮解决义务教育差距的一些政策目标和措施并不清晰明确,许多规定还停留在口号层面。例如,2010年《关于贯彻落实科学发展观进一步推进义务教育均衡发展的意见》(以下简称《意见》)虽然提出了具体的政策目标并制定了实现义务教育均衡发展的路线图和时间表,即"力争2012年实现区域内义务教育初步均衡,到2020年要实现区域内义务教育基本均衡",但对于此政策目标的实现途径和具体措施却并未详细谈及(如《意见》虽然提出了要"健全城乡教师交流机制",对于如何实施却并无只言片语),因而可操作性并不强。这还需要在实践和研究中不断探索来予以解决。

---

① 坚定不移沿着中国特色社会主义道路前进为全面建成小康社会而奋斗[EB/OL]. http://www. zhb. gov. cn/zhxx/hjyw/201211/t20121120 _ 242254. htm。
② 中共中央关于全面深化改革若干重大问题的决定[EB/OL]. http://news. xinhuanet. com/ 2013-11/15/c _ 118164235. htm。
③ 2010. 国家中长期教育改革和发展规划纲要(2010—2020年)[M]. 北京:人民出版社:22-23.

2. 具体措施缺乏制度变革，制度保障乏力

国家针对义务教育悬殊差距提出的现有改革措施中，尚缺乏从制度源头上解决问题的办法。例如，《意见》提出"省级教育行政部门要加大指导和统筹力度"（第 3 条），"地方各级教育行政部门要加大合理配置教育资源的力度，促进校长教师合理流动"（第 7 条），"进一步加大省级统筹力度，继续向农村义务教育倾斜"（第 11 条），等等。这些规定只是提出了初步的解决思路，不具备客观操作性（何况有些宏观规划本身也是值得商榷的）。即使有个别措施提到了制度，也仍是内容空泛，如"建立和完善现代学校管理机制……完善校长负责制和教师代表会议制度"（第 12 条）等。这些规划性的宏观解决思路由于缺乏具体的制度变革，必将导致在实施中得不到刚性保障而实效性不足。

以上问题的产生，一方面固然是由于我国"义务教育由地方政府负责"的制度大背景下，具体措施难以由中央统一制定，许多内容均不得不有待地方教育行政部门进一步制定落实。一旦到了地方政府，执行起来又由于具有较大的制度弹性而难以保障落到实处，甚至使得义务教育差距更加"异彩纷呈"。另一方面也反映了我国义务教育体制本身的缺陷及当前学界对此研究的不足。

（三）现有对义务教育差距的研究仍存在较多不足

尽管我国政府已对义务教育差距问题采取了一系列解决措施，但仍难见实效，究其原因，不仅在于教育差距问题本身的复杂性，更在于政策措施的不合理或不到位，同时也根源于学界研究的不足。

事实上，近十年来，对于义务教育差距的研究已经很多，而各级政府或教育主管部门对于该问题的立项也在不断增加。每年仅省部级和国家级课题立项就不胜枚举。据笔者统计，仅 2012 年度教育部人文社会科学研究规划项目立项的 344 项课题中，就有 20 项是关于"义务教育公平""义务教育均衡发展""城乡教育统筹""城乡教育一体化"等方面的项目。已结题和在研的相关项目更是为数众多。至今，"义务教育均衡发展""城乡教育统筹""城乡教育一体化"等词条仍在各级教育类项目申报的"课题指南"上占有重要地位。各级机关围绕"义务教育差距"举行的学术研讨或交流会议也在不断召开。可以说，国家已经为义务教育均衡发展的研究提供了大量的经费，花了大量的力气，当然不可否认也同时取得了较丰富的研究成果，各报刊社已不断发表了大量的相关研究文献。但纵观这些研究，仍存在较多不足，以至于还未能满足政策实践的需要。

通过对文献的分析可以看到，当前所有的研究都仅从教育公平或教育的经济功能等两大角度来看待义务教育差距，研究视角仍较狭隘。这种研究视角的局限导致了对教育差距问题认识的不足：①仅从教育公平角度看待教育差距，跳过了差距问题本身及其复杂性。而对于教育差距到底"是什么？怎么样？为什么？怎么办？"等全都不甚了然，甚至因此忽视了其对教育效率的影响。目前虽然提出了"均衡发展"目标，却很少有人关注"均衡"是否符合"绩效"或"效率"原则。②仅从教育的经济功能看待教育差距是目前研究的通病。看到教育差距与经济差距恶性循环的危害固然重要，但是，我们还更应看到教育差距本身不只是公平问题，还是一个严重的效率问题、效用问题。它将对社会各个领域产生广泛的深远影响，关乎整个国家义务教育资源配置与利用的总体效率和效用最大化。同时，义务教育差距的产生本身也是一个教育经济人目的与手段的制度绩效问题。忽视了这一点，"均衡发展"或"一体化"乃至"城乡统筹"就缺乏充分的理论依据。而且这一点恰恰是当前学界尚未展开研究，同时也是当前义务教育差距问题研究难以深入的关键所在。

现有研究不足的另一表现就是对于义务教育差距的制度根源还缺乏系统研究。教育差距的形成与社会政治、经济和文化是密切相关的，这固然是应该看到的问题。但是，作为人为的制度才更是可以努力的方向，找主观原因才是解决问题的关键。一切问题在很大程度上都是制度安排的结果。对于义务教育差距问题，教育制度本身难辞其咎。因此，要解决教育差距问题，固然需要教育外界因素的相应改变或调整，但最根本、最直接的路径却应是教育制度的系统变革。然而，迄今为止，尚没有专门针对义务教育差距问题而进行的系统全面的制度分析。虽有不少学者从一些微观层面如教育财政制度、教师流动制、聘任制、校长负责制和绩效工资制等方面作过不少研究，但都只是零散的分析，并不系统，且缺乏宏观研究，从而难免导致国家政策制定的含糊性。

（四）制度悖论与变迁困境：我国义务教育差距演化及其治理失效的根源

经济学家诺思指出：国家制度的存在对于经济增长来说是必不可少的；但国家制度又是人为的经济衰退的根源，这就是著名的"诺思悖论"。之所以存在这样的悖论，原因在于，作为制度制定者的国家政府一方面想通过制度安排实现自己所代表的集团或阶级的利益最大化，另一方面又想通过制度安排实现社会产出最大化，以维护国家稳定和增加政府税收。而这两个目的并不完全一致，甚至相互冲突，于是成为一种悖论。这对于我们社会主义国家而言，虽然性质有所不同，但对于研究却有启发意义。根据"三个代表"重要思想，中国共产党和政府代表的是最广大人民的根本利益。显然，我国义务教育差距问题的制度安排与党委和政府的初衷是相违背的，因而是另外一种性质的制度悖论——义务教育制度满足或增进了一些阶层人的利益，同时却降低了整个社会的教育产出和总体福利。

　　义务教育是国家和整个社会的义务。而我国是社会主义国家，全国人民的根本利益应该是一致的，即国家既是义务教育的代理人，也是委托人。因此，义务教育制度理应是提高教育效用的一种制度安排。站在国家或社会的角度，作为教育举办主体的教育经济人，在资源稀缺或公共经费不足的情况下，其追求的目的在于整个社会教育资源配置和利用的效用最大化，即如何经济有效地达成教育目的，提高教育效用。然而，义务教育学校办学差距的两极分化却极大地导致了教育资源配置整体上的低效率问题（锦上添花与雪上加霜并存），也导致了严重的教育不公平问题。效率问题和公平问题共同决定了义务教育的社会整体效用的高低。为了实现教育整体效用最大化，必须通过教育制度变革即教育服务的交易契约调整来降低交易成本。

　　义务教育差距问题的根源就在于影响义务教育资源配置和管理的相关制度（包括正式制度和非正式制度），因此只有通过相应的制度变革才能解决。然而，当前我国义务教育差距治理的政策绩效却并不理想。这不仅在于制度变革的内容片面或力度不够，更在于制度变迁的影响因素复杂而出现了制度变迁困境。正如诺思（2008a）所说"要改善人类的前景，我们必须理解人类决策的来源"。为此，只有深入系统地分析我国义务教育差距的制度根源及变迁规律，才能有效地促进和实行相应的制度变革。

　　综上所述，由于我国义务教育差距问题的严峻局势及其相关研究和政策的不足，我们有必要对我国义务教育差距的制度根源及其变迁规律进行专门系统的研究。而要做到这一点，就离不开对人类现有研究成果的广泛借鉴和吸收利用。其中，制度经济学的相关理论和方法就是一个有益的视角和分析工具。制度经济学认为，制度就是契约，是交易主体行为约束的规则，是降低交易成本、实现效用最大化的工具。"任何组织和制度都是契约选择创造形成的，教育制度和组织也不例外。"而"教育改革的实质是根据具体约束条件的变化，改变教育中的交易方式和契约选择"（曹淑江，2004a）。一切学校教育都应为实现教育目的而产生：提高人口素质，增进人类福祉。公立学校制度实质就是国民或社会通过纳税等形式将教育经费交给政府机构（各级教育主管部门和学校组织）并由这些机构逐层委托代理生产并交易教育服务的一种具有多级委托代理关系的教育交易契约。可见，教育制度问题完全适宜于制度经济学研究，运用新制度经济学的分析工具来分析义务教育差距问题有利于更好地揭示其制度根源及变迁规律。然而，迄今为止，还极少有学者从制度经济学视角对教育差距问题进行专门系统的制度研究。因此，本选题的研究是对现有研究的重要补充，希望能对我国应对义务教育差距问题有所裨益。

二、文献综述

（一）国内研究

1. 义务教育差距的相关研究

我国对于义务教育差距问题的研究不过是近十几年的事。通过文献检索发现，我国较早关注"义务教育差距问题"的论文是 1994 年苌景州的《建立有利于义务教育均衡发展的资金保障体系》。此后，义务教育差距问题便引起了越来越多的人注意。从文献来看，对此问题研究的高峰期应在 21 世纪初，这正与问题矛盾的激化和党的十七大以来政府工作重心转移相一致。目前义务教育差距的相关研究方兴未艾。迄今为止，我国关于义务教育差距问题的研究成果已相当丰富，但大多是从"义务教育均衡发展""教育公平""城乡教育一体化""城乡教育统筹"等视角进行的研究，其理论体系尚不够完善和成熟，归纳起来主要有以下内容。

1）义务教育差距的概况及表现

现有对于义务教育差距问题的研究都主要是基于教育公平或平等的思想进行的。研究认为，教育差距是在教育活动中两个事物之间某种属性的差别程度或距离，具有可衡量性和可见性，与教育公平问题有着密切关系（王爱民等，2009）。我国区域教育差距主要是纯城乡间差距，城乡间大于纯地区间差距（王爱民等，2008）。王善迈等（1998）从教育投入和产出水平两方面分析了我国教育发展的地区差距，发现我国地区教育发展不平衡与经济发展的不平衡基本保持一致。李春玲（2003）研究认为，自 1940 年以来的 60 年里，我国教育机会分配形态经历了两个截然相反的阶段：一是 1978 年以前，教育机会分配从极度不平等的状态朝着平等化方向演变；二是 1978 年之后，教育机会不平等的程度又在逐步增加。

学者们密切关注了我国义务教育差距的严峻局势和具体表现。袁振国（2005）等的研究发现，我国教育最突出的问题表现在地区之间、城乡之间的差距上。我国教育差距的严重程度和拉大差距的速度在许多方面比经济差距更大、更明显。而最主要、最显著的教育差距又体现为城乡教育差距。在农村，集中在义务教育阶段，尤其是初中教育；在城市，集中在普通高中和大学阶段。赵庆华（2005）认为义务教育差距有五大表现：一是义务教育发展的地域差距；二是义务教育发展的城乡差距；三是义务教育发展的校际差距；四是义务教育差距呈进一步扩大的趋势；五是农村学生学业成功率远远低于城市。高如峰（2004）的实证研究表明，自 2001 年实行"以县为主"的教育管理体制以来，中西部地区获得了较以前更多的中央财政转移支付资金，但是农村义务教育经费仍然不足，公共资源配置不公平的问题没能根本解决。朱迎春和周志刚（2006）指出，义务教育投入的城乡差距很大，农村义务教育投入只分别占到总投入的 30.06％ 和 60.36％，农村的中小学生均教育经费远远低于全国平均水平。王蓉（2004）、张秀英（2005）等详细分析了农村义务教育的困境，如农村儿童上学困难、辍学率高、经费投入不足、教育质量差等。研究认为，义务教育配置的城乡差距明显（包括教育设施设备差异明显，以及城乡之间尤其是乡镇中心校和农村小学之间师资差距明显两个方面）、乡镇之间差距明显、中小学学段之间差距明显。翟博（2007）研究认为，我国义务教育的地区差距总体呈缩小趋势，但地区间财政性教育经费及初等教育生均教育经费和中等教育生均教育经费的绝对差距仍然在拉大。林涛（2008）研究表明：校际教育基尼系数远大于省际数据，"办学条件差距>教育经费差距>师资差距"，而"预算内公用经费差距>公用经费差距>预算内教育事业费差距>教育事业费差距"。崔红菊（2009）的研究表明，义务教育差距依然较大，主要表现在地区、城乡和区域内部学校之间。栗玉香等（2009）根据北京市 18 个区县的官方数据及对北京市部分区县内 256 所中小学的调查数据研究表明：校际的财政差距明显高于区县间差距，校际财政的存量差距高于增量差距。王建容和夏志强（2010）比较研究了全国 33 个省（自治区、直辖市）2000~2006 年的生均经费（包括生均预算内教育事业费、生均预算内公用经费、义务教育经费供给偏好指数、学生实际获得的教育福利指数等指标），得出我国省际义务教育差距仍然较悬殊这一基本判断。闫坤和刘新波（2010）采用基尼系数分解和泰尔指数分解的方法，从地区差距和城乡差距两个方面探讨义务教育差距，发现：义务教育的城乡差距仅仅在经费"增量"上逐渐接近，"存量"问题即农村义务教育的历史欠账问题没有解决。而农村义务教育的地区差距仍在扩大。与此同时，流动人口子女的受义务教育问题也受到了关注。韩嘉玲（2001）、邹泓等（2004）、翟博（2007）等的调查研究发现，打工子弟学校存在办学条件差、教育质量低等问题。

2）义务教育差距的测量

为了深入研究和更好地测评与应对义务教育差距问题，学者们从多角度探讨并设计了测量义务教育差距的指标体系。杜育红（2000）认为应从教育发展的数量和质量两个方面来衡量教育差距及其变动情况。杨东平和周金燕（2003）以人均受教育年限代表教育水平，以生均经费和入学率等代表教育质量和机会，从地区、城乡、阶层差异等纬度构建了教育公平评价指标体系，为分析教育差距奠定了基础。袁振国（2003）选择师资质量、物质资源、学生辍学率等指标并进行换算和加权平均，形成参照系数来衡量城乡之间和地区之间的教育差距。郭宏宝（2007）采用生均教育经费、升学率、师生比率、教师经验、教师工资作为衡量义务教育差距的主要指标。潘玉君等（2007）采用义务教育机会、投入和质量三方面的指标构建了区域义务教育均衡发展的指标体系。沈有禄(2008)借鉴西方教育制度公平测度指标体系，从教育人力、财力、物力资源配置制度的公平性来构建义务教育资源配置差距测度的指标体系。翟博(2007)采用中小学入学率、公共教育经费、生均教育经费、教师合格率、生均校舍面积、教育基尼系数等六个指标综合评价我国义务教育地区间、城乡间、学校间和群体间的差距。翟博(2008)首次把指数引入教育均衡分析，构建了分析教育均衡发展的指数体系和教育均衡发展指数。但褚宏启和高莉(2010)认为现有指标体系仍未能反映义务教育均衡发展的新要求。设计义务教育均衡发展评估指标体系和标准应增加教育过程指标，完善教育质量指标，要考虑省、市、县均衡发展标准的共性与差异，同时要根据发展不同阶段设立不同的标准基数。

　　3)义务教育差距的影响

　　对于义务教育差距影响的研究主要集中在教育差距对经济增长和收入分配的影响。①关于教育差距对经济增长的影响：张长征等(2003)选择教育基尼系数估算了1978~2004年我国历年教育公平程度。结果表明，显著的区域教育差距与城乡教育差距对于经济增长与社会发展有显著影响。白雪梅(2004)、刘海英(2004)等在分析教育基尼系数与人均受教育年限因果关系的基础上，构建了教育差距与经济增长的关系模型：教育基尼系数降低—人力资本"均化"—人力资本积累提高—全要素生产率提高—经济增长质量提高。结论认为人力资本"均化"可以提高经济增长质量。傅征(2006)的研究表明，人力资本平均水平和教育差距对经济增长有正、负两种影响，东、中部地区对人力资本分布平等性的依赖程度要超过西部。王爱民等(2009)的研究表明：教育差距对劳动生产率产生负向影响，教育差距在前两年对经济增长有正向影响，其余年份一直为负向影响。从累积效应看，教育差距对经济增长的影响始终为负。杨俊等(2007)研究认为，教育差距阻碍了经济增长，地区间教育差距已成为形成各地经济差距的重要因素。②关于教育差距对收入分配的影响：张长征等(2005)、白雪梅(2004)的研究表明，教育差距与收入不平等之间存在密切稳定的关系，教育差距会加剧收入差距。张海峰(2006)研究了教育差距对城乡收入差距的动态影响，发现受教育程度的差异对收入差距扩大有显著影响，教育差距是我国当前收入差距扩大的一个重要原因，并通过代际传承持续地影响着城乡收入差距。冉幕娟(2006)认为，城乡教育差距是造成城乡收入差距的重要原因之一，教育扩展有利于缩小教育差距。林志伟(2006)、刘云忠等(2007)研究发现，我国城乡收入差距与教育差距之间存在协整关系，城乡教育差距的扩大对城乡收入差距的拉大有着显著影响。前期城乡教育差距是当期城乡收入差距的主要影响因素。我国前期城乡教育差距每扩大1%，将使当期城乡收入差距扩大约5.52%。也有学者实证研究了我国教育差距对收入差距的动态影响。结果发现，教育差距是收入差距扩大的重要原因。城乡教育差距每扩大 1%，城乡收入差距将扩大 6.4%（温娇秀，2007a）；农村教育差距每扩大 1%，农村地区收入差距将扩大 4.5196%，而且这种恶性循环的影响正越来越大（温娇秀等，2010）。此外，一些学者还研究了教育差距对社会流动的影响，认为教育差距是弱势群体向上层社会流动的最大障碍，农村教育的落后制约了其剩余劳动力的转移（叶碧英，2006；王远伟，2007）。

4）义务教育差距产生的原因

随着对义务教育差距问题研究的不断深入，我国学者对义务教育差距的原因进行了分析。一些研究认为城乡义务教育差距的主要原因在于：城乡二元社会经济结构、农村教育投入不足（陈敬朴，2004；焦建国，2005；王焕清，2006；张志勇，2005）、政府的公共职能缺失、精英教育观念的影响、社会不公和扭曲的价值观念（周洪宇，2005）、城乡间教育资源配置、文化认知与氛围等因素（王梅清，2011）。

但更多的研究认为，政策、制度和体制等制度因素是最主要的原因。许多学者认为，导致义务教育差距的原因既有管理体制层面的因素，也有制度政策层面的因素；既有物质投入方面的，也有文化心理方面的；既触及学校个体，也触及利益群体，还涉及改革自身的局限性（董泽芳等，2010）。而教育政策是教育差距拉大的重要原因（袁振国，2005；陈初越，2005；陈心慧，2006）。我国教育发展政策、资源配置政策及重点校政策等一些重大教育政策均存在明显的城乡差异，直接导致了城乡教育差距的进一步拉大（袁振国，1999；张家军等，2012）。杨东平（2000）等的研究表明：除历史原因外，传统的"以中央为主、忽视地方差距"的"城市中心"价值取向的资源配置模式及"地方负责、分级管理"的运行体制是导致教育差距的制度根源。谈松华（2008）指出，义务教育差距的主要原因在于教育管理体制与财政体制的错位、重点学校建设和地方政府的政绩工程及公共教育资源配置不公平等方面。

针对现行义务教育投资管理体制的弊端，研究指出：分散型义务教育投资体制缺乏对地方政府教育投资行为的有效制约，不利于保障贫困地区义务教育的发展，从而拉大了义务教育的地区差距和城乡差距（吴开俊，1997）。在"分级办学、地方负责"的教育管理体制下，县、乡两级政府因财力有限，无法承担义务教育投资的主要责任，造成了农村义务教育发展的滞后（王德文，2003）和城乡教育差距的延续与扩大（张玉林，2003）。我国的义务教育资金分配不符合财政中立性原则，财政能力较高的地区教育投入水平更高（王蓉，2003）。陈永正和陈家泽（2004）总结分析了国家财政管理体制在乡镇级次的一些体制性缺陷对义务教育差距的影响。田芬（2004）分析了我国义务教育差距形成的政策、体制和执行层面的原因，并认为这些原因导致义务教育差距的趋势短期内难以明显改变。

此外，一些学者还从户籍制度、土地制度、税收制度、社会保障制度及义务教育教师政策等多方面分析了城乡义务教育差距的制度根源(王海光，2003；鲍传友，2005)。对于教师资源配置问题，有研究认为教师的不合理流动加剧了义务教育学校教师资源的配置差距(李涛等，2007)；而教师不合理流动又根源于城乡二元结构(韩淑萍，2009)、城乡教师待遇差距太大(李敬沛等，2002；钱扑，2006)、教师流动的正式制度缺失、非正式制度惯性影响(陈阳，2007)等。

5)义务教育差距的应对策略

(1)总体策略：基于对我国义务教育差距悬殊的现状、趋势及影响的认识，学者们提出了一些应对策略。义务教育应根据各地实情，在实现区域内均衡的基础上，再实现城乡均衡，最后实现更大范围乃至全国的均衡(于月萍，2008)。在县域实行义务教育均衡发展有利于提出更有针对性、操作性和可行性的政策措施(于发友，2005)。有学者提出了"积极差别待遇""教育优先区"(万明钢，2002)和"教育特区"等设想，并认为解决义务教育差距问题必须把系统策略、重点策略和渐进策略有效地结合起来(苏君阳，2005)。曾鹏飞(2007)认为应通过制度创新来促进省域义务教育均衡发展，包括建立梯度均衡的全面发展制度、省级义务教育均衡调控制度、科学的财政转移支付制度、义务教育均衡评价制度、地方政府义务教育均衡问责制度等。还有些学者认为，城乡教育一体化有利于克服城乡教育二元结构弊端和缩小城乡教育差距。为此，须改革城乡二元教育管理制度、投入制度、人事制度和质量保障制度(袁振国，2005；褚宏启，2009)，户籍制度、城乡教师制度(马焕灵，2010；李森，2011)，以及完善义务教育法律体系等(李宜江，2010)。

(2)教育投入方面：许多学者认为，解决我国义务教育差距问题必须改革义务教育筹资体制，强化政府投资责任，进一步提高义务教育财政负担的政府级别，增强中央和省级政府的义务教育投资责任，加强政府义务教育财政责任立法(张玉林，2003；王蓉，2004；王建容等，2010)；制定《义务教育投入法》，根据不同地区的经济发展水平制定义务教育投入标准和全国各地区都应达到的最低标准，对不能达标的地方政府及克扣、挪用、挤占、拖欠义务教育经费的行为依法追究法律责任(鲍传友，2005)；同时要加大政府统筹对教育经费的转移支付力度，切实解决义务教育债务问题(谢光灵等，2004)。一些最新研究认为，农村义务教育经费保障"新机制"促进了西部农村义务教育的较大发展。但总体上仍面临一系列问题，还需要制定义务教育办学标准，推进学校标准化建设；继续加大中央财政和省级财政的转移支付力度等(司晓宏，2010)；"以县为主"教育管理体制对于缓解义务教育差距起了一些积极作用，但从本质上还主要是教育经费投入的逐步加大缓解了差异扩大的速度，必须通过事权体制调整，最佳途径就是将农村义务教育事权上划中央政府(闫坤等，2010)；还有研究表明，2001年全国义务教育经费投入体制改革以来，各省份教育差距及农村教育差距呈收敛趋势。

但是"以县为主、分级管理"的教育投入体制对教育差距的积极作用正在减小，并逐渐成为制约教育发展的制度障碍。为此，还必须进一步提高教育投入的重心（谢童伟等，2011）。

（3）义务教育师资配置：针对义务教育师资配置问题，学者们提出应建立城乡教师合理流动机制，实行城市教师支援、服务农村教育的政策（马佳宏等，2006）；同时要加强农村教师队伍的建设，提高农村教师学历层次（马艾云等，2007）；将教师流动纳入制度化管理（顾荣如，2004）；加强制度创新和立法（陈阳，2007）；缩小教师待遇差距（王洪斌，2001）；实行同工同酬和无校籍管理（汪丞，2006）；重视社会道德教育、舆论监督和非正式制度创新（祝平，2006）；建立农村教师流失补偿机制（褚宏启，2009）；并提出了三种流动模式，即定期流动制度（汪丞，2006）、支教制度（庞丽娟，2006）和转会制（金绍荣等，2005）；研究了区域性义务教育师资均衡配置政策（赖秀龙，2011）。

（4）义务教育管理：一些学者认为我国义务教育差距除了资源投入和配置的原因外，也有管理的因素，因此应健全义务教育管理体制，加快政策调整和制度创新（黄晓妹，2003）；强化政府责任，完善监督评估，设立薄弱学校建设专项资金，加强对薄弱学校的扶持（汪明，2009）；完善财政预算和监督考核制度（徐剑波，2006；刘颂等，2007）；限制规模扩张，规范招生行为和收费行为（赵泽碧，2006）；重新划分政府间义务教育事权（樊继达，2009）；实行区域内资源流动与共享（盖玉欣，2008）；建立资源合理调配和使用机制，提高资源利用率。

有学者提出，缩小义务教育办学差距，不能仅仅停留在文件上和理论研究上，必须寻找一个可操作的平台。其中，打造"标准化学校"的设想是缩小校际差距的最有效途径（杨兆山等，2005）；栗玉香（2006，2009）认为应实行国家义务教育财政"低保"政策，以学生人数为标准，建立区域内校际教育财政均衡指数，完善校际财政均衡信息披露制度等；程方平（2006）在对北京海淀区教育差距问题实证研究的基础上，提出要建立义务教育均衡发展系数，建立科学、公正合理的评价基准，加强义务教育宏观管理和临近督导。

（5）其他措施：谢泽源等（2006）提出通过现代教育信息技术的普及和提高，在一定程度上减少义务教育差距的负面影响。黄晓妹（2003）认为要从根本上解决义务教育差距问题，必须缩小地区经济差距，并采取多种措施扶持和帮助贫困地区和弱势群体。杨道宇等（2011）提出应培养教育增长极，在动态中解决教育差距问题。

2. 义务教育制度的经济学研究

1）义务教育委托-代理分析

已有一些学者运用委托-代理理论来分析义务教育问题，认为教育中存在多层委托-代理关系，我国政府与学校之间就是委托-代理关系（刘峻峰等，2008）；

我国农村教育管理体制运行中共有四层委托-代理关系：一是农民家长与政府之间；二是中央政府与地方政府之间；三是地方政府和教育厅（局）与农村学校管理者之间；四是学校内部校长与教师之间。由于链条多、信息不对称和监督激励不足（吕丽艳等，2006），以及委托人与代理人目标差异等原因，每个层面委托-代理关系都产生了"道德风险"和"逆向选择"等问题，主要原因在于：委托-代理链过长、政策执行代理人责权利不对称、委托人激励不足、政策执行监督乏力、行政监督的成本昂贵等方面。为此应从以下方面寻求解决措施：明确权责关系；重大教育政策的执行由专门职能部门负责；建立重大失误的处罚制度和主要负责人问责制；疏通利益相关者的信息监督和反馈机制；减少政策执行环节，提高执行效率（包海芹，2004）；发挥监督职能提高教育财政支出绩效等（林剑花等，2008）。

　　针对农村教育落后的现状，有学者从委托-代理的视角分析认为，我国农村义务教育应建立"委托县级管理，多级政府分担经费"的办学体制（檀静，2010）。在农村义务教育财政供给方面，政府间农村义务教育财政投入收益不一致和财政供给契约缔结过程中的代理人缺位，导致了下级政府义务教育财政供给信息不完全导致的反向选择和下级政府义务教育投入行为不能被监控导致的道德风险等两大问题。因而必须构建义务教育财政供给状况考核机制、信息披露机制、财政转移支付制度和决策参与机制等（陈静漪等，2008）。

　　一些学者分析了学校管理中的委托-代理问题，认为由于代理人与委托人的目标函数不趋同或信息分布不对称，学校管理中存在严重的委托-代理问题（唐友名等，2011）；现行校长负责制既未能有效解决校长的激励问题，又未能有效解决对校长权力的约束问题（葛新斌，2006）；校长负责制缺乏严密的监督机制，致使校长机会主义行事（黄复生，2002）。在现代学校制度设计上，政府与校长是委托-代理关系。要避免严重的委托-代理问题，应加强聘任校长的程序法建设，从源头上降低机会主义行为的可能性（左海云，2010）；关键在于激励校长在履行契约的过程中实现激励相容（杨海燕，2006）；为此，需要通过恰当的契约设计，建立有效的校长激励机制（袁小平，2005）和针对校长权力的中介性监控机制（葛新斌，2006；唐友名等，2011）。

　　也有学者研究了学校与教师之间的委托-代理关系，认为明确学校与教师之间的委托-代理关系是解决教师"不利选择"与"败德行为"问题的有效措施（徐玲，2004）；教师教学行为选择的关键是学校激励合约的设计（倪伟平，2008）。因此，必须建立有效的激励机制（邓路，2007），包括合理设计报酬、赋予教师权利、给予教师精神关怀等（游佳忆，2010）。孙永健等（2004）运用委托-代理理论和声誉理论作为教师激励机制的理论依据探讨了教师工资激励模型的基本架构。李萍等（2010）对义务教育学校绩效工资改革的研究发现，绩效工资函数中包含一个固定支付和一个可变支付可以减少教师的道德风险行为。夏海勇等（2008）通过建立学生与学校之间的委托-代理模型，分析认为，造成我国当前人力资本收益低下的原因在于学校作为代理人的道德风险问题，即不断提高费用而忽视教学质量。最佳的契约风险安排应是代理人（学校）承担全部风险，引入第三方（政府）作为契约的监督人和实施者。

2）义务教育产权研究

国内已有不少学者对教育产权进行过研究。首先，对于概念界定，认为教育产权有广义和狭义之分，狭义的教育产权就是学校产权（潘懋元，2003）；是对特定学校的财产权利，即参与学校投资、经营、管理的各个活动主体围绕学校的教育财产形成的所有权、占有权、使用权、处分权、收益权等权利关系和结构。而广义的教育产权还包括劳动力产权，即教育人力资本产权（杨丽娟，2000）；完整的教育产权还应包括不完全信息情况下的教育剩余索取权与剩余控制权（范先佐，2002）。

一些学者对公立学校属于国家所有是否应进行产权研究的问题存在争议，有学者认为公立学校产权属于国家，没有讨论的意义（曹淑江等，2001）。而多数学者认为公立学校产权问题是客观存在的（张万朋等，2003），借鉴产权理论构建合理的教育产权制度，有利于克服现行教育体制中的种种弊端（张汉昌，2007）。

学者们对我国现有教育产权制度存在的问题进行了一些研究。研究认为公立学校产权界定不明晰是当前我国教育效率和公平问题的重要原因（范先佐，2002）。产权结构不合理及由此而导致的管理僵化、创新不足是影响公立学校办学效率的主要因素（张驰等，2003）。我国现行教育产权制度主要存在以下问题：教育产权界限模糊，主体权益保护不严（杭永宝等，2004）；产权制度变革的意识形态束缚和基本范式缺陷、产权制度实践的信誉基础缺失（高金岭，2004）；政教不分与教育机构行政化、学校资本所有权与学校所有权错位、激励不足与"内部人控制"问题严重、人力资本产权残缺、教育产权保障不当和不力（徐文，2004）；实际剩余控制权与剩余索取权不对称、名义剩余控制权不完全及由此产生的预算软约束、委托代理和寻租等问题（南旭光等，2007）；我国基础教育产权意识薄弱、产权界定模糊、产权交易混乱和产权收益失范（张娜，2007）。为此，应重组公立学校产权结构（宁本涛，2000）；完善教育产权制度，明晰教育产权边界（王官诚，2009）。义务教育的产权界定是国有产权，应该采用国有产权的资源配置方式，由国家通过强制性税收等财政手段来提供。解决义务教育资源配置问题，应根据义务教育产品属性，明确国家（或政府）的权利及责任、建立完善的"代理人监督代理人"机制（徐文，2004）。

3）义务教育非正式制度研究

对于教育领域非正式制度的研究文献可谓凤毛麟角。极少数学者从教育管理的角度探讨了非正式制度。研究认为，教育制度包括正式制度和非正式制度，是在教育活动中调节学校及师生行为规范的总称，对行为主体发挥着规训的作用（张家军等，2007）。朱智刚（2009）研究了学校组织中非正式制度的构成及其特殊性，提出学校组织中非正式制度具有导向、激励、替代、教育和评价等功能。并通过对义务教育教师流动的调查分析发现：非正式制度对教师流动有着显著的影响。加快教师流动的制度化建设，使城乡教师流动回归合理有序的轨道，应注意社会诚信建设，建立教师诚信档案；注重伦理因素，实行权变管理；强化教育仪式，提高教师声望（张天雪等，2009）。贾建国和岳训涛（2012）研究认为，当前影响和制约我国城乡教师流动的非正式制度因素主要有国家、学校和社会等三个层面，政府应从政府文化、学校及教师文化和社会公众认识等三个方面来推动城乡教师流动的非正式制度建设。

也有学者从资源配置的角度对非正式制度进行了探讨，认为以文化为代表的非正式制度约束（如贫困文化、学而优则仕等）是导致义务教育差距的制度因素之一（陈军宣，2006）；提出了应构建社会捐赠农村义务教育的非正式制度环境等观点（谭俊英，2012）。

4）义务教育制度变迁研究

学者们利用制度经济学的制度变迁理论对教育制度的变迁问题进行了一些研究。研究认为，教育观念具有重要的制度性作用，教育制度的变迁路径有四种类型：由改进效率的潜在机会所引起的教育制度变迁；由外部竞争压力引起的教育制度变迁；由思想观念中手段与目标之间的矛盾而引起的教育制度变迁；因制度的结果违背人类终极价值而引起的教育制度变迁（罗必良等，2006）。教育制度的变迁主体是有效组织、教育领导人、校长。相对价格和偏好的变化导致了教育制度需求，而教育制度供给则受教育制度设计成本、知识积累及进步、实施新措施的预期成本、规范性行为准则等因素的制约。教育制度的变迁机制是组织适应效率和路径依赖，变迁模式有诱致性制度变迁、强制性制度变迁和制度变通模式三种（马健生，2003）。有研究指出，随着人类互动和教育交往的世界化与全球化，教育制度的形式化和逻辑化已成为教育制度变迁的真正动力，但形式化教育制度的逻辑结构又必须以一定的权力结构为基础（李江源，2004）。中国教育的制度变迁就是通过政府交易、市场交易和学校内部交易的三角替代，在政府管制、市场调节、专业化中调整政府、市场、学校各自发挥作用的比例，进而对学校行为进行监督和控制（赵文彬，2009）。教育制度变迁的实质就是一个利益博弈过程（胡少明，2010）。

针对农村义务教育落后问题，一些学者从制度变迁的角度作了一些探讨。研究认为，义务教育制度确立以来，"城乡有别""以基层政府为主""农民负担"一直是我国农村义务教育供给过程中一个不变的传统。改革后我国农村义务教育体制发生的两次大变迁——改革初期"以乡为主"的责任体制的确立和税费改革中"以县为主"责任体制的建构，始终都是中央政府主导下的不同层级政府之间、政府与公民之间的利益博弈(赵全军，2006)；而"优先发展"和"重中之重"的教育发展战略不过是国家宏观财政体制变革与稳定农村社会的一种政治考量和滞后安排。教育，尤其是农村教育，始终处于各级政府现代化战略的十分"边缘化"位置。这种状况只有通过国家高层作出实质性的政治决定，才可能从根本上得到扭转(葛新斌，2005)。郭建如(2003)也探讨了不同的制度安排和制度博弈过程对农村义务教育发展的影响。武恒光等(2005)研究了新中国成立后农村义务教育融资制度的变迁模式，构建了理论模型并分析了制度变迁的影响因素。史云峰和许艳丽(2004)认为我国农村义务教育财政制度变迁显示出强烈的路径依赖特征。如何退出这种封闭状态是建立现代农村义务教育财政制度的关键。张文和(2009)从比较历史制度分析的角度指出，城乡二元结构体制下的教育制度在短期内是一种自我实施的制度，而从长期看却是一种自我削弱的制度。虽然教育制度变迁仍在继续，但由于路径依赖，城乡二元结构体制还在深刻影响着我国的教育制度改革。

(二)国外研究

1. 教育公平理论

国外对于义务教育差距的研究主要集中于义务教育公平问题的探讨。其中以科尔曼、罗尔斯等的观点最为著名。美国教育家詹姆斯·科尔曼(1966)认为教育公平主要有四层含义：第一，向人们提供某一规定水平的免费教育；第二，为所有儿童提供相同的普通课程，即不论社会出身，人人都能不受限制地接受教育；第三，为所有儿童提供同样的教育机会；第四，受教育结果或学业成绩的均等。罗尔斯(1988)认为公平并非绝对的平等，而是包容了差异和充分顾及社会下层人们利益的平等。"教育机会均等"可分为"起点均等"(就学机会、学校条件的均等)、"过程均等"(教学内容、师生互动的均等)、"结果均等"(学业成就、最终所获学历及教育对日后生活机会影响的均等)等三个层面。瑞典学者托尔斯顿·胡森认为[1]，教育平等有三层含义：一是起点平等，即每个人都有不受任何歧视的受教育机会；二是中间阶段的平等，即不论个人的社会情况如何都能在教育过程中受到公平的对待；三是最终结果平等，即学业成就上的平等。

2. 教育不平等的表现及原因

詹克斯认为教育不平等主要表现为：教育资源配置不平等；学生入学机会不平等；学生课程选择的不平等[2]。菲利普·库姆斯的《世界教育危机》中分析了

---

① 转引自：崔红菊.2009.义务教育均衡发展政策研究[D].厦门大学硕士学位论文：8.
② 转引自：翁文艳.2003.教育公平与学校选择制度[M].北京：北京师范大学出版社：8.

导致教育发展不平衡的一系列原因，并指出教育差距主要有地区不平等、性别不平等、社会经济不平等几个方面的因素。法国社会学家布迪厄(Bourdieu，1977，1990)提出的"文化再生产"理论认为，学校通过"文化专横"与"符号暴力"来传递统治阶级的文化，贬抑或削弱其他的文化，进行"文化资本"再分配，从而保证统治阶级文化资本的合法化与再生产。其结果自然就是统治阶级子弟因拥有更多的文化资本而在教育中占优势。任何社会里的当权者都想再生产对他们有利的文化。而作为文化再生产的主要部门，教育就不断再生产社会财富和权力的不平等，并促使这种不平等合法化①。

3. 教育差距的影响

自舒尔茨提出人力资本理论以后，人们越来越重视教育的经济功能及教育平等与收入分配的关系。对于教育差距影响的研究也主要集中在两个方面：①教育不平等对经济增长的影响方面。Benabou(1996)通过人力资本模型研究得出，在人力资本互补性方面更强的国家，短期内的教育不平等会带来较高的经济增长。而 Castello 的实证研究则证明教育差距将阻碍经济增长。通过对 1960～1990 年 85 个国家的教育基尼系数和人均受教育年限的研究发现：教育基尼系数与人均受教育年限呈负相关，与经济增长也呈负相关。②教育平等与收入分配的关系。贝克尔和廷伯根等研究发现，收入不平等与教育不平等呈正相关，与受教育水平负相关(Becker et al.，1966；Tinbergen，1972)。许多国外学者都采用方差和标准差来衡量教育差距。Psacharopoulos(1977)就采用了不同阶段教育入学生人数的差异系数来衡量教育不平等程度。Park(1996)使用 59 个国家的相关数据，根据劳动者人均受教育年限的标准差和变异系数，研究发现：劳动者受教育程度提高可以促进收入公平分配，而劳动者受教育差距较大则会带来较大的收入不公。Lin(2007)的研究则认为，人均受教育年限的不断增加会带来教育不平等(或教育基尼系数)逐渐下降，而教育不平等程度的降低也会带来收入分配不平等的降低。

4. 教育差距的应对

美国教育家查尔斯·威尔在《教育中的优异、公平和多样性》中提出，政府在配置教育资源时应坚持"补救办法"与"防御措施"相结合的原则，防止优势学校聚集稀缺的教育资源而扩大教育差距。鲍顿等通过研究社会背景对教育机会均等的影响，认为：二战后西欧教育扩展并没有带来社会平等的实现。真正的教

---

① 巴兹尔·伯恩斯坦:《社会阶级、语言与社会化》，转引自：张人杰. 1989. 国外教育社会学基本文选 [M]. 华东师范大学出版社：399-420.

育机会均等只能在消除所有校外的差异性之后才能实现，但这永远是做不到的①。

(三)研究述评

从上述相关文献来看，关于义务教育差距的研究已取得了较丰富的成就。学者们从教育学、社会学、经济学及文化学等多种学科视角研究了教育差距的现状、测量、形成原因及其影响，并从各自的角度(包括国情、区情、研究视角及价值观等)提出了解决思路。国内学者对于义务教育差距的系列研究尤其是对问题形成原因的分析为本书研究的进行奠定了较好的基础。国外相关研究虽不能直接适用于我国义务教育差距问题，但也为本书的研究提供了理论支撑和有益的借鉴。

然而，纵观所有这些研究可以发现，关于义务教育差距的研究还存在诸多不足：①研究视角都只停留在"公平"问题上，几乎没有人关注义务教育差距的"效率"问题。这样窄化或弱化了义务教育差距研究的理论基础以至于说服力不足而未能引起足够强烈的行为动机。事实上，义务教育差距与教育的办学绩效也是密切联系的，教育差距是办学条件与办学质量的统一体。因此，义务教育差距也是一个办学绩效问题。②对于义务教育差距的测量还主要是办学条件上的硬件指标，这种用教育投入指标代替教育产出指标的做法显然是不合理的。因此，对于软件指标，如师资水平或教育质量等，还亟待深入研究。同时，对于学校软文化实力的评估也还没引起注意。对于这些方面的评价应采取定量与定性相结合的指标体系。③国内外对于义务教育差距的影响的研究都还仅局限在经济增长和收入分配等领域，缺乏系统的深入研究。教育作为社会系统的重要组成部分，教育差距的影响应该是非常广泛而深远的，因而其相关研究范畴也应是极其广阔的。④已有的研究都主要分析了预算内教育投入差距及其原因，缺乏对预算外投入差距的深入分析。⑤对于义务教育差距形成的原因和对策方面的研究，仍缺乏对制度进行专门的系统分析。虽然有不少学者的研究已触及相关制度，但都要么所涉不深，要么就是凌乱分散，尤其是缺乏对造成我国义务教育差距的制度背后的根源即制度绩效与制度变迁等问题进行分析。究其原因，主要是缺乏对相关分析工具和研究视角的利用。为此，本书将在这个方面作出努力。

从上文对于"义务教育制度分析"相关文献的梳理来看，已有一些学者运用新制度经济学的理论和方法对教育制度或义务教育制度进行了不同层面的研究，并取得了可喜的成就。此外，还有部分研究是专门针对农村义务教育制度的。这些都为本书研究的进行奠定了一定的基础，也提供了有益的启示。但是，毋庸置

---

① 转引自：杨承丽.2010.我国义务教育均衡发展及其地方政策选择［D］.山东大学硕士学位论文：3.

疑，关于这方面的研究还非常匮乏。甚至，许多学者对公立学校产权问题的认识还存在误区，从而使得该研究陷入了困境而难以深入下去，成了学者们回避的研究范畴。相比之下，对于义务教育中非正式制度的相关研究最为匮乏。极少数学者探讨了非正式制度对于教师流动的影响，但对于非正式制度的资源配置功能及其在教育中的作用等问题还是零接触。此外，对于我国义务教育制度变迁的研究也还仅限于农村教育制度，而且比较粗浅，缺乏站在国家义务教育制度的整体立场，充分挖掘和利用制度变迁理论的最新研究成果与方法，系统分析和揭示我国义务教育制度变迁的基本规律和根本问题，从而为实践提供更好的智力支持。为此，本书的研究将在已有研究的基础上，借鉴制度经济学的理论和分析方法，从正式制度、非正式制度及制度变迁等层面深入系统地分析导致我国义务教育差距的制度根源及其变迁规律，以寻求义务教育差距问题的正确应对方略。

三、核心概念界定

（一）义务教育

"义务教育"一词的提法始自日本译者，英语表达为"compulsory education"。英语中"compulsory"含有强迫之义，故也有译为"强迫教育"的。义务教育是指"根据国家法律规定对适龄儿童实施一定年限的普及的、强迫的、免费的学校教育"（顾明远，1990）。《中国大百科全书·教育》也指出："义务教育"就是"国家用法律形式规定对一定年龄儿童免费实施的某种程度的学校教育，也称为强迫教育、免费教育或普及义务教育"。其"义务"的含义"包括父母或监护人有使其学龄儿童就学的义务，国家有设校兴学以使国民享受教育的义务，以及全社会有排除阻碍学龄儿童身心健康发展的种种不良影响的义务"（中国大百科全书总编辑委员会《教育》编辑委员会，1985）。

《义务教育法》规定了适龄儿童受教育的起始年龄和年限及其应达到的基本标准，要求全国人民以之作为自己应尽的义务来遵行。例如，我国《义务教育法》规定：凡年满六周岁的儿童，不分性别、民族、种族，必须接受规定年限的义务教育。条件不具备的地方可推迟到七周岁。可见，"义务教育具有全民性、强制性和福利性以及政府保障性"等特征（于发友，2005）。义务教育的提出和实施的动力来源于经济社会发展对人口基本素质提高的要求。由概念可知，义务教育是全体国民必须接受的最基本的教育，因此不应存在受教育权利的等级差别，即每个适龄儿童都应享有平等的接受义务教育的权利。

（二）教育差距

虽然"教育差距"这一提法在目前研究中已广泛使用，但却很少文献有对其概念作过专门界定。因此，目前对于"教育差距"一词尚无比较权威或全面的界定。

　　教育差距是相对于经济差距或贫富差距等概念而提出来的。根据《汉语大词典》的定义："差距是指两个事物之间某种属性的差别程度、距离。"① 而教育是指有目的、有计划地培养人的社会活动。狭义的教育指学校教育，本书的教育特指学校教育。因此，教育差距就是指在社会或国家有目的、有计划地培养人的过程中，由某些原因所导致的不同主体之间（如办教育者之间或受教育者之间）在某些方面存在的差别程度或距离，包括办教育差距和受教育差距。办教育差距最终体现在于受教育差距上，受教育差距又是根源于办教育差距的。可见，两者只是针对的主体或分析的角度不同，实质是同一体。同时也说明了教育差距的核心在于办教育差距。导致教育差距的因素很多，如地理环境、气候、风土人情等，但最重要的因素则是教育投入。因此，本书探讨的义务教育差距主要是指由教育投入不同而导致的不同类型义务教育学校之间的办学差距问题。

　　差距不同于差异，是对不同事物的同一属性的比较，只是程度之分，不是种类之别。教育差距是个价值相对中立的概念，它体现的是对教育不同层面的衡量。如何对待教育差距取决于人们的价值观和态度。根据不同的标准，教育差距的外延又可以划分不同的种类。①从横向划分，教育差距可以分为地区教育差距、城乡教育差距、校际教育差距及班级教育差距等类型。由于研究条件的限制，本书的教育差距不包括校内班级教育差距。②从教育活动要素来看，学校教育除受教育者即学生之外的一切要素均可以视为教育环境或办学条件。而教育目的的最终实现要体现在办学绩效上。因此，从纵向来分，教育差距又有办学条件差距与办学质量差距之别。其中，质量差距是教育差距的集中体现，条件差距是质量差距的决定因素，是教育差距的重要根源。从这个意义来讲，教育差距应该是办学条件差距与办学绩效差距的统一。由于研究条件的限制，本书的教育差距主要指包括地区之间、城乡之间在内的校际办学条件差距，即资源配置差距。

（三）制度

　　从词源学上讲，制就是制约，度就是权衡和尺度。因此，制度就是制约行为的标准或尺度。我国的《辞海》把制度定义为："要求成员共同遵守的、按一定程序办事的规则或行动准则，它是在一定的历史条件下形成的政治、经济、文化等各方面的体系。"②

　　而学界关于制度（institution）的定义则有多种表述，学者们从不同学科如社会学、政治学和经济学等各种角度对制度作了不同的理解和界定。例如，罗尔斯

---

　　①　1988. 汉语大词典（第二卷）［M］. 汉语大词典出版社：977.
　　②　1979. 辞海（缩印本）［M］. 上海：上海辞书出版：185.

(1988)"把制度理解为一种公开的规范体系,这一体系确定职务和地位及它们的权利、义务、权力、豁免等";亨廷顿(1989)认为"制度就是稳定的、受珍重和周期性发生的行为模式"。即使在同一学科视角下的制度定义也不统一,如哈耶克把制度看作"秩序"(order),科斯将制度理解为"建制结构"(configuration),诺思则认为制度就是"约束规则"(rules of game)(罗必良,2005)。

在经济学界给制度下过定义的经济学家主要有凡勃伦、康芒斯、舒尔茨和诺思等。在他们看来,制度就是规范人们行为的各种规则和约束。例如,凡勃伦(2012)认为"实质上,制度是对个人和社会的某些关系和某些功能所持的流行性的思维习惯。而生活的方式是由在某一特定时期,或任何社会发展到某一阶段,各种通行制度的一个加总所组成。因此从心理层面来说,也许可概括为以一种盛行的精神态度或一种盛行的生活理论来作为其特质"。约翰·康芒斯(2009)认为制度就是"集体行动对个体行动的控制"。舒尔茨的看法与康芒斯基本一致:将一种制度定义为"一种行为规则,这些规则涉及社会、政治及经济行为"[①]。诺思对制度的定义在经济学界使用最广,"制度是一系列被制定出来的规则、守法程序和行为道德、伦理规范,它旨在约束追求主体福利或效用最大化利益的个人行为";"……由正式约束(如规则、法律、个人契约),非正式约束(如行为规范、传统、惯例)以及它们的实施特征构成"(诺思,2008b);"制度是社会的博弈规则,……是定义和限制个人的决策集合"[②]。综上所述,制度就是约束个人行为的规则。但笔者认为袁庆明(2011)的归纳更全面,即认为制度的完整定义应是"约束个人和组织行为的规则"。

本质上讲,制度就是契约,是交易主体行为约束的规则,是降低交易成本、实现效用最大化的工具。制度的外延很广,根据不同的标准可以分为不同的种类。根据研究的需要,本书采用诺思的分类即以约束人的方式是否正式为标准将制度分为正式制度(如宪法、法规、产权等)和非正式制度(如道德约束、禁忌、习惯、文化传统和意识形态等)两类。其中,正式制度根据分类的标准不同又有多种类型。义务教育中的正式制度包括教育中的政策、法律和组织机构的规定与章程等方面,也包括办学制度、招生制度、财政制度、人事制度等从宏观到微观的多种制度类别。本书从制度经济学的角度对教育中的正式制度和非正式制度进行了分类研究。

(四)制度变迁

制度变迁是指制度变革,也可称为制度创新,是"制度的替代、转换与交易

---

① 转引自:科斯R,阿尔钦A,诺思D.2001.财产权利与制度变迁——产权学派与新制度经济学派译文集[M].上海:上海人民出版社:253.

② 转引自:青木昌彦.2000.什么是制度?我们如何理解制度[J].周黎安,等译.经济社会体制比较,(6).

过程","可以理解为一种效益更高的制度对另一种制度的替代过程,也可理解为对另一种更有效益的制度的生产过程,还可理解为人与人之间的交易活动的制度结构的改善过程"(罗必良,2005)。黄少安(1995)认为制度变迁就是"新制度(或新制度结构)产生,并否定、扬弃或改变旧制度(或旧制度结构)的过程。它必须是一个动态的过程"。制度变迁意味着制度均衡的打破。当制度安排使得各利益相关者得到了不同程度的利益满足从而力量格局得以制衡,制度就处于均衡状态。但外界环境等因素的不断变化又会导致制度出现非均衡格局,最终导致制度变迁。制度变迁包括正式制度和非正式制度及其实施特征的一切变革。根据不同的标准,制度变迁可以分为诱致性变迁和强制性变迁、渐进式变迁和突进式变迁、主动式变迁与被动式变迁、局部变迁与整体变迁等种类。

四、研究思路及方法

(一)研究思路

资源总是稀缺的,必须讲究利用的效率和效用。由于义务教育的特殊性(从教育学看,义务教育旨在提升国民的基本素质,不是精英教育;从教育经济学看,义务教育的社会收益率最大,外部性最强),学校之间资源配置的悬殊差距不仅严重损害了社会公平,也极大地降低了资源配置的整体效率。两者共同作用于社会办教育的整体效用,因而是个严峻的经济学问题(在义务教育的办学条件层面,雪中送炭的边际效用必然大于锦上添花的边际效用;在义务教育的办学绩效层面,相对均衡的总体效用必然大于两极分化的总体效用)。因此,无论从公平角度,还是从效率角度来看,义务教育差距都是有害的。然而,导致当前义务教育差距的根源中除了客观原因(如政治、经济和文化发展不平衡等因素)不可抗拒或者一时难以改变之外,最根本的因素还在于人为的制度安排不合理,因而应该通过相应的制度变革来解决。义务教育制度起源于教育交易成本的节省,实质就是一种为降低交易成本而演化形成的用以调节人们行为的交易契约和博弈规则。均衡发展作为降低义务教育交易成本的必然要求,已成为现代学校制度的重要契约目标和国际义务教育发展的共同趋势。因此,义务教育差距乃是一个典型的制度悖论,其实质是一个制度绩效问题,适宜于运用制度经济学的相关理论和方法进行分析。

教育资源包括教育中的人、财、物等各类资源。其中,人力资源的配置状况虽然与教育财力、物力资源的配置状况密切相关,但最根本的还是取决于人力资源的配置制度本身,即属于教育人力资本的产权问题。同时,物力资源的配置状况最终是由财力资源即所获得的教育经费决定的。而教育经费又包括预算内教育经费和预算外教育经费两个方面。预算内教育经费的投入制度是一种典型的委托-代理制度，因而适宜运用委托-代理理论进行分析；而预算外教育经费及人力资源的配置状况又主要是由其产权制度安排所决定的，因而适宜从产权的视角进行研究。这些分析内容构成了义务教育资源配置的正式制度方面。而正是由于这些正式制度安排存在诸多问题(代理人层级过多、链条过长；代理人身份重叠；产权分割不合理及产权的正式制度缺失等)，我国义务教育资源配置等办学实践偏离了正常的运行轨道，形成了两极分化的现实局面。然而，一个社会的制度不仅包括正式制度，还包括非正式制度。非正式制度(如意识形态、价值观、道德信仰、习俗惯例、潜规则、文化传统等)作为资源配置的另一只"看不见的手"，对正式制度起着补充或制约的作用，在资源配置和管理上都扮演着重要角色，因而也必然对义务教育差距的形成影响巨大。为此，还应从非正式制度的角度对义务教育差距的形成进行制度归因。

　　然而，这些导致目前义务教育差距的低绩效制度之所以能够得以延续而未能适时变革，又根源于影响这些制度变迁的多种因素和博弈格局，而这也正是治理我国义务教育差距、促进义务教育制度变迁的关键所在。因此，要变革义务教育制度，解决教育差距问题，还必然涉及复杂的制度变迁问题。对此，需要运用制度变迁理论揭示义务教育制度变迁规律，进而根据制度变迁的影响因素，改变利益博弈格局，突破制度变迁困境，才能从制度根源上有效地治理义务教育差距问题。基于以上分析，形成了本书的研究的基本思路，如图 0-1 所示。

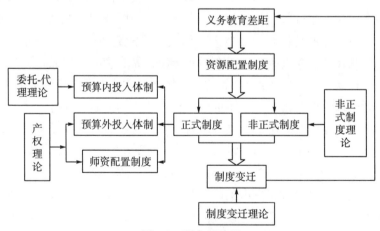

图 0-1　研究思路图

　　根据研究思路，进一步就可以确定具体的技术路线，如图 0-2 所示。第一，通过广泛的文献梳理全面了解义务教育差距的现实状况，尤其是严重程度，同时从多角度系统分析义务教育差距导致的诸多社会问题，形成对义务教育差距正确的价值评判，为进一步研究奠定基础；第二，从交易契约的角度揭示义务教育差距的问题实质，提出具体的研究假设，同时选择以义务教育的预算内投入体制、预算外收入和教师的管理制度等为研究对象；第三，分别运用委托-代理理论、产权理论和非正式制度理论等分析工具，在进行相关理论探析和对样本进行实证调查的基础上，深入研究导致义务教育差距的正式制度和非正式制度根源；第四，在探寻了导致义务教育差距的具体制度根源的基础上，进一步运用制度变迁理论并结合我国义务教育投资管理体制的变迁历史资料，探讨义务教育制度的变迁规律和存在的现实问题；第五，根据导致义务教育差距的制度原因及其变迁问题的分析，提出治理义务教育差距的相应制度变迁思路。

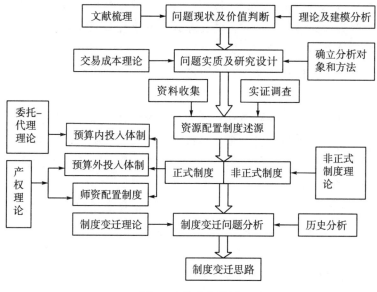

图 0-2　技术路线图

(二)研究方法

为了达到研究目的，本书主要采用文献法、调查法、制度分析法和内容分析法等研究方法。

1. 文献法

本书的研究属于综合研究，是关于现实问题的应用性理论研究，主要研究义务教育的相关制度问题。因此，就必然要运用文献法梳理和分析义务教育差距的现实状况及其历史轨迹、新制度经济学相关理论、我国义务教育资源配置的制度实况及历史演化等内容。为此，本书主要运用文献法收集、查阅并分析了关于义务教育差距的历史文献、统计文献及其相关分析文献，尤其是关于义务教育制度及其变迁方面的国家政策、法规等制度文献，关于制度经济学相关理论的研究文献，以及关于非正式制度导致义务教育差距的各种个案文献等。

2. 调查法

本书还大量采用了调查法，包括访谈调查法（访谈提纲见附录一）和问卷调查法（调查问卷见附录二），并辅之以田野考察法。调查的目的主要是获取义务教育资源配置的正式制度信息及导致义务教育差距的非正式制度状况。访谈法的运用主要是为了深入具体考察影响义务教育差距的制度包括非正式制度因素的具体情况。为此，笔者于 2013 年 4 月对四川省广安市广安区、武胜县和华蓥市等区县和南充市顺庆区的部分义务教育学校等进行了为期 1 个月的田野考察，并分别以学校为单位从办学条件等方面对当前义务教育差距及资源配置的相关正式制度进行了大量的访谈调查。与此同时，也对导致义务教育资源配置差距的非正式制度因素进行了系统具体的访谈调查和田野考察，为研究的进行获取了比较充足而真实的信息。

根据访谈调查和田野考察所获得的信息，我们针对教育管理者和教师等不同调查对象分别编制了调查问卷，即《导致义务教育资源配置差距的非正式制度调查问卷》，同时分别于 2013 年 6 月和 10 月以广安市广安区、武胜县和华蓥市等区县和南充市顺庆区等地的部分义务教育学校（小学、初中各 4 所，共 8 所学校。其中，城市中小学 4 所、农村中小学 4 所）的部分教师和领导共 244 人，以及某国培项目开班期间来自四川省其他地区包括遂宁、渠县、达县、万源、大竹、通川、古蔺、简阳、宣汉、达川等地的一些城乡中小学教师和领导 76 人为样本，进行了样本总量为 320 人的较大范围的问卷调查。

对于问卷调查得来的数据，我们采用了 SPSS 19.0 for windows 统计软件对导致义务教育差距的非正式制度各要素进行了统计分析：一是通过聚类分析了导致义务教育差距的非正式制度各因子；二是运用方差分析和相关样本 t 检验等方法分析了非正式制度各维度及其 10 个一阶因子对义务教育资源配置差距总体影响力的差异显著性，同时也进一步分析了非正式制度四个维度及其 10 个一阶因子对财物资源和教师资源配置差距影响力的差异显著性。

3. 制度分析法

本书运用的主要分析工具是新制度经济学的理论和方法。因此，制度分析法必然贯穿整个研究的始终。本书以义务教育投入和资源配置中的正式制度、非正式制度及相关制度变迁问题等作为变量和研究对象，分析了制度缺失、产生、失效、变迁等方面对义务教育差距的影响。其中，制度变迁的博弈分析法和历史分析法被用于分析我国义务教育制度的制约因素和变迁规律。

4. 内容分析法

本书还采用内容分析法分析了调查样本的非正式文件、会议纪要等文本内容，获取了不少关于非正式制度现状的具体信息。

五、研究内容

本书研究的内容主要包括以下几个方面。

（1）我国义务教育差距的实况描述及影响分析。主要梳理关于我国义务教育差距状况的已有实证研究结论，并进一步系统分析义务教育差距的现实影响，以便全面把握和正确认识我国义务教育差距的现状及危害。

（2）义务教育差距的问题实质与分析工具的选择。在这一部分里，将主要运用交易成本理论揭示义务教育差距的问题本质，阐明利用新制度经济学分析工具研究义务教育差距问题的可行性，并提出研究假设和确定研究对象，同时选择具体的分析工具。

（3）义务教育预算内投入差距的委托-代理制度述源。运用委托-代理理论分析导致我国义务教育预算内投入差距的正式制度根源。

（4）义务教育预算外经费及师资差距的产权制度述源。从产权的角度分析导致我国义务教育预算外经费投入差距及师资配置差距的正式制度因素。

（5）义务教育差距的非正式制度述源。理论并实证分析导致我国义务教育资源配置差距的非正式制度因素。

（6）义务教育差距治理中的制度变迁问题分析。从制度变迁理论的角度，分析我国义务教育差距演化中制度变迁的主要影响因素，并揭示义务教育差距治理中制度变迁面临的困境和契机。

（7）义务教育差距问题治理的制度变迁思路探讨。在系统分析义务教育差距形成的制度根源及其变迁规律的基础上，提出相应的具体的制度变革措施。

六、创新点

本书运用新制度经济学的相关理论和研究方法从正式制度和非正式制度两个方面对我国义务教育差距的形成进行了制度归因，并对义务教育差距治理中制度变迁问题进行了分析，进而提出了相应的解决措施。毋庸讳言，由于研究本身的难度、研究条件的限制及笔者的研究能力和精力有限等各方面的原因，本书的研究在很多方面还存在不足(有些分析还不够深入，有些观点还有待商榷等)，这需要在以后的研究中不断得到完善。尽管如此，笔者以为，本书的研究可能在以下几个方面取得了一定的创新。

(1)视角方面：本书的研究跳出了原有的仅从公平角度审视教育差距的视角，引入了教育交易成本概念，从效率效用即制度绩效的视角去审视和探讨我国义务教育差距问题。同时，通过构建图示模型，解决了义务教育差异投入的低绩效结果的论证问题，提出了义务教育差距的问题实质就是制度绩效问题的观点，并选择新制度经济学的相关理论和方法作为分析工具。笔者认为，这是对教育差距问题的研究视角的一种新拓展。

(2)思路方面：已有的研究主要从义务教育预算内财政经费投入体制方面探讨了教育差距的形成及其对策，对于预算外投入差距的制度问题往往缺乏思考。本书一方面运用委托-代理理论分析了义务教育预算内投入体制问题，另一方面从产权的角度考察了导致义务教育预算外投入和师资配置差距的制度问题。在分析了这些正式制度问题的基础上，还进一步分析了导致义务教育差距的非正式制度根源。这是对导致我国义务教育差距的正式制度和非正式制度两个方面的根源进行的全面系统的经济学分析，从而为治理我国义务教育差距问题提供了新的依据。最后，本书并不是简单直接地针对前面的制度分析就提出了解决措施，而是在详细研究了义务教育差距治理中的制度变迁问题的基础上才进而提出一系列应对策略。整个研究思路跟以往的研究都是不同的。这是对义务教育差距这个老问题的新思考。

(3)结论方面：本书主要在以下领域取得了与以往研究不同的结论：①运用委托-代理理论分析了预算内义务教育投入体制问题，在已有研究的基础上进行了较大的拓展和延伸，在解决措施上提出了一些新看法；②对预算外义务教育投入及人力资本进行的产权分析，在一定程度上突破了原有对公立学校产权问题的研究，对教育产权制度(尤其是义务教育中的剩余处置权问题)提出了一些新观点；③系统分析了非正式制度在义务教育资源配置中的作用及其对教育差距的影响，在现有研究未曾涉入的新领域获得了一些结论；④研究了我国义务教育差距演化过程中制度变迁的主要影响因素及义务教育差距问题治理中制度变迁面临的困境和契机，并提出了一些新的应对思路。这也是在现有研究未曾涉入的领域获得的一些新结论。

第一章　我国义务教育差距的
实况描述及影响分析

义务教育作为一种制度在我国的实行起步较晚。虽然在民国时期就已经开始了义务教育制度的酝酿，但由于多种原因，一直到新中国成立以后才开始真正实施。新中国成立后，中央政府陆续制订了一些普及初等义务教育的计划，并逐步付诸实施。但这一时期国家主要以推进普及小学教育作为义务教育的目标，也尚未予以立法确认。直到1986年我国颁布第一部《义务教育法》，义务教育制度才通过立法的形式被确立下来。尽管如此，我国义务教育实际上从新中国成立以来就已经开始实施了。

义务教育是全体国民必须接受的最基本的教育，因而均衡发展乃是义务教育题中应有之义。然而，在新中国成立以来的几十年里，我国义务教育发展却"经历了两个截然相反的阶段：一是1978年以前，教育机会分配从极度不平等的状态朝着平等化方向演变；二是1978年之后，教育机会不平等的程度又在逐步增加"（李春玲，2003）。改革开放以来，由于各种原因，我国不同类型的义务教育学校发展差距不断扩大，以至形成了两极分化的局面，并对经济社会发展产生了显著的负面影响。因此，要研究义务教育资源配置差距问题，就必须重点考察改革开放以来的义务教育实践。

1978年改革开放以来，义务教育投资体制逐渐由中央统一拨款过渡为中央和地方"分级包干"拨款的模式。其标志就是1980年2月国务院颁布的《关于实行"划分收支、分级包干"的预算管理体制的暂行规定》。1985年5月的《中共中央关于教育体制改革的决定》进一步明确了基础教育管理权属于地方，实行分级办学、分级管理的原则。1986年颁布的《义务教育法》规定："实施义务教育所需事业费和基本建设投资，由国务院和地方各级人民政府负责筹措，予以保证。"至此，我国"三级办学、两级管理"（县、乡、村三级办学，县、乡两级管理）和"以乡为主"的义务教育制度正式确立了，并一直延续到2001年。鉴于义务教育差距不断扩大，国家于2001年5月颁布了《关于基础教育改革与发展的决定》，将基础教育财政体制由"以乡为主"改为"以县为主"。为了进一步解决义务教育资源配置差距问题，国家教育部又于2005年印发了《关于进一步推进义务教育均衡发展的若干意见》，随后国务院又发出了《关于深化农村义务教育经费保障机制改革的通知》（简称"新机制"）。"新机制"的实行是对"以县为主"政策的进一步补充。2010 年，教育部更进一步印发了《关于贯彻落实科学发展观　进一步推进义务教育均衡发展的意见》，并提出了实现义务教育均衡发展的路线图和时间表，即"力争 2012 年实现区域内义务教育初步均衡，到 2020 年要实现区域内义务教育基本均衡"。但这些政策的出台都只是"以县为主"政策的补充和微观调整，并没有跳出"以县为主"背景下义务教育投入的整体格局。

根据上述义务教育制度变革的主要历程可以发现，改革开放以来，我国义务教育发展大体可以分为两个阶段：一是"三级办学"阶段（1978～2001 年）；二是"以县为主"阶段（2001 年至今）。而第二阶段又可以 2006 年实施"新机制"为界分为前后两个时期。为了更好地认识我国义务教育资源配置差距问题，有必要针对上述分段从时间维度并结合空间等其他维度分别对义务教育资源配置差距的具体状况进行系统全面的综合描述和考查。

第一节　"三级办学"期间（1978～2001 年）
义务教育差距总况

教育差距是办学条件差距和办学质量差距的统一。其中，质量差距是教育差距的集中体现，而条件差距则是质量差距的决定因素，也是教育差距的重要根源。办学质量差距不是相对于教育结果均等（学生学业成绩完全一样）而言的，而是针对国家教育培养质量的基本标准而言的。义务教育办学质量差距就是指在国家义务教育培养目标中关于学生全面发展的基本素质指标体系方面，因地区、城乡或学校等办学条件或环境不同而出现的差别和距离。它不仅体现在巩固率、完成率、升学率等方面，还体现在教育过程和学生素质的综合提高方面。但由于这些指标不易测量，目前研究者主要使用定性与定量相结合的方法来评定办学质量差距。而办学条件差距则易于测度，因而对办学条件差距问题的研究往往更为具体。下面就根据所能获得的信息从教育投入和教育结果两方面分别考察"分级办学"期间我国义务教育的差距状况。

一、义务教育投入差距

义务教育投入差距主要体现在区域、城乡和学校之间的差距。下面主要以区域之间和城乡之间的教育投入差距为例进行考察。

（一）区域义务教育投入差距

自 20 世纪 90 年代以来，我国义务教育差距问题就已经相当突出并引起了各界的关注。早在 1994 年，曾满超的研究就已发现我国省际义务教育投入存在巨大差距。其中，1989 年小学教育支出水平最高省份的生均教育经费支出是最低省份的 5.2 倍。2000 年曾满超等又利用 2173 个县级数据研究发现，县际义务教育差距悬殊，而东、中、西部地区义务教育经费差距也不断扩大。1995 年蒋鸣和的研究也发现，发达省份（如江苏、浙江等）与不发达省份（如安徽、湖南等）的生均预算内教育支出比由 1990 年的 1.61 倍提高到 1993 年的 2.14 倍。王善迈等（1998）的研究发现，中国内地 30 个省份 1988~1994 年义务教育生均支出省际差距在不断扩大。而袁连生等（2002）的研究也表明：我国 1999 年省际义务教育公用经费悬殊，其中，生均预算内公用经费的基尼系数已超过 0.5。李祥云（2008）通过计算 1991~2000 年我国省际义务教育投入各项指标的极差率、基尼系数和省域内县际教育支出的泰尔系数，研究了这期间各省份之间及省域内县际义务教育投入的绝对差距和相对差距，发现各省份义务教育投入差距（包括小学和初中）的两极分化问题已经相当严重，并在逐年扩大。其中，小学差距较初中更大，省内较省际差距更大。

　　各地生均经费的巨大差距决定了生均教育资源分配的差距。表 1-1 是 1998 年我国各省份义务教育阶段生均教育资源占有情况的数据对比，从中可以看出各省份中小学办学条件的巨大差距。其中，上海中小学生均仪器价值分别是贵州和江西的 13 倍和 9.5 倍。北京小学生均图书是贵州的 10.5 倍；上海初中生均图书是贵州的 6 倍。

表 1-1　1998 年全国各地区之间生均教育资源情况

地区	小学				初中			
	生均预算内经费/元	生均固定资产/元	生均仪器/元	生均图书/册	生均预算内经费/元	生均固定资产/元	生均仪器/元	生均图书/册
全国	378	1201	87	9	625	2078	184	12
北京	1313	2886	286	21	2016	5178	614	26
天津	854	1478	186	9	1268	2258	373	13
河北	249	1036	78	10	453	1606	158	15
山西	337	1328	154	9	523	2445	166	12
内蒙古	508	1051	92	6	675	1534	177	9
辽宁	530	1044	98	12	835	1911	207	12
吉林	472	1193	92	11	764	1670	161	14
黑龙江	524	1079	61	7	624	1192	121	7
上海	1957	2390	325	17	2543	4960	700	30
江苏	501	1201	113	11	815	2558	260	17

续表

地区	小学				初中			
	生均预算内经费/元	生均固定资产/元	生均仪器/元	生均图书/册	生均预算内经费/元	生均固定资产/元	生均仪器/元	生均图书/册
浙江	593	1425	128	11	779	2632	245	15
安徽	297	971	52	9	435	1466	106	13
福建	518	1491	78	12	690	1929	180	13
江西	292	739	35	8	397	1135	74	10
山东	311	1323	77	7	548	2072	134	10
河南	202	917	65	10	429	1618	151	14
湖北	219	1463	113	9	507	2483	229	14
湖南	235	1234	92	9	393	2077	192	14
广东	558	2589	177	11	848	3843	355	16
广西	299	1057	49	7	410	1951	102	10
海南	408	1334	92	5	671	2364	222	8
重庆	358	1046	72	7	617	2213	169	10
四川	310	878	62	6	537	2045	150	9
贵州	235	491	25	2	375	980	76	5
云南	553	1037	57	5	962	2611	165	8
西藏	892	1088	21	7	3053	7157	133	32
陕西	223	841	68	10	466	1809	168	14
甘肃	303	789	62	6	544	1118	127	8
青海	580	982	58	4	987	1686	100	8
宁夏	504	825	53	6	617	1462	152	8
新疆	644	1301	63	4	917	1435	197	7

资料来源：根据《中国教育经费统计年鉴》（1999 年）和《中国教育统计年鉴》（1998 年）的相关数据计算得出。转引自：袁连生. 2001. 我国义务教育财政不公平探讨 [J]. 教育与经济，（4）

各省份之间教育经费差距最大的是预算内教育经费。如表 1-2 所示，以小学生和初中生生均教育经费的最高值和最低值相比，省际教育经费的差距不断拉大，尤其以生均公用经费差距最大，小学生均公用经费的差距由 1995 年的 38.66 倍扩大到 2000 年的 51.11 倍；初中生生均公用经费的差距由 1995 年的 20.11 倍扩大到 2000 年的 41.65 倍。到 2001 年，全国各地的教育经费差距是，中小学各项经费指标差距为七八倍，小学生均公用经费的差距最大，达到 17 倍左右。具体如表 1-3 所示。

表 1-2　20 世纪 90 年代省际中小学预算内生均教育经费差距

	1990 年			1995 年			2000 年		
	最高/元	最低/元	差距/倍	最高/元	最低/元	差距/倍	最高/元	最低/元	差距/倍
小学生均教育经费	344.03	56.56	6.08	1248.63	145.25	8.60	2791.63	261.39	10.68
小学生均公用经费	99.46	2.78	35.78	251.30	6.50	38.66	448.20	8.77	51.11
初中生均教育经费	2470	171.80	14.38	1595.11	322.25	4.95	2861.90	425.90	6.72
初中生均公用经费	1089.41	23.37	46.62	402.71	20.03	20.11	745.12	17.89	41.65

资料来源：根据《中国教育经费统计年鉴》(1990 年、1995 年、2000 年)的相关数据整理得出

表 1-3　2001 年我国部分省(自治区)义务教育经费投入状况

	教育经费	平均/元	最低的部分省(自治区)/元	最高和最低相差/倍
小学	生均教育经费	871	甘肃(687)、河北(678)、湖北(666)、陕西(660)、贵州(545)、河南(537)	8
	生均公用经费	218	广西(138)、河南(129)、安徽(120)、甘肃(112)、贵州(76)	17
	生均预算内教育经费	658	安徽(486)、陕西(483)、湖南(482)、贵州(453)、湖北(397)、河南(356)	9
初中	生均教育经费	1371	安徽(895)、河南(857)、贵州(807)	5
	生均公用经费	403	甘肃(240)、安徽(233)、青海(219)、贵州(196)	9
	生均预算内教育经费	838	江西(585)、贵州(585)、安徽(578)、湖南(558)、河南(518)	7

资料来源：教育部1995~2001 年全国教育事业统计资料。转引自：中国教育与人力资源问题报告课题组.2003.从人口大国迈向人力资源强国 [M].北京：高等教育出版社：63

从东、中、西部地区之间的教育经费差距来看，以 2000 年为例，如表 1-4 所示，东部地区和西部地区之间的小学和初中的生均教育经费差距分别在 2 倍左右，生均公用经费的差距在 2.5 倍左右。

表 1-4　2000 年全国东、中、西部小学和初中教育经费差异

	经费类别	全国/元	东部/元	中部/元	西部/元	(东部/西部)/倍
小学	生均教育经费	792.36	1662.98	681.02	754.79	2.20
	生均预算内教育经费	499.69	1098.45	446.62	570.04	1.93
	生均公用经费	197.11	431.09	172.12	168.58	2.56
	生均预算内公用经费	37.15	145.73	21.97	66.84	2.18

续表

	经费类别	全国/元	东部/元	中部/元	西部/元	(东部/西部)/倍
初中	生均教育经费	1210.42	2336.35	1014.70	1186.09	1.97
	生均预算内教育经费	698.04	1376.06	580.79	868.71	1.58
	生均公用经费	375.87	769.73	321.78	303.47	2.54
	生均预算内公用经费	73.94	277.06	42.81	101.25	2.74

资料来源：袁振国.2005.缩小差距：中国教育政策的重大命题 [M].北京：人民教育出版社：91-97

（二）城乡义务教育投入差距

大量研究表明，我国义务教育差距不仅表现为区域之间的办学差距，也表现为城乡之间校际办学差距，而且城乡差距的表现最为突出。"可以说，我国教育差距的本质是城乡差距。教育的城乡差距是我国教育差距的核心问题"（闵维方，2005）。

从全国总体来看，1993 年城市小学生均经费为 476.1 元，农村为 250.4 元。城市是农村的 1.9 倍；城市初中生均经费为 941.7 元，而农村为 472.8 元，城市是农村的 2 倍。到 1999 年，两项差距都进一步扩大到 3.1 倍，金额分别是 1492.2 元：476.1 元和 2671.2 元：861.6 元。

从各个省份来看，1993 年上海市属郊区小学生均经费为 879.2 元，而安徽省农村小学生均经费只有 125.6 元，相差 7 倍；北京市中学生均经费为 2157.7 元，是贵州省农村(214.1 元)的 10 倍。到 1999 年这些差距进一步拉大，小学生均城乡差距最大扩大到 11 倍，初中生均城乡差距最大则扩大到 12.4 倍。

从省域内部来看，城乡教育差距更为严重。1993～1999 年，贵州省城乡小学生均经费差距都在 3 倍以上，初中都在 4.2 倍以上。河南郑州市 1999 年小学生均预算内教育经费为全省农村平均额的 5.9 倍，是最低的滑县农村的 14.7 倍(张玉林，2003)。

从办学经费的结构来看，2001 年办学经费差距最大的是小学生均预算内公用经费，城镇是 95.39 元，农村是 28.12 元，城镇是农村的 3.39 倍。城镇初中生均预算内公用经费是 145.85 元，农村为 40.95 元，城镇是农村的 3.25 倍。其次是生均经费，城镇小学生均经费为 1483.98 元，农村为 797.6 元，城镇是农村的 1.86 倍。城镇初中生均教育经费为 1955.02 元，农村为 1013.65 元，城镇是农村的 1.68 倍。具体如表 1-5 所示。

表 1-5　2001 年城乡生均教育经费对比

	经费类别	城市/元	农村/元	(城市/农村)/倍
小学	生均教育经费	1483.98	797.60	1.86
	生均预算内教育经费	953.11	558.39	1.71
	生均公用经费	389.06	159.75	2.44
	生均预算内公用经费	95.39	28.12	3.39
初中	生均教育经费	1955.02	1013.65	1.93
	生均预算内教育经费	1120.00	666.70	1.68
	生均公用经费	624.44	268.16	2.33
	生均预算内公用经费	145.86	40.95	3.25

资料来源：袁振国.2005.缩小差距：中国教育政策的重大命题［M］.北京：人民教育出版社：97

　　严重的教育投入差距导致了城乡办学条件的巨大差距。1999 年农村中、小学危房率分别是城市的 8 倍和 4 倍。城市学校已经电脑教学，农村中小学却连实验室都无力配备(李振国，2006)。同时，长期的城乡教育经费差距又导致了教师资源配置的严重失衡。据统计，全国城市和农村在教师资源整体上差距较大。以 2001 年为例，全国中小学教师无论在学历合格率和较高学历比重等方面城市都远远高于农村。代课教师也主要集中在农村学校。农村小学代课教师占到教师总数的 13.59%。表 1-6 就是 2001 年全国城乡义务教育教师学历状况，由此可以窥见城乡师资配置差距之一斑。

表 1-6　2001 年城乡小学和初中专任教师学历状况

		全国平均/%	城市/%	农村/%	农村与城镇差距/百分点
小学	专任教师学历合格率	96.81	98.26	96.04	2.22
	大专以上学历的专任教师比重	27.40	40.94	20.25	20.69
初中	专任教师学历合格率	88.81	92.32	84.74	7.58
	本科以上学历的专任教师比重	16.95	23.51	9.35	14.16

资料来源：教育部全国教育事业统计资料(2002)。转引自：鲍传友.2005.中国城乡义务教育差距的政策审视［J］.北京师范大学学报(社会科学版)，3

二、义务教育结果差距

　　教育经费投入和教育条件的巨大差距导致了教育教学质量和结果的巨大差距。

（一）区域义务教育结果差距

在"三级办学"期间，我国区域间的义务教育结果差距呈不断拉大之势。岳洪江和严全治（2002）采用全国第三次（1982年）、第四次（1990年）和第五次（2000年）人口普查数据进行的研究，系统揭示和描述了20世纪80年代以来我国30个省份间、东中西部地区间及各地区内部省份间的教育差距态势。研究发现，东、中、西部地区间的小学教育、文盲率和教育年限的差距正在增大，而且在全国整个差距指标中所占比重很大，最高比重为73.7%（2000年文盲率），最低比重为14.3%（1982年教育年限）。人口文盲率差距在整个差距中占据主导地位并不断拉大；西部地区9个省份在普及初中教育中内部差距不断拉大。除小学教育外，其他指标差距都在增大。初中教育和教育年限两项指标差距在全国差距中所占比重较大，2000年初中教育差距比重增大到84.4%。

西部少数民族地区义务教育差距问题更突出。以2003年为例，西部少数民族地区中只有新疆达到了全国义务教育完成率的平均水平79.56%，低于70%的4个省（自治区）全是少数民族聚居区，西藏最低（只有24.45%），其次为贵州（54.20%）、广西（64.78%）、云南（65.13%）（邱国华，2005）。从人均受教育年限和文盲率也可以看出地区间的教育差距。2000年我国6岁及以上人口的人均受教育年限为7.61年，而民族地区西藏、青海、贵州、云南均不到6.5年，最低的西藏为3.43年。而其他20个省份中，有15个省份超过全国人均受教育年限，最高的北京为9.99年。文盲占15岁及以上人口的比重，西部民族地区只有3个省份低于全国平均水平9.08%，高于15%的6个地区均位于西部民族聚居区，西藏最高，为47.25%，青海为25.44%，贵州为19.85%，甘肃为19.68%，宁夏为15.72%，云南为15.44%（高庆蓬等，2006）。由此可见，我国地区之间的义务教育结果差距的局势也很严峻。

（二）城乡义务教育结果差距

城乡教育投资的巨大差距也导致了城乡教育质量和结果的巨大差距。这些差距主要体现在适龄儿童入学机会和受教育程度等方面。

我国城乡中小学入学机会差距显著。在1986~2000年的15年间农村有近1.5亿的适龄儿童未能接受九年义务教育，小学未入学学龄儿童近3200万人。已入学的在校生中途退学现象在农村极其普遍。初中辍学人数达到3067.6万人，绝大多数是农村孩子。城市适龄儿童则几乎全部接受了义务教育，中途退学现象很少。

从小升初的情况来看，1985年城市小学毕业生已基本能够升入初中，而农村小学平均升学率才64%，贵州、广西和西藏不到50%。1999年全国就有约

130万农村小学毕业生未能升入初中继续接受义务教育。1986～2000年,未能升初的小学毕业生达5000万人以上。(张玉林,2003)

从城乡居民受教育程度的差距来看,2000年15～64岁人口平均受教育年限城镇比乡村多2.95年,城乡相差近50年教学历程。但在西部地区青海省的城乡差距为4.62年,甘肃省的城乡差距为4.33年,如表1-7所示。在8699多万文盲人口中,农村占75%。(李振国,2006)

表1-7 2000年我国东、西部地区城乡人均受教育年限比较(单位:年)

地区		城市	农村	城乡差距
全国		9.80	6.85	2.95
西部	青海	9.34	4.72	4.62
	甘肃	9.94	5.61	4.33
	贵州	9.27	5.30	3.97
	云南	9.42	5.61	3.81
东部	山东	9.55	6.80	2.75
	江苏	9.66	7.15	2.51
	福建	9.31	6.81	2.50
	广东	9.57	7.37	2.20

资料来源:全国第五次人口普查资料。转引自:中国教育与人力资源问题报告课题组.2003.从人口大国迈向人力资源强国[M].北京:高等教育出版社:68

第二节 "以县为主"期间(2001～2006年) 义务教育资源配置差距概貌

实行"以县为主"是我国义务教育财政管理制度的一次重大变革。自2001年以来,"以县为主"虽然在一定程度上缓解了农村教育经费的严重不足,但对于缩小省域之间及省域内部的义务教育差距的影响却非常弱小。我国义务教育差距问题并没有因此得到根本解决,原来多年形成的办学差距问题仍越来越严重。下面就主要考察"以县为主"以来到"新机制"实施之前这一期间我国义务教育资源配置差距在区域、城乡及学校之间的具体表现。

一、区域义务教育资源配置差距

有学者专门研究了2001年实行"以县为主"以来到2006年期间我国义务教育的区域差距变化情况。栗玉香和郭庆(2009)对2001～2006年全国内地31个省

（自治区、直辖市）义务教育经费数据的统计分析发现，"以县为主"以来，国家对于义务教育投入力度加大，生均经费逐年增长，但省际义务教育生均经费绝对差距仍在不断扩大，尽管扩大速度有所放缓。地区之间差距依然很大，中部地区生均教育经费最低。各省域内部区县之间的义务教育差距问题依然严重。以教育投入较高的北京市为例，虽然 2001～2005 年区县之间义务教育生均经费的两极分化速度有所减缓，但绝对差距仍在扩大。且长期形成的教育资源存量的差距问题非常突出。王建容和夏志强（2010）的研究也得出了基本相同的结论：2000～2006 年全国各省份普通中、小学的生均预算内教育事业费、公用经费的绝对差异在不断增加，但差距增加的速度有所放缓。相对而言，小学差距大于初中差距。学生实际获得的教育福利指数虽逐年增加，但绝对差异水平也呈增加趋势。温娇秀（2007b）的研究也发现，中小学生均教育经费东部地区远远高于中西部地区，而且省际或市际的教育差距仍在不断扩大。例如，上海市 2000 年中学生均经费是贵州省的 6.81 倍，到 2004 年就已扩大到了 8.95 倍，绝对差距从原来的 4442.7 元扩大到 10 256.83 元。而在师资水平方面，东部地区的中小学教师学历程度也远远高于中西部地区。这些办学条件的差距也导致了省际平均受教育年限及教育质量的巨大差距。普成林（2010）对云南民族贫困山区（墨江哈尼族自治县）的研究发现，2001～2007 年，该县域各乡镇义务教育机会指数、质量指数、程度指数和发展程度总指数等方面的差距虽偶有些许缩小，但总体趋势是差距仍在不断扩大。由此可见，这期间我国义务教育区域差距的情势依然非常严峻。

从表 1-8 所示的 2001～2006 年全国义务教育生均预算内经费极差值（绝对差距）的逐年剧增的情况可以看出，各地区之间义务教育资源配置差距在急剧拉大。

表 1-8　2001～2006 年全国义务教育生均预算内经费极差值（单位：元）

类别	2001 年	2002 年	2003 年	2004 年	2005 年	2006 年
小学生均事业费	3258.23	3921.01	4824.49	6025.81	7196.31	8461.21
初中生均事业费	2899.92	3677.03	4745.91	6067.48	7513.45	9135.24
小学生均公用经费	689.02	909.27	1208.42	1630.62	1806.48	2206.42
初中生均公用经费	846.87	2479.87	1469.28	1887.96	2037.15	2479.11

资料来源：栗玉香，郭庆. 2009. 义务教育财政均衡：政策与效果——基于北京市的实证分析 [M]. 北京：经济科学出版社：38

二、城乡义务教育资源配置差距

教育资源包括财力资源、物力资源和人力资源。这三大资源之间虽然相互联系，却又相对独立。为了更清楚地了解城乡义务教育差距，还可以分别对这三个方面进行具体考察。

（一）财力资源的差距比较

衡量教育财力资源有多项指标，但最能体现资源占有多寡的是各项生均教育费。"以县为主"以来城乡义务教育差距仍然很大。以 2005 年为例，根据《中国教育经费统计年鉴 2005》测算，①生均教育经费的城乡差异：全国农村小学生均经费平均为 1326.3 元，城镇为 2353.3 元，农村是城镇的 56%。初中生均教育经费农村平均为 1486.7 元，城镇为 2316.9 元，农村是城镇的 64%。②生均教育事业性经费的城乡差异：农村小学平均是 1287.6 元，城镇是 1926.2 元，农村是城镇的 67%。普通初中的生均教育事业性经费，农村平均为 1429.2 元，城镇是 2159.7 元，农村是城镇的 66%。③差距最大的是生均公用经费：城镇普通小学生均公用经费为 501.6 元，农村为 259.1 元，农村生均公用经费仅为城市的 52%；普通初中城镇生均公用经费 696.6 元，农村为 380.0 元，农村生均公用经费为城市的 55%。可见，2005 年农村中小学生均公用经费（初中 380 元、小学 259 元）还远远低于基本支出标准（初中 550 元、小学 330 元），因而农村学校教学运转普遍较困难。公用经费和事业费数量的差距在很大程度上决定了城乡学生享受师资力量、教育设施的不平等。

（二）物力资源的差距比较

由于财力资源的决定作用，表现在物力资源上的差距就更明显了。一方面，城市一些学校已耗重金添置了现代化的硬件设施，如宽带课桌、塑胶跑道等；另一方面，大批农村中小学办学条件未能达标，许多学校连最基本的教育设施如教学设备、图书、试验器材都得不到保证。有些学校甚至连篮球都紧张，粉笔还得数着用。根据 2004 年《中国教育统计年鉴》，从生均固定资产总值看，2003 年农村中小学分别为 2641 元和 2242 元，城镇中小学分别为 3494 元和 3685 元，相差 1000 元左右；其中仪器设备总值城镇普通初中、小学生均分别为 356 元和 445 元，农村初中、小学生均仅有 268 元和 171 元，相差 1～1.5 倍。在图书、计算机、体育场馆、音体美器材、验仪器和校园网络等方面差距也很大。部分对比如表 1-9 所示。

表 1-9　2003 年城乡小学、初中办学条件校均对比

对比项目	小学		初中	
	农村	城镇	农村	城镇
固定资产总值/万元	47.8	225.2	224.0	456.7
仪器设备总值/万元	3.7	27.2	22.7	47.2

续表

对比项目	小学		初中	
	农村	城镇	农村	城镇
图书/册	2 326.7	8 738.5	10 930.2	15 619.3
电子图书/片	11.6	124.8	56.2	186.5
计算机/台	2.9	25.1	22.5	48.3
体育场或馆/平方米	1 908.2	3 248.5	5 811.8	6 952.2

资料来源：根据 2004 年《中国教育统计年鉴》有关数据整理

学校危房主要在农村。2003 年全国普通初中有危房 1562.6 万平方米，农村初中有 1004.9 万平方米，占总危房的 64.3%。普通小学危房面积为 5856.8 万平方米，农村为 3247.9 万平方米，占总危房的 84.2%。农村中小学危房率分别是城市的 2 倍和 2.8 倍。

(三)人力资源的差距比较

教师资源差距在很大程度上决定着教育质量差距。虽然全国教师的整体素质在不断提高，但城乡教师水平差距却在日益拉大，师资力量无论在数量还是质量方面都存在着巨大鸿沟。

1. 农村学校教师总量不足

与城市教师相比，农村教师数量相对不足。在生师配置比例上，资料显示：2004 年，我国农村义务教育在校学生人数有 1.352 亿人，其中小学人数为 1.046 亿人，初中人数为 0.306 亿人，农村地区义务教育适龄儿童占全部适龄儿童的 82.09%。初中的生师比为 18.7∶1，小学的生师比为 23.8∶1。同期城市义务教育在校学生人数有 0.295 亿人，其中，小学人数为 1831 万人，初中生人数为 1120 万人。城市初中、小学的生师比分别为 16.3∶1、19.5∶1。显然，城市义务教育的师生比例比农村更为合理(张业圳，2007)。

2. 农村学校教师质量较低

一般来说，教师学历和职称能基本反映教师素质的高低。从表 1-10 中可以看出，2004 年在具有大学本科及以上学历的教师比重方面，城市小学是农村小学的 6 倍，城市初中是农村初中的 3 倍。具有大专及以上学历的教师比重，城市小学超出农村 30 个百分点；从学历合格率来看，城乡初中教师队伍质量差距更大，农村初中专任教师学历合格率不到 85%，城市初中专任教师学历合格率超过 92%，城市比农村高出近 8 个百分点。城乡小学教师学历合格率差距相对较小。但考虑到农村教师所提高的学历基本都是通过函授及成人考试获得的，因此城乡教师素质差距实际上还更大。在职称结构方面，初中具有高级职称的教师比重，城市是农村的5倍。农村中小学教师比城市教师的职称普遍较低。

表 1-10　2004 年城乡普通中小学专任教师学历、职称结构比较（单位：%）

学校类别	学历				职称				
	本科以上	专科	高中	初中	高级	中一	中二	中三	未评职
农村初中	19.0	72.3	8.5	0.2	2.7	30.0	44.9	12.3	10.1
城市初中	55.0	42.7	2.2	0.1	13.7	42.2	33.0	3.8	7.3
农村小学	2.1	38.0	57.6	2.3	35.9	45.3	12.1	0.6	6.0
城市小学	13.5	57.8	28.1	0.6	47.1	38.6	7.1	0.5	6.7

资料来源：根据 2005 年《中国教育统计年鉴》有关数据整理

　　另外，师资结构失衡和代课教师比重太大也严重影响了农村教师队伍的质量。目前农村数学、英语、艺术类等一线专业教师严重短缺，骨干教师不断流失。师资队伍不稳定、优秀教师流失导致农村教师专业结构、年龄结构和性别结构严重失衡。同时，由于条件艰苦、待遇低，农村学校难以引进专任教师，只好聘用代课教师来解决师资不足的问题。据统计，2005 年全国中小学共聘用代课教师 44.8 万人，占教师岗位的 5.9%。其中，农村中小学代课教师 30 万人，占农村中小学教师岗位的 9.6%，占全国代课教师总数的 80% 左右。这些代课教师又大多集中在中西部地区，如广西、西藏和陕西的小学代课教师平均比例超过20%（张业圳，2007）。

三、校际义务教育资源配置差距

　　我国义务教育办学差距不仅突出地表现为区域（包括地区、省、市和区县等）之间、城乡之间的巨大差距，而且突出地表现为校际差距。即使在同一区域或城市里，学校之间的办学差距都非常悬殊。这些差距最直接地反映在校际生均教育经费上。翟博（2007）从全国东部、中部和西部地区各选取了 4 个省份抽样调查了不同类型学校的教育经费并统计分析发现，各类学校之间生均经费差距非常悬殊。以 2004 年为例，一类小学生均经费和生均预算内教育经费分别是三类小学的 2.3 倍和 2.6 倍；一类中学生均经费和生均预算内教育经费分别是三类中学的2.6 倍和 2.0 倍。林涛（2008）的研究表明：我国校际教育基尼系数远大于省际数据，且"办学条件差距＞教育经费差距＞师资差距"，而"预算内公用经费差距＞公用经费差距＞预算内教育事业费差距＞教育事业费差距"。栗玉香和郭庆（2009）选取了北京 10 所城区学校、郊区城镇学校和农村学校进行了个案研究，发现 2005 年北京市各类中学间办学差距很大。即使在同一区域内校际办学经费也存在相当大的差距。重点校和非重点校之间的年生均教育经费相差 2538.69元，生均财政拨款相差 386.25 元。城区内部中学间的生均固定资产差距最大，相差达 6971.14 元。城乡小学之间的生均教育经费相差达 7832.67 元，生均财政拨款相差 5567.57 元，生均固定资产相差达 14 764.79 元。其他教育资源的生均占有情况也是相差极大。总体来说，城区校际差距比郊区校际差距更大。这说明，哪怕是在教育投入较高的省份，各类学校之间及同类学校之间都存在极大的办学差距。而且，正是这种巨大的校际办学差距导致了各地"择校风"及择校费问题愈演愈烈。

第三节　"新机制"实施以来（2006 年至今）义务教育差距的变化趋势

2006 年开始，我国又逐渐实行了农村义务教育经费保障机制改革（西部地区从 2006 年起开始实行，东、中部地区从 2007 年起实行）。这是在 2001 年将义务教育管理体制调整为"以县为主"的基础上所作的进一步调整。但由于这个"新机制"并没有突破"以县为主"的制度框架，只是对现有体制的延续和补充，对于义务教育资源配置差距状况的改善效果并不明显。

一、区域义务教育资源配置差距继续拉大

"新机制"实施以来，我国区域之间的义务教育资源配置差距并没有缩小，反而仍有进一步拉大的趋势。以预算内教育财政经费为例，如表 1-11 所示，2007～2010 年，我国不同区域之间的普通初中、小学生均预算内教育经费支出差距仍在不断拉大，区域间生均预算经费支出极差越来越大，呈现出不断拉大的趋势。区域之间初中和小学生均预算内教育经费支出的极差值分别从 2007 年的 8408 元、9208 元增加到 2010 年的 12 680 元和 15 712 元。其中，初中生均预算内教育经费支出极差水平明显高于小学。这表明，"新机制"实施以来，生均教育经费支出差距不仅没有缩小，反而还在拉大。

表 1-11　2007～2010 年地方普通初中、小学生均预算内经费支出及极差表（单位：元）

地区		北京	上海	天津	浙江	广东	安徽	江西	贵州	云南	极差
2007 年	小学	5 555	9 483	4 220	3 011	1 735	1 276	1 212	1 075	1 505	8 408
	初中	8 049	10 460	4 477	3 916	2 404	1 230	1 379	1 252	1 805	9 208

续表

地区		北京	上海	天津	浙江	广东	安徽	江西	贵州	云南	极差
2008 年	小学	7 883	11 605	5 079	3 795	2 098	1 656	1 687	1 475	1 805	10 130
	初中	11 411	13 377	5 620	4 932	2 849	1 818	2 105	1 761	2 235	11 616
2009 年	小学	10 374	13 066	6 851	4 566	2 542	2 099	1 831	1 866	2 085	11 235
	初中	14 055	15 983	7 783	5 820	3 308	2 589	2 683	2 357	3 030	13 626
2010 年	小学	12 255	14 844	9 131	5 642	3 009	2 506	2 164	2 327	2 928	12 680
	初中	17 349	18 484	11 083	7 011	3 535	3 190	3 284	2 772	4 311	15 712

资料来源：《中国教育经费统计年鉴》(2007~2010 年)

中央教科所教育督导评估研究中心(2010)采集了"新机制"实施以来 42 个县的 2008 年的财政数据和 2009 年的事业数据并研究发现，虽然在办学条件的某些方面出现了"中部塌陷"等新情况，即中部的指标低于西部指标，但从总体上看，东、中、西部各地区间生均教学及辅助用房、图书、仪器设备、体育场等资源占有情况，以及师资学历职称、生师比例等水平情况，不仅地区之间差距悬殊，而且仍在进一步拉大。而县域间差距的表现趋势与地区间的差距也基本一致。就办学条件的各项指标而言，县域间小学差距比初中差距更大。

总体说来，实行"新机制"以来，我国东、中、西部各地区及各省域之间中小学生均教育经费的指标差距并没有明显缩小，许多地区的差距仍然还有进一步拉大的趋势。

二、城乡义务教育资源配置差距仍在拉大

实行"新机制"以来，我国中小学生均教育经费的城乡差距也不见缩小。将历年义务教育生均教育经费的数据换算成可比价格(以 2000 年为基点)进行比较：①将实行"新机制"前一年的 2005 年和"新机制"实施后的第三年(2008 年)进行对比就会发现，"新机制"实施后城乡义务教育生均经费仍存在巨大差距，虽然在差距拉大的幅度上略有缩小，但却并不显著。2005 年农村小学生均教育经费支出为 1471 元，城市为 2378 元，两者相差 907 元。而 2008 年的农村小学生均教育经费支出为 2588 元，城市为 3424 元，两者相差 836 元。三年中，城乡小学生均教育经费的"增量差距"年均缩小幅度仅为 24 元。同时，2005 年城乡初中生均教育经费差距为 1213 元。而 2008 年的城乡初中生均教育经费差距为 1193 元。三年来在新增经费上仅缩小 20 元的差距。②若以"以县为主"前的 2000 年为参照点，"新机制"实施后义务教育差距则仍呈不断扩大之势。城乡小学生均教育经费的差距从 2000 年的 558 元到 2008 年扩大为 836 元，扩大了 50%；而初

中生均教育经费的城乡差距则从 2000 年的 858 元扩大为 2008 的 1193 元，扩大了 39%。(孙志军等，2010)从学校固定资产来看，城乡学校差距继续扩大。2005 年和 2007 年全国城乡小学的固定资产总平均值分别是 406.19 万元、56.04 万元和 545.43 万元、65.05 万元，城市分别是农村的 7.25 倍和 8.38 倍。普通初中的固定资产总平均值分别为 669.21 万元、236.75 万元和 901.64 万元、276.16 万元，城市分别是农村的 2.83 倍和 3.26 倍(李宜江，2010)。

　　农村义务教育经费保障机制的实施，并没有保证我国农村义务教育经费的持续增长。2008 年审计署调查的 54 个县中，有 5 个县的义务教育经费不增反降，2006 年与 2005 年相比，共减少农村义务教育经费投入达 3186.90 万元，减幅为 13.2%。与此同时，一些地方仍存在相关部门不按时拨付甚至长期滞留农村义务教育资金的问题。审计署调查的 54 个县中有 29 个县的财政或教育部门未按期及时拨付到学校账上的资金达 1.10 亿元，占 29 个县农村义务教育同类经费总额的 45.32%。另外，该调查还显示，农村中小学负债严重。2005 年年底农村中小学校负债额 28.72 亿元，到 2007 年 6 月底共还债务 8.63 亿元，但又新增债务 6.79 亿元，仍有 26.88 亿元的负债，平均每县 4978 万元。部分学校甚至因债务过重而无力偿还，以至于被债权人强行封校、学生被迫停课，严重影响了学校的正常运转。而且相应地，办学条件的恶化也导致了优质师资的不断流失(樊继达，2009)。

三、校际义务教育资源配置差距依旧悬殊

　　学校之间的资源配置差距也依然是千差万别。栗玉香和郭庆(2009)对 2008 年北京市部分区县内 256 所中小学的调查数据研究表明：校际的财政差距明显高于区县间差距；校际生均固定资产总值及生均专用设备总值差距高于生均教育经费差距，即校际财政的存量差距高于增量差距。中央教科所教育督导评估研究中心(2010)的研究发现，从办学条件看，学校之间在生均仪器设备、信息化水平等方面差距非常大，最高组校和最低组校之间的差距超过 10 倍。教师队伍的城乡差距也还很悬殊。小学的师资差距大于初中教师。校际中、小学生均事业费差距达 3~6 倍，生均公用经费差距达 6 倍以上，教师福利的差距也很悬殊。

　　总体来讲，"以县为主"以来，包括"新机制"实施以来，我国义务教育资源配置差距问题并没得到有效解决。学校之间在教育教学设施设备及教师资源等方面的差距仍在继续扩大。义务教育差距的局势更加严峻。

第四节　义务教育差距的主要影响

　　研究义务教育差距问题就必须考察其对社会的影响作用。从目前学界的相关研究来看，学者们主要关注了教育差距所带来的不公平问题及其对经济差距的影响，并未对义务教育差距的不良影响进行全面认识和充分揭示，因而未能引起社会的足够重视。为此，有必要对义务教育差距的影响作一个系统的分析，以便更好地认识义务教育差距问题。教育是有目的地培养人的活动，因而在经济社会发展中起着全局性、基础性和先导性作用。教育发展状况对社会各个方面都会产生深远的影响。因此，义务教育差距发展必然对社会各方面发展都会带来诸多不良影响和危害。也就是说，义务教育差距对经济社会的影响主要表现为负面影响或负外部性。具体说来，主要有以下几个方面。

一、危及社会公平正义与和谐稳定

　　早在春秋战国时期，我国大教育家孔子就已经做到了"有教无类"。随着社会的不断进步和经济的高度发展，捷克大教育家夸美纽斯根据社会发展的客观需要又具体提出了"泛智"教育思想并规划了普及义务教育蓝图。自德国普鲁士最早付诸实施以来，义务教育在各个国家不断得到了普及和提高。可以说，普及义务教育是人类发展史上的必然。义务教育既是经济社会发展的必需，也是每一个人生存和发展的必需，它关乎每个人的生存权和发展权。也就是说，义务教育并非精英教育，而是现代社会人类生存和发展最基本的必需的教育。其基本功能并非在于淘汰和筛选，而是旨在培养合格现代人的最基本素质。从经济学上看，义务教育的社会收益率最大，基本接近公共产品属性，具有极强的外部性和社会公益性。因此，任何一个国家都应保证每个公民拥有平等地接受义务教育的权利。

　　古希腊亚里士多德(2003)在《尼各马可伦理学》中就曾指出："只有当平等的人占有或分得不平等的份额，或不平等的人占有或分得平等的份额时，才会发生争吵和抱怨。""分配的公正在于成比例，不公正则在于不合比例。"罗尔斯(1991)也指出："每个人都有平等的权利去拥有与别人的类似自由权并存的最广泛的基本自由权。"这就是说，平等原则乃是公平的第一要义。因此，教育公平首先就应表现为受教育权利的平等，而不应是金钱、物质、权力、地位的直接复制。与此同时，教育公平又是社会公平的重要基础和前提。对于弱势群体的子女而言，教育是其向上流社会流动的主要途径。而义务教育的不公平、学校之间的巨大差距则将阻碍这种社会阶层之间的正常流动，并通过教育对社会政治、经济、文化的反作用形成贫富差距的代际传承和恶性循环，不断加剧教育和整个社会的不公平。因此，要让教育成为社会公平的推动力量，就应该首先保证教育是公平的。

义务教育差距的本质就是公民拥有不平等的受教育权。说到底，义务教育差距就是生存权和发展权的差距。因此，义务教育差距悬殊的局面既与我国政府"以人为本"的执政理念格格不入，也严重违背了和谐社会"公平正义"的核心价值观，还会因为教育的基础性、全局性和先导性作用而加剧社会其他方面的不公平程度，进而危及社会的和谐与稳定。正因为如此，我国《宪法》明确规定：我国公民人人拥有平等接受教育的权利。从这个意义上说，我国义务教育的巨大差距也是严重违背《宪法》规定的。

二、助推应试教育和择校风气

办学条件的悬殊差距是择校问题产生的主要根源。择校问题的产生又会为应试教育推波助澜。择校问题与应试教育交织在一起，反过来又会进一步拉大教育资源配置的校际差距，使得教育差距越来越大。这已为我国教育实践所证实。

由于教育差距过于悬殊，我国义务教育阶段的择校问题也日益严重，分别出现了以权择校、以钱择校和以分择校等多种形式。其中，以权择校和以钱择校实质上是一种寻租行为，是相关利益主体通过非生产性活动（如走后门托关系、交赞助费、贿赂等）来获得接受优质教育机会的行为。它滋生腐败，助长不正之风，加重家长负担，与义务教育的本质精神和国家免费、免试及就近入学政策完全背道而驰，因而引起了社会的强烈反响。早在 1997 年，《半月谈》杂志就曾报道，择校问题已成为北京、上海、江西等地社会关注的七大教育热点问题中反应最强烈的问题，而与此相关的就近入学问题和家教热问题也分别排在第二位和第三位（曾天山，1999）。尽管国家曾先后出台了多项文件治理这一问题，如 1993 年国务院办公厅《关于加强中小学收费管理工作的通知》、1996 年国家教委等部门《关于 1996 年在全国开展治理中小学乱收费工作实施意见的通知》、2001 年国务院《关于进一步做好治理教育乱收费工作的意见》、2002 年教育部《关于加强基础教育办学管理若干问题的通知》等文件都明确规定了禁止公办学校的择校收费行为。但由于导致择校问题的根源（办学差距）没有消除，择校问题随着义务教育差距的进一步拉大反而愈演愈烈。

如今，择校费在各地仍以各种名义（如捐资助学费、借读费、赞助费、建校费等）存在着，而且均以"自愿捐献"的借口收取。为了不让孩子输在起跑线上，家长们不得不违心地缴纳高昂的择校费。这在大城市的表现尤其严重。西安市城调队 2004 年的调查发现，30％的中小学生有缴纳择校费和赞助费的经历，人均支出 7620 元（文东茅，2006）。根据胡咏梅等（2008）对北京市的实证调查，择校行为主要发生在义务教育阶段，其中以初中最为突出，但小学平均择校费比初中还高。2005 年北京市小学平均择校费高达19 638元，初中为13 695元。一些好的公办小学或初中，择校费高达 5 万～8 万元（周大平，2005）。据报道，2012 年重庆市区级重点小学、初高中择校费已高达 3 万～5 万元，其中部分初高中择校费达 6 万～8 万元，名牌小学择校费甚至高达 9 万～11 万元。[①] 择校费使得强势学校愈加富足，从而更加拉大了与薄弱学校的办学差距。

在不少地方，一万元一分已成为公开的价格。由于择校费的高低与分数紧密相关，择校热的升温又助推了应试教育问题。优质学校的稀缺使得择校热蔓延到了全国各地的中学、小学乃至幼儿园。以至于小学阶段就出现了"奥校热"、"考证热"、国家英语等级考试（PETS）（蒋听捷等，2005）甚至"奥赛语文"，极大地加重了学生的课业负担，损害了学生的身心健康（杨东平，2006）。在一些地方，小升初甚至比高考还难。迫于小升初的择校压力，不少学生从小学甚至幼儿园就开始为择校作准备。各种奥数班、培训班、辅导班、特长班比比皆是。学生为了择校而参加各种补习班，考取各种证书，以至于疲于奔命，心力交瘁。一个极端的案例就是南京市一位小学五年级学生汤雯首，竟然考过了 44 份各种证书。[②] 更有甚者，还发生了择校压力过大导致学生自杀的事件。[③] 而这一切背后的根源就在于义务教育差距的扩大。

三、降低教育资源配置整体效率

目前众多关于义务教育差距的研究都只集中于其公平问题的分析，忽视了其对教育效率的影响。事实上，教育差距不只是一个公平问题，更是一个严重的效率问题、效用问题。它将对社会各个领域产生广泛的深远影响，关乎整个国家义务教育资源配置与利用的总体效率和效用的高低。义务教育办学差距的两极分化意味着资源配置上的锦上添花与雪上加霜并存。在义务教育的办学条件层面，雪中送炭的边际效用必然大于锦上添花的边际效用；在义务教育的办学绩效层面，相对均衡的总体效用必然大于两极分化的总体效用。因此，义务教育的办学差距既会损害社会公平，也将降低资源配置的整体效率和效用。

为了更好地分析这一问题，我们可以借助图示模型进行研究。一般而言，教育投资的边际收益是递减的。以 x 轴为投资额度，y 轴为投资的边际收益。如

---

① 萧仁武. 2012. 择校费，我们伤不起 [J]. 公民导刊，(10)：21.

② 蔡玉高，王骏勇. 南京一小学生有 44 份证书，为增人学砝码考证成风 [EB/OL]. http：//news. china. com/zh-cn/social/1007/20040209/11618887. html.

③ "校中校"现象屡禁不止，择校压力致学生自杀 [EB/OL]. http：//www. sznews. com/news/content/2006-09/05/content-328204. htm.

图 1-1所示，教育投资的边际收益函数则可表示为 CA，教育投资的边际收益最大时为 OC，并随着投资的增多而不断减少，最后当投资达到 OA 时教育投资的边际收益接近于零收益。对于每一个单位规模的教育而言，OA 的教育投资额度为最佳投资额度。大于 OA 的教育投资部分就将被浪费而降低资源的配置效率。

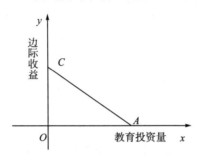

图 1-1　教育投资边际收益函数图

假设不同地域之间儿童天赋的分布是均衡的（或可塑性相同），即同一国家不同地区的教育投资收益是一致的，则学校之间教育投资的收益与教育的规模总是相对应的。因此，完全可以同时以 y 轴表示教育规模，取与边际收益相对应的比例画出教育规模的比例图示 OC，如图 1-2 所示。由于 OA 是最佳教育投资额度，对于教育规模为 OC 的国家而言，其最有效率的教育投资总额度就是四边形 AB-CO 面积所表示的量。

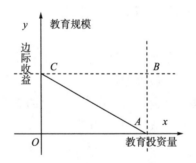

图 1-2　教育投资最佳总额图

如果这个国家的教育资源总量是充足的（四边形 ABCO 为教育最佳总投资，且为实际投资额度），并将这些资源均衡配置给所有学校，由于 OC 同时也表示教育投资的边际收益，CA 为教育投资的边际收益函数，则这个国家的教育投资总收益也将为四边形 ABCO 的面积所示。然而，这个国家并没有均衡配置教育资源，而是选择了有较大差额的配置方式。CE 为资源的差距配置曲线。如图 1-3所示，将均衡配置时三角形 BCD 所示份额的资源从本该配置给的学校转移给了另一些学校，另一些学校额外地得到了三角形 ADE 所示份额的资源。即使资源转移过程中没有损失即三角形 BCD 的面积等于三角形 ADE，则实行差距配置后的教育投资总收益将为四边形 *ADCO* 的面积（因为超过 *OA* 的教育投资边际收益为零），即减少了三角形 *BCD* 的收益，浪费了三角形 *ADE* 的资源。在投资额度相同的情况下，收益越大则效率越高。因此，将资源均衡配置给各个学校时的效率是最高的。

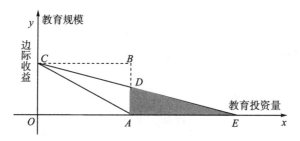

图 1-3　教育资源总量充足情况下差异配置收益比较

如果这个国家的教育资源总量并不充足，即教育投资还没达到最佳额度（实际投入的四边形 *ABCO* 不是教育最佳总投资），则其教育投资边际收益函数将在 *CA* 右边的位置 *CF* 或 *CH* 处，*CE* 为资源的差距配置曲线，*CE* 与 *AB* 交于点 *D*。具体如图 1-4 所示。当教育投资边际收益函数在 *CF* 时，教育差距投资收益的损失减少，但总收益（四边形 *OFGC* 的面积）仍小于均衡投资时的总收益（四边形 *ABCO* 的面积）；当教育投资边际收益函数在 *CH*（*CE* 之外）时，教育差距投资收益的损失为零，即这时该国家教育差距投资的总收益（最多只能为三角形 *OCE* 的面积）等于但永远不会大于均衡投资时的总收益（四边形 *ABCO* 的面积）。这可以用来解释为什么一些国家极度贫穷即教育投入严重不足时实行有差距的教育投资是有效率的。

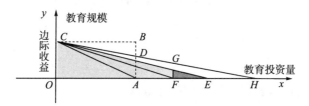

图 1-4　教育资源总量不足情况下差异配置收益比较

综上分析可以得出，有差距地进行教育投资只有在非常特殊（极度贫困或教育经费奇缺）的情况下才不至于降低（最多也只能等于而不会增加）资源配置的总效率，而一般情况下都会大大降低教育资源配置的整体效率。义务教育尤其如此（义务教育的收益率或边际收益在所有教育阶段都是最高的，其社会收益率也是最大的，而边际成本却最低。因而在教育资源稀缺的情况下，义务教育差距的扩大必然会导致更多处于劣势的受教育群体的教育投入和供给不足，从而将比其他阶段的教育差距更容易降低教育投资的社会收益，包括经济收益）。因此，无论何种情况，义务教育均衡发展都是最有效率的。而且对于任何国家，采取均衡配置教育资源的政策都是最佳策略。当然，此分析不仅适用于义务教育，也同样适用于其他阶段的教育（但由于非义务教育不是国民必须接受的最基本教育，对社会和个人的负面作用相对较小以至于往往更不为人们所重视）。

四、与经济发展差距形成恶性循环

教育差距意味着不同区间或阶层之间的社会群体接受不同等级和水平的教育，因而必然会拉大这些受教育者在基本素质或人力资本形成上的差距。而素质差距或人力资本差距在经济上的体现就是国家或社会经济发展上的差距及个体之间的经济收入差距。而经济上的这些差距又会反过来进一步加剧人们之间的受教育差距，由此形成两极分化的"马太效应"，并会通过代际传承不断延续下去。可以说，改革开放以来，我国经济社会发展差距越来越大，其中一个重要的原因就是教育差距的不断拉大。具体而言，我国教育差距已对经济差距造成了以下几个方面的负面影响。

（一）加大区域间经济发展差距

由于区域间的教育差距问题，我国各地区间的人力资本存量极不平衡，从而导致了区域间的经济增长速度不一致和不协调。教育发达的地区经济也相对发达。而经济发达的地区又会吸引经济落后地区的人才，从而会更加拉大区域之间的发展差距。经济差距的扩大又会导致落后地区与发达地区教育投入差距的进一步拉大。教育差距与经济差距便会如此反复地形成恶性循环。改革开放以来，我国区域之间的经济发展差距是有目共睹的。随着教育差距的不断扩大，我国东、中、西部等地区之间、各省域之间及城乡之间的区域经济发展差距问题也在进一步加剧。已有众多研究表明，我国教育差距已成为各地经济差距的重要因素（杨俊等，2007）；我国城乡收入差距与教育差距之间存在协整关系，城乡教育差距的扩大对城乡收入差距的拉大有着显著影响（林志伟，2006；刘云忠等，2007）；前期城乡教育差距已成为当期城乡收入差距的主要影响因素。我国城乡教育差距每上升 1%，城乡收入差距将上升 6.4%。农村教育差距每上升 1%，农村地区收入差距将扩大 4.5196%，而且这种影响正越来越大（温娇秀，2007a）。

（二）加大社会群体间收入分配的贫富差距

早在 1964 年，贝克尔发表的《人力资本理论》中就已经分析得出：受教育程度差距会加大社会群体之间的收入差距，受教育程度越高，其收入水平也越高，反之亦然。这一观点依据内生增长理论也能得到很好的解释：人力资本不同于物质资本之处就在于人力资本的边际报酬不是递减而是递增的。受教育程度越高就越能享受到递增的边际报酬。因此，教育差距会使得不同社会群体之间的人口素质和人力资本的投资及收益存在巨大差距，进而导致人们收入的更大差距。

目前，我国社会贫富差距已经相当悬殊，其中一个重要原因就在于日益扩大的教育差距。有研究表明，教育差距已是我国当前收入差距扩大的一个重要原因，并通过代际传承持续地影响着收入差距(张海峰，2006)。由于城乡教育差距的扩大，我国城乡收入绝对差距由1978年的182元增至2003年的5850元，相对差距由2.3倍增至3.23倍，实际差距比数据显示的更大。城乡人均储蓄绝对差额由1978年的82.7元增至2002年的12 271.6元，增加了147倍。据社会科学院研究报告，占人口多数的农民阶层已沦为社会第九、第十层(共十层)，成了最大的相对弱势群体(李振国，2006)。与此同时，教育差距却已成为弱势群体向上层社会流动的最大障碍，农村教育的落后制约了其剩余劳动力的转移(叶碧英，2006)。大量的农村人力资源未能有效开发，农民科学文化素质比较低下，农民工犯罪率也较高，这些因素使得城乡二元经济文化结构得到了进一步强化和固化。

可见，教育差距所带来的人力资本投资差距，在加剧了贫富差距的同时，还会导致这些贫困人口在以后的人力资本投资方面与富裕阶层形成越来越大的差距而永远处于贫困状态，从而陷入恶性循环的"贫困陷阱"之中。由此说明，教育并不一定就能扶贫，只有公平的教育才能反贫困。

五、阻碍国民经济快速增长与结构优化

经济学家们早就研究指出了教育具有显著的经济功能，如亚当·斯密的《国富论》就已提出了教育能够提高劳动生产率的观点；李斯特也提出了"精神资本"的概念；马克思更指出了教育会生产劳动能力；舒尔茨则在对教育的经济贡献进行计量研究的基础上系统阐述了著名的人力资本理论。然而，教育的经济功能却并非仅仅如上所指。教育对国民经济的作用还体现在教育差距等教育结构状况也会对经济增长和发展产生重大影响。

教育差距必然会拉大不同群体之间人力资本储备差距及其收入分配差距，收入分配差距又会反过来阻碍人力资本的总量积累而形成恶性循环，进而阻碍国民经济的结构优化和快速增长。第一，教育差距最终会体现在不同社会群体之间的受教育结果差距上。教育尤其是义务教育培养的是国民的基本素质，其差距的直接结果就是不同地区、阶层的国民之间在基本素质上出现巨大差距(也包括其劳动生产率的差距)。这种基本素质的差距扩大必然导致更多的不能适应经济发展

需要的不合格劳动力的产生，同时也会降低国家人力资本的总量积累，并从整体上降低国民的劳动生产率。因此，只有提高人力资本的"均化"程度，才能使人力资本的总量积累增加（刘海英，2004）。第二，教育差距的扩大会导致更多的劳动者（即受劣等教育者）难以掌握经济生产中的新知识、新技术和新设备，阻碍国家产业结构的调整和升级换代。第三，教育差距导致的国民收入差距过大，会造成国家经济内需不足，从而不利于经济增长。第四，根据新经济增长理论，通过教育所形成的人力资本还会带来物质资本等生产要素收益递增的"内在效应"。因此，教育差距对经济增长的阻碍作用还会因为其对物质资本的作用而更加严重。

事实上，大量的研究已经充分证实了这一结论。根据85个国家1960～1990年的教育基尼系数和人均受教育年限所作的研究发现，教育基尼系数与经济增长呈负相关关系。的研究也发现，教育差距会对随后的经济增长产生负面影响。我国学者张长征等（2003）根据1978～2004年我国历年教育公平程度进行的研究表明，显著的区域教育差距与城乡教育差距对于经济增长与社会发展有显著的不良影响（张长征等，2005）；我国教育差距已对经济增长产生了较大阻碍作用（杨俊等，2007）；而且，从累积效应看，教育差距对劳动生产率始终呈负向影响。我国教育差距对经济增长的这种负向影响正逐年加大（王爱民等，2009）。

综上所述，我国义务教育差距必然而且已经对经济社会等各方面产生了多种负面影响和危害（可谓是"作恶多端"）。因此，缩小并消除由教育投入导致的义务教育办学差距，实行义务教育均衡发展已成为经济社会和谐健康发展的必然选择和当务之急。

第二章 义务教育差距的问题实质及其分析工具的选择

要研究和解决义务教育差距问题，就必须正确把握其问题的实质并为之选择合适的分析工具。而要正确把握义务教育差距的问题实质就必然要追溯到对义务教育本身的认识。义务教育实质是一种制度安排。因此，分析义务教育差距的问题实质首先就应从历史唯物主义的角度系统考查义务教育制度(institutions of compulsory education)的形成、本质及其演化过程。

第一节 义务教育制度的契约本质

一切社会活动(包括教育活动)都是建立在经济活动的基础之上的。社会的各种制度之间虽然有着各自的特殊性，却也有着作为制度的本质一致性。而且，经济本身并不局限于物质生产。一切社会活动都在人们的有限理性指导下追寻着效用的最大化。正因为如此，贝克尔(1995)提出了"经济分析适应于说明全部人类行为"的重要观点。因此，要认识义务教育制度的本质，有必要先从一般经济活动的制度起源及其本质谈起。

一、交易成本与制度的产生

人是具有有限理性的动物，因而总是在理性能及的范围内不断地追求着效用的更大化。正是这种有限理性导致了人类社会的现实局面。一方面，理性的一面推动着社会不断进步；另一方面，理性的不足又导致了社会发展道路的曲折多变。人们发明并利用了各种手段和技术来实现自身效用函数的最大化，交易就是其中之一。由于单个人的力量有限，合作即交易就成为人类生存之必需。因而早在社会大分工之前的原始社会，交易就普遍存在了。社会大分工以后，交易日益复杂，先后经历了"人际关系化交易"(personal exchange)阶段、"非人际关系化交易"(impersonal exchange)阶段和"有第三方实施的非人际关系化交易"阶段(诺思，2008b)。可以说，交易在人类社会中已无处不在，无时不有，以至于单个的人根本就不存在(离开了交易人就无法生存)。正是在这个意义上，马克思提出了"人的本质是一切社会关系的总和"的光辉论断。这其实就是在强调人类交易的普遍性和复杂性。

何为交易(transaction)？制度经济学家康芒斯(2009)对此曾作过最早的界定：交易不是简单的物品交换，而是人与人之间对物品所有权的让渡和取得，是一种制度或法律行为。也就是说，交易就是利益关系的转移。但由于信息的不完全和利益的不一致，人们往往会付出昂贵的代价才能达到交易目的。人们交换他们对于资产或服务的所有权和确立他们排他性权利的一切耗费统称为交易费用或交易成本(transaction costs)。交易成本包括获得信息、谈判、签订契约及监督契约实施等所付出的"一切不直接发生在物质生产过程中的耗费"(卢现祥，2004)。威廉姆森认为，人的有限理性、机会主义和资产的专用性程度等因素决定了交易费用的必然性。① 这就是说，一切交易都是要付出成本的。交易双方要达成协议就必须相互了解，将可能提供的交易机会告诉对方。这种信息的获得和传递需要耗费时间和资源。如果交易的一方是多个经济代理人，在决定交易条件时，还会产生某些作出决策的成本。相互同意的条件确定后，还有执行所订协议的成本，以及控制和监督他方，以确定是否按照所订契约条款履行其责任的成本。因此，从契约过程来看，交易费用包括了解和信息成本、讨价还价和决策成本及执行和控制成本。在诺思看来，将生产要素组织起来生产物品或劳务要受制度和技术两个方面的制约，即要付出转化费用和交易费用。转化费用与交易费用之和等于生产费用。在新古典经济学里，交易费用假设为零，因此转化费用就是生产费用。但现实中却并非如此。制度和技术都对生产发生重要影响作用。交易费用不仅不为零，而且极其高昂。为此，诺思将经济活动分为生产活动和交易活动，从而将物品的总成本分为转形(生产)成本和交易成本。诺思(2008)和瓦利斯的进一步研究发现，当时美国国民收入(national income)的45%以上用于支付交易成本，比在一个世纪之前增加了约25%。可见，交易成本已在社会生产活动成本中占有相当大的比例，对于资源利用效率起着决定性作用。

正如张五常所指出的，交易成本至少会产生三个方面的效应：一是减少交易量，损害资产的经济专门化和利用效率，甚至使得潜在的交易难以转化为现实的交易而损失社会财富；二是会影响资源使用的边际等式和密集度；三是影响合约安排的合理选择。② 可见，交易成本对于经济活动效率的影响何其重要。交易成本本质上是经济主体之间知识、信息不对称的结果，是利益冲突与调和过程中损耗的资源，也是无法彻底消除的。这是因为，第一，人类社会的分工总是不断深化的，知识和经验的个体差异无法彻底消除。第二，人们的认识在时间上具有不一致性。对于这种不一致，任何措施都只能有限地将其缩小而无法彻底地消除。

---

① 转引自：罗必良.2005.新制度经济学 [M].太原：山西经济出版社：26.
② 转引自：卢现祥.2004.新制度经济学 [M].武汉：武汉大学出版社：38.

第三，科学技术的进步尽管不断地克服时间和空间对人类交往造成的困难，但终归存在一个限度，科学技术无论如何都难以(零成本地)完全消除空间和时间给交易带来的障碍。第四，经济个体的利己心不可消除。尽管可以用法律等正式制度或习俗、惯例等非正式制度来约束和引导，但只要资源的稀缺性还存在，利己之心就不会完全消除，机会主义行为就会永远理性地存在(罗必良，2005)。

既然交易成本具有不可能为零、难以量化和隐蔽性等特点，人们为了节省交易成本就不得不诉诸契约即制度的力量。优化的制度能减少交易中的不确定性，抑制人的机会主义行为倾向，从而降低交易成本。反过来，不同的交易成本又会导致不同的契约选择。科斯研究发现，在现实社会活动中人们的交易成本永远为正，从而导致了节省交易成本的契约(contract)即制度的产生。如果交易费用为零，就不会有企业的创办，一切配置都将通过个人之间的简单合同来进行(罗必良，2005)。也就是说，制度起源于交易费用。制度是为了减少不确定性的交易成本问题而制定的调节人们交易行为的所有约束(包括正式规则、非正式规则及实施的形式和有效性)(诺思，2008b)。制度变迁(institutional change)也不过就是这些交易契约因为外部约束条件变化(包括技术变迁等)导致的交易成本改变而作出相应的边际调整。说到底，制度实质就是一种为实现交易目的和降低交易成本而人为制定并不断演化以调节人们经济行为的交易契约和博弈规则。教育制度亦是如此。

二、教育中的交易及其演变

教育活动实质上是一种复杂而特殊的交易活动(这丝毫不影响教育的育人性对交易主体的高道德要求)。"教育中的交易主要发生在学校和政府、教师和学校、学生和学校、学校和社会、学生和社会等等之间。"(曹淑江，2004b)从历史总趋势来看，教育交易也先后经历了"人际关系化交易阶段"(古代官学教育)、"非人际关系化交易阶段"(古代私学教育)和"有第三方实施的非人际关系化交易阶段"(近现代学校教育)。教育制度也是基于调节这些交易活动以节省其交易成本的契约选择，最开始是传统、习俗等非正式契约，后来逐渐演化为包括正式制度和非正式制度在内的各种契约的联结。交易费用的不同决定了契约选择的不同。从总体上看，这些契约的历史演化和选择也是倾向于教育交易成本最小化的。为了说明这一问题，下面分别就教育的交易内容、交易主体及交易形式等方面对教育交易的起源和历史演变进行考察。为了便于历史分析，本书将人类教育分为古代官私学教育、近现代学校教育两个阶段进行分析。

(一)古代学校教育交易的内容、主体及实施形式

教育的"劳动起源论"比较科学地揭示了教育在人类社会生产和生活中的重要作用(即使是"生物起源论"和"心理起源论"也不否认这一事实)。在已经刚刚具备原始"理性"的原始人那里,教育由于具有多方面功能已经成为他们的效用函数中的一个重要变量。但由于那时的教育及社会各方面都实行原始的共有产权制度,而且这时的教育内容也过于简单,并不需要寻找专业的代理人,也不需要复杂的组织机构和教学设备等手段,长辈即教育者完全可以在生产、生活实践中采用口耳相授的自然方式亲力亲为,因而很少有教育交易行为。

但随着生产力水平的不断提高和社会分工的日益扩大,人类开始出现了剩余产品、私有制、阶级和国家。这些外部约束条件的巨大变化导致了教育目的的根本变革和教育交易行为的产生。马克思和恩格斯(1995)曾指出:"统治阶级的思想在每一时代都是占统治地位的思想。这就是说,一个阶级是社会上占统治地位的物质力量,同时也是社会上占统治地位的精神力量。"因此,在经济上占支配地位的阶级在文化和教育上也会占据统治和垄断地位。对于统治阶级而言,文化的垄断地位需要保持,以维持其稳定的政治经济统治地位。而日积月累形成的高深复杂的文化知识对于一般百姓的生产、生活也并无通用价值。对他们进行这些知识的传授不仅需要消耗大量的成本(为当时生产力水平所无法承受),而且不利于统治局面的维持。相反,实行愚民政策更加有利于社会的稳定。因此,高深的文化教育主要被统治者垄断着,从而出现了"学在官府""官师合一"的局面(偶有一点"溢出效应"也不过是"化民成俗",但最终却服务于"建国君民"了)。即使这种局面到后来有所改变,出现了"文化下移",但那也只是在统治阶级内部发生的变化。教育不可能也没有像"旧时王谢堂前燕"那样"飞入寻常百姓家"去。因此,这时期教育的直接目的就是培养统治者。读书就为做官治国(学而优则仕,不仕无义);这时的教育内容已日益复杂,需要有高深学问的人做教师。由于受教育者的家长一般无法自我完成教育工作,不得不聘请有学问的人来充当教师。教育交易由此产生。这时教育交易的主要内容就是治国之道和文化思想。少数"高科技"知识也有被传授的(如中国的墨家学派),但却属于非主流教育;这时教育主要有两对交易主体(专业教师与学生;学生与统治者):先是专业教师与学生进行教育服务交易(如孔子收取三块咸肉、古希腊智者派收取学费等),学生学成后再与统治者进行人力资本交易(所谓"学成文武艺,卖给帝王家");这时的教育由于学生稀少且教学手段简单而往往采取一对一的"师徒制"教育形式。后来随着学生的增加,出现了专门的教育场所(古代学校),但"师徒制"(不分班级、复式教学)的教育形式并没有改变,因为这样在当时更有利于节省交易成本。这些学校除了贵族子弟由国家办学(如我国商朝就开始出现的"党、

庠、序"等官学)之外,其他都实行私人办学(如我国的私塾)的市场交易形式。"组织的选择本质上是合约的选择。"(张五常,2001)古代学校组织的出现反映了教育交易契约的实施形式发生了根本变化。

这样的制度安排无论是对于统治者还是对于一般百姓而言,都是交易成本最小化的。对于大多数平民百姓而言,并不需要学习那些统治文化,只需掌握生产、生活基本常识即可。而这时通用的生产技术、生活方式等仍然易于传授,也不需要专业教师,因而为了节省交易成本,并不需要专门的教育机构和固定的教学时间(这样做学生也能避免较大的机会成本),只需继续保持原始的那种在实践中"口耳相授"的教育形式就可以了。而且这种原始教育形式一直延续至今,并逐渐成为家庭教育的一部分。

可见,古代漫长的奴隶社会和封建社会里,除了一般老百姓还继续保持着原始教育形式之外,出现了一种新的制度教育,其教育交易内容就是统治文化,交易出现了专业教师与学生、学生与统治者等两级主体,交易实施形式主要是师徒制和古代学校。这时制度教育主要体现为为政治统治和文化传承服务的功能。

(二)近现代学校教育交易的内容、主体及实施形式

近现代以来,经济社会发生了剧烈变革。机器大生产和工业化等对一般百姓的素质提出了更高的要求。这使得他们不得不接受由专职教师提供的最起码的科学文化教育,即义务教育。无疑,这时的教育交易内容增加了大量的新内容——漫长的人类社会积累形成的各学科知识,尤其是自然科学知识。教育交易的主体也急剧扩大,受教育者从原来少数统治阶级子弟扩大到百姓子弟,教育者也需要由大量的专职教师来担任,原来"官师合一"转变为"官师分离"。由于涉及更广泛的利益主体,教育交易不仅发生在教育者和受教育者之间,也发生在教育者与政府之间、受教育者与政府之间和纳税人与政府之间。教育需求的增加对于教育供给提出了巨大挑战。为了扩大供给,就必须节省成本。交易内容和主体的改变迫切要求交易形式的变迁。原来的"师徒制"形式再也无法适应教育交易的需要了(曾经在学生稀少时是低成本的形式,现在却变成高成本运作了)。于是,近现代学校制度及其班级授课制这种既能节省"转型成本"又能降低"交易成本"的教育交易形式就应运而生了。除此之外,还形成了系统严密的委托-代理机构(教育管理部门)及更为长期和权威的契约(法律制度),以降低各主体之间教育交易的不确定性和利益冲突等导致的交易成本。

三、教育交易成本:义务教育制度的起源及其变迁依据

通过上述教育交易史的简要分析,我们不难发现,教育交易成本一直在支配

着教育交易的组织（organization）形式，即教育契约的实施方式的变迁，同时也支配着教育交易契约的变迁。这说明，新制度经济学的交易成本理论也同样适合于义务教育制度的解释和分析。

根据诺思的定义，交易的实施形式也是制度（institutions）的重要组成部分。这就是说，组织也是制度的组成部分。因此，不仅"教育组织实际上是契约安排、契约选择的结果"（曹淑江，2004b），一切教育制度也都是如此。在原始社会，简单低级的教育内容却是当时社会得以维系的必要的公共产品。任何一个社会成员如果不接受这种基本教育就意味着公共利益的一大损失。因此，这时的教育对于每个社会成员都必须是公平的，即每个人享受的教育资源都是均衡的。但是，到了古代阶级社会，教育内容发生了改变，教育主要为统治服务。复杂的文化教育由于与生产劳动相脱离而对于全社会而言社会收益较小（不是每个人所必需的）。对个人而言虽然收益较大（学习优秀者可以做官），但成本也很高昂（尤其是在当时而言，教育的机会成本很大，一般百姓是承受不起的）。因此，那时教育的社会需求并不大。一般平民百姓正如《弟子规》所说的那样："首孝悌，次谨信。泛爱众，而亲仁。行有余力，则以学文。"学习文化只是在"行有余力"之后才考虑的事情，因为这时的"行"（遵循封建伦理习俗和生产关系，并从事基本的生产劳动）比"学文"更重要。这样，仅仅统治阶级子弟接受教育就足够了。国家如果运用"家计财政"来为全民办教育，其交易成本不仅"家计财政"承受不起，老百姓也承担不起（哪怕仅就机会成本而言）。何况，这样做不仅对于统治者不值得，对人民也并无多大益处（与劳动生产无关，而与生产有关的又不需要专门的教育培训）。不仅如此，这时教育的个人收益率也远远大于社会收益率。教育产品基本属于私人产品。于是，任由市场调节、私人办学的教育制度就成为合理（交易成本最小化）的契约选择。为了便于教育交易活动的有效进行，还逐渐衍生出了"尊师重道""一日为师，终身为父"之类的非正式制度来约束教育主体的交易行为，以降低教育交易成本。

到了近现代社会，随着社会迅猛发展和生产力水平提高，普及义务教育不仅成为必须，而且成为可能。而且，这时教育的社会收益率已远远大于个人收益率，初等教育（如今已演化到中等教育）的产品属性已从原来的私人产品演变为公共产品。任何一个社会成员不受这种最基本的教育也意味着公共利益的一大损失。这种利益损失就会成为教育交易成本的重要组成部分。因此，最节省交易成本的契约安排就是由国家公共财政统一提供免费的有一定年限的强制的义务教育制度，以保证每个人都能平等地享受到最基本的教育。

然而，义务教育制度并非一开始就是免费的，如1763年在全世界最早实行义务教育的德国普鲁士王国颁布的《乡村学校规程》和1816年法国复辟王朝颁布的《初等教育法令》等。实际上，义务教育的免费制度是相关利益主体通过长期博弈后形成的。长期的教育实践证明，由于初级教育具有社会收益率远大于个人收益率的公共产品属性，由私人投资义务教育会导致教育供给的严重不足。为了解决供给不足问题，最好的办法就是由政府收税来办教育，而对受教育者实行免费政策。尽管如此，受教育者家庭仍然承担了较大的机会成本，因而仍可能存在适龄儿童失学问题。为此，只有实行强迫原则才能以更小的成本达成交易。这样，强迫的免费的义务教育制度才得以最终形成（周金玲，2006）。

由上可知，一种制度及其组织的形成既是节省交易成本的需要，同时也是各交易主体进行讨价还价即博弈的结果。而且，各利益主体博弈的基础或主要依据就是各自的交易成本。在教育交易中，人们需要衡量一般的信息收集、谈判、契约选择、执行和监督等交易成本，同时还要考虑到教育交易的特殊性，如教育的外部性、教育服务质量难以衡量和教育信息极度不对称等问题。在义务教育实践史上，政府先采取强迫手段后增加免费政策才使得义务教育得以不断普及和提高就足以证明，只有实行强迫的免费的义务教育制度才能克服交易中信息不充分、机会主义［通过不正当手段谋取自身利益的行为倾向（罗必良，2005）］和敲竹杠等问题，从而降低交易成本，确保这一阶段教育交易的有效实施。因此，如果没有交易成本，根本就不会有现代学校制度。义务教育制度正是在教育交易成本制约下的最优契约选择。[①]

当然，不同的社会经济制度环境下，由于教育交易面临的外部约束条件不同，同样的交易契约形式对应的交易费用也会不同，因而需要根据社会实际情况来选择不同的契约形式，这就使得不同社会体制中教育制度和教育组织存在较大的差异性。即使在同一社会背景下，政治、经济等外部约束条件的变化又会导致教育交易中相应的要素价格变化，从而需要教育制度的相应变迁。教育改革的实质就是教育交易的方式、类型、契约的变革。从教育发展史看，教育一直发挥着的政治、经济和文化等功能，因而无论对个人还是对社会都具有巨大的投资收益。随着当今社会的飞速发展和信息时代的来临，教育已变得越来越至关重要；同时，教育交易内容的不断更新和教育技术的不断变迁也不断推动着教育制度的变迁。尤其是教育的公共产品属性不断上移，普及义务教育的年限也在不断提高（如今，不少国家都已实行了12年的义务教育制度）。当然，随着义务教育交易成本结构的不断变化，人们平等地接受义务教育，即义务教育均衡发展也已成为降低交易成本的必然要求，因而也已成为现代学校制度的重要契约目标。

---

① 不过，也曾有少数经济学家对义务教育制度的合理性提出过质疑（如斯蒂格利茨和哈耶克等），甚至加以彻底否定（如 E. G. West 和弗里德曼等），但他们都只是从新自由主义迷信"市场万能"的角度，并仅仅针对义务教育制度的现实问题而言的，并没有从教育发展史的角度客观看待教育交易的复杂性和特殊性（极强的外部性、较高的资产专用性、质量难以度量特性、交易频率低及教育服务和人力资本的非抵押性等），因而笔者认为是不足信的，也不可取的。

第二节 义务教育差距的问题实质

目前，人们越来越认识到了义务教育差距导致的非公平的社会影响。这一点已毋庸置疑。然而，很少有人注意到，在义务教育差距的公平问题背后即为何要让所有人都平等地接受义务教育的最根本原因，还在于一个交易成本问题或教育交易的制度（契约）绩效问题。这是因为，义务教育均衡发展将带来教育交易成本的巨大节省，因而业已成为现代义务教育制度的本质要求和重要内容。

一、义务教育均衡发展：现代教育制度的新目标

从理论上讲，让每个适龄儿童都享受到平等的基础教育是义务教育制度的本质要求和根本目的。也就是说，均衡发展乃是义务教育题中应有之义。这是因为，均衡发展将会导致交易成本的巨大节省。

（一）降低教育交易成本的内在要求：义务教育均衡发展

诚如本书第一章所述，学校教育资源的差距配置会极大地降低资源配置的总效率，从而最终给要服务的经济社会发展和个人发展带来不良影响。对于非义务教育而言，这些影响要小得多。但对于义务教育则不然，它是国民必须接受的最基本的教育，是社会发展和个人生存之必需，因而非均衡发展对社会及个人都会产生巨大的负面影响。这些负面影响就是一种非常昂贵的教育交易成本。因此，只有均衡配置学校教育资源，实现均衡发展，才是节省义务教育交易成本的最佳契约选择。

尽管如此，在世界各国实行义务教育制度的初级阶段，由于追求的普及程度或目标都很低（从极低的层次供给义务教育，普及年限和受教育者的普及比率都很低），社会还未来得及充分关注均衡问题或者说还只是在追求着一种"低水平均衡"（基本普及）。这也与这期间人们认识不到位和技术变迁滞后等"学习机制"因素有着重要关联。然而，并不能因此就否定教育均衡发展这一义务教育制度内容的本身。

如今，义务教育制度已在全世界各国得到了普遍推行，而且普及的年限不断增加。有的国家已将义务教育提前到了幼儿教育阶段，不少国家甚至一些经济并不发达的国家都已经普及到了高中教育，如朝鲜，1967 年已实行 9 年义务教育，1976 年又实行了 11 年免费义务教育（从幼儿园到高中毕业）；罗马尼亚也实行了10 年免费义务教育。制度环境的变化必然要求制度安排的调整。伴随着普及义务教育制度的不断推行和普及年限的日益提高，在保障受教育者的"有学上"的

基础上，追求让每个人都"上好学"就成为义务教育制度的下一步需要达成的目标。尤其是，在当今社会迅猛发展、知识更新不断加快、信息化时代来临等各种外部约束条件巨变的大背景下，教育差距发展带来的交易成本也在急剧上升。为此，完善现行义务教育投资和管理体制，促进义务教育均衡发展，从而降低义务教育交易成本，已成为构建义务教育阶段现代学校制度的重要内容之一。

从全球范围来看，经过上百年的沿革，均衡配置教育资源、均衡发展义务教育已成为世界各国的基本共识，也是义务教育发展的共同趋势。不仅如此，世界各国的义务教育制度实践已形成了两种均衡发展模式：一是福利化公立学校均衡发展模式：如欧洲多数国家和阿拉伯国家及东亚的日本、韩国等，其特点就是全公立、全免费、均衡化。二是公立学校均衡发展兼顾选择需求模式，如美国和一些发展中国家，在保证基本公共教育服务充分供给的前提下，适应不同阶层的选择性需求。这两种模式都在不同程度上坚持了教育公平原则（张力，2010）。由此可见，义务教育均衡发展已经从理论走到了实践，成为当今世界义务教育的大势所趋。

（二）我国义务教育的制度目标

我国义务教育制度的实行起步较晚。尽管新中国成立后中央政府就已陆续制订和实施了一些普及初等义务教育的计划，但这一时期国家主要以推进普及小学教育作为义务教育的目标，层次较低，也没有予以立法确认。直到1986年，我国才颁布第一部《义务教育法》，在法律上对义务教育制度作了全面具体的规定，从而确定了我国义务教育制度要实现的目标及实现这些目标的途径，包括相关主体的责任和义务等内容。《义务教育法》的颁布极大地促进了我国义务教育的发展，到2005年年底，我国普及九年义务教育的地区人口覆盖率超过95%，小学入学率达99.15%，初中毛入学率超过95%。义务教育也由原来的低水平均衡（人人享有接受义务教育的权利）发展到需要追求更高层次的均衡（人人享有平等地接受义务教育的权利）。为此，2006年第十届全国人民代表大会对《义务教育法》作了进一步的修订，明确规定了人人享有平等接受义务教育的权利，如第六条就明确提出了要"促进义务教育均衡发展"。第三章"学校"第二十二条又规定"县级以上人民政府及其教育行政部门应当促进学校均衡发展，缩小学校之间办学条件的差距……"。如今，我国九年义务教育覆盖率已超过99%。然而，城乡、区域之间及同区域的学校之间等义务教育差距却日益悬殊，以至于"择校热"不断升温，要求"教育公平"的社会呼声也日益激烈。实现义务教育均衡发展已刻不容缓。为此，《国家中长期教育改革和发展规划纲要》（2010—2020年）

第四章第九条又再次提出了"推进义务教育均衡发展"的制度目标[①]；党的十八大又再次强调了要"努力办好人民满意的教育：……均衡发展九年义务教育"[②]；等等。由此可见，各种法律法规和政策规章都已一致确定了我国义务教育"均衡发展"的制度方向和根本要求。均衡发展已成为我国义务教育制度及其实践的重要目标。

二、我国义务教育差距的影响因素及其与制度的关联

尽管教育均衡发展业已成为我国义务教育制度的重要目标之一，但在实践中却事与愿违。正如本书第一章所述，我国义务教育差距问题局势已非常严峻。然而，导致这种局面的原因到底是什么呢？对此，一些学者的研究为本问题的分析提供了重要参考。

李春玲(2003)在对1940～2001年的中国教育变革及其对教育机会的影响进行分析后得出：我国"意识形态及政府相关政策的变动导致了教育不平等的弱化或增强"。意识形态其实就是非正式制度方面。因此，说到底是制度(包括正式制度和非正式制度)导致了教育结果差距的变化。Deng和Treiman(1997)的研究显示，新中国成立后的教育机会分配是非常平等的，并随着时间的延续不断增强，到"文化大革命"时达到顶点。中国政府通过一系列强有力的促进平等化的手段，有效地切断了家庭背景与教育获得之间的联系，极大地缩小了教育差距。Parish(1984)、Whyte(1975，1981)更早的一些研究也得出了类似的结论。然而，正如李春玲分析的那样：1978年以来一系列的教育改革导致了地区之间和不同家庭经济背景之间学生的教育机会分配的不平等。"在中国社会，影响教育机会分配的最主要的社会结构因素是由制度造成的。中国社会某些独特的制度设置在资源配置方面发挥着决定性的作用，它们对教育资源的分配也有重要影响。"(李春玲，2003)通过两个具体历史阶段的对比分析，我们不得不承认，制度安排决定了教育差距的状况。

另一项研究也足以支撑这一观点。王爱民和徐翔(2008)通过对教育差距影响因素的实证研究发现，我国区域教育差距的影响因素主要有居民收入水平、地方政府的教育投入水平、地区基础条件和教育政策等。显然，王爱民和徐翔的这项研究将居民收入水平、地方政府的教育投入水平、地区基础条件等因素与教育制度因素进行了并列考察。这虽然在指标分裂上存在一定的逻辑问题，但其结果却进一步反证了教育制度对教育差距的决定性作用。这是因为，影响教育差距的前

① 2010.国家中长期教育改革和发展规划纲要(2010—2020年)[M].北京：人民出版社：22-23.
② 坚定不移沿着中国特色社会主义道路前进为全面建成小康社会而奋斗[EB/OL].http：//www.zhb.gov.cn/zhxx/hjyw/201211/t20121120_242254.htm.

三个主要因素(居民收入水平、地方政府的教育投入水平、地区基础条件)其实就是第四个因素"教育政策"的安排结果。而教育政策又是教育制度内容的具体表现。因此,一言以蔽之,我国义务教育差距状况就是特定时期特定制度安排的实践结果。

三、义务教育差距的实质：一个制度绩效问题

综上所述,均衡发展是节省义务教育交易成本的重要途径,因而也是义务教育制度的本质要求,并已成为现代学校制度的重要目标。为此,我国义务教育的相关正式制度规定都已明确了均衡发展的制度方向。然而,在具体的教育实践中,却出现了义务教育的巨大差距。这显然是一个典型的制度悖论。它完全背离了义务教育制度的本质,并对我国社会产生了诸多不良影响:危及社会公平正义,影响社会和谐稳定;助推了应试教育和择校风气;降低了教育资源配置整体效率;加大了区域间经济发展差距和社会群体间收入分配的贫富差距,与经济发展差距形成了恶性循环;在一定程度上阻碍了我国国民经济快速增长与结构优化;等等。诸如此类的不良影响极大地增加了义务教育交易成本。义务教育差距不仅由我国义务教育的正式制度安排不合理所致,而且可能与非正式制度问题密切相关。说到底,义务教育差距问题实质上是一个制度绩效(institutional performance)问题,因而需要通过相应的制度变迁来加以改进。

从历史发展的总体趋势来看,教育的制度设计总是理性地追求着交易成本的最小化。然而,在具体的历史阶段,人们并不总是表现为充分地理性。由于人类理性的有限性和相关主体因效用函数不一致而进行的利益博弈等多种因素的影响,制度(包括组织)也经常表现出许多局限性而并不总是有效,甚至会出现路径依赖、交易成本扩大等制度悖论。义务教育差距问题就是这样一种悖论。从改革开放以来我国义务教育制度史来看,义务教育先后经历了 2001 年之前的"分级办学"阶段和这以后的"以县为主"阶段。尽管"以县为主"正是国家为解决义务教育差距问题而作出的重大制度调整,然而却如本书第一章所分析的那样并未能有效地解决问题。而这以后,国家也不断进行了一些制度变革,但都收效甚微。这表明我国关于治理义务教育差距问题的制度变革出现了某种困境,同时也从另一种角度证明了义务教育差距问题的制度绩效本质。

第三节 义务教育差距问题的研究假设、
研究对象及分析工具

明确了义务教育制度的契约本质和义务教育差距的问题实质,就可以进一步

为研究的进行提出合理的假设，并明确具体的研究对象，进而在此基础上才能有针对性地选择其合适的分析工具。

一、研究假设的提出

既然均衡发展已成为义务教育的制度目标，而义务教育差距问题实质是一个制度绩效问题，那么，对于义务教育差距的问题的分析就应该从相关制度入手。而制度又有正式制度和非正式制度之分。那么，到底是哪些具体制度变量导致了差距这个因变量呢？我国义务教育制度的哪些问题导致了教育差距的不断拉大呢？又如何才能促进这些制度有效变迁呢？目前的义务制度变迁又存在什么问题呢？等等，这一系列问题，需要我们一一地探寻和解答。

为了更好地研究和解决上述问题，就必须作出具体的研究假设。通过对相关信息的收集和分析，我们认为，我国义务教育差距的形成不只是有正式制度方面的原因，也有非正式制度的因素。两种制度中的不合理方面及其相互间的冲突降低了义务教育的制度绩效。国家的相关改革收效不大的根本原因不仅在于正式制度变革不足，而且在于非正式制度变革的缺乏。而之所以存在这些问题，又在于相关利益主体的博弈导致了义务制度变迁面临着一定的困境。要解决义务教育差距问题，就必须打破这种制度变迁困境。因此，本问题的研究假设就是：①个人的有限理性和利益博弈等因素导致了组织和制度的局限性；②制度不合理导致了我国义务教育差距问题的不断加剧；③导致我国义务教育差距的既有关于教育资源配置的正式制度方面的原因，也有其非正式制度方面的原因；④我国关于治理义务教育差距问题的制度变革存在一定程度的制度变迁困境；⑤只有打破这种制度变迁困境，并从正式制度和非正式制度两个方面进行具体的制度变革才能促进相应的制度变迁和解决义务教育差距问题。

二、研究对象的明确

具体分析工具的合理选择还必须建立在明确研究对象的基础之上。义务教育差距的形成根源于教育投入和资源配置制度。根据诺思的定义，制度包括正式制度、非正式制度和组织实施形式等三个方面。因此，研究义务教育差距的形成就应分析改革开放以来关于我国义务教育投入和资源配置的正式制度（1978 年以来"分级办学"和 2001 年以来"以县为主"等义务教育投资管理体制）、非正式制度（各地区的实际操作规则中除正式制度以外的各种行为约束）及教育体制即组织结构及其相互关系等方面。与此同时，为了更深入地研究和解决义务教育差距问题，还需要进一步分析义务教育相关制度变迁的影响因素、客观规律和现实问题等。

为此，本书一方面收集和查阅了大量的中央、省、市、区县等的相关教育投入和资源配置的政策文件、会议纪要和讲话内容等，并以之作为分析对象，具体有：《中华人民共和国义务教育法实施细则》；各省《基础教育实行分级办学分级管理的暂行规定》；国务院《关于深入推进义务教育均衡发展的意见》（国发〔2012〕48号）；《国务院办公厅关于完善农村义务教育管理体制的通知》；《农村义务教育经费保障新机制》（教财〔1996〕101号）；各省《农村义务教育经费保障机制改革实施方案》；《国务院关于深化农村义务教育经费保障机制改革的通知》（国发〔2005〕43号）；《关于确保农村义务教育经费投入加强财政预算管理的通知》（财教〔2006〕3号）；财政部、教育部《关于严禁截留和挪用学校收费收入加强学校收费资金管理的通知》（财综〔2003〕94号）；教育部等七部门《关于2012年治理教育乱收费规范教育收费工作的实施意见》（教办〔2012〕4号）；《农村中小学公用经费支出管理暂行办法》（财教〔2006〕5号）；《国务院关于深入推进义务教育均衡发展的意见》（2012年）；《关于制定中小学教职工编制标准的意见》；财政部教育部《关于印发〈农村义务教育经费保障机制改革中央专项资金支付管理暂行办法〉的通知》（财库〔2006〕23号）；《教育部关于大力推进城镇教师支援农村教育工作的意见》；教育部等《关于大力推进农村义务教育教师队伍建设的意见》（教师〔2012〕9号）；《重庆市中长期城乡教育改革和发展规划纲要》（2010—2020年）；《关于公布2012年义务教育发展基本均衡区县专项督导名单的通告》（重庆市政府办公厅）；《四川省中长期教育改革和发展规划纲要》（2010—2020年）；四川省教育厅《关于进一步推进城镇教师支援农村教育工作，加快中小学教师城乡交流的意见》（川教〔2008〕41号）；四川省人民政府办公厅《关于印发〈四川省事业单位人员聘用制管理试行办法〉的通知》（川办发〔2002〕40号）；四川省财政厅省教育厅《关于印发〈四川省农村中小学校舍维修改造专项资金管理暂行办法〉的通知》（川财教〔2006〕5号）；等等。

另一方面，本书还以四川省广安市广安区、武胜县和华蓥市等区县和南充市顺庆区等地的部分义务教育学校为调查样本，访谈了市级和区县级教育主管部门领导3人次，访谈中小学正、副校长10人次，访谈中小学教师24人次，并对非正式制度进行田野考察1个月，为研究的进行收集到了大量的第一手资料，并收集了大量的会议资料，如四川省涂文涛在全省推进义务教育均衡发展经验交流会上的发言(2009年7月)《加大城乡义务教育统筹发展工作力度推动全省义务教育再上新台阶》；四川省财政厅副厅长张其昌在全省推进义务教育均衡发展经验交流会上的发言；黄彦蓉在四川省推进义务教育均衡发展经验交流会议上的讲话；四川省教育厅《关于印发〈关于进一步加强农村中小学管理的规定〉的通

知》;《关于印发〈四川省规范教育收费工作八条规定〉的通知》(川教〔2006〕
19 号);广安市教育局《关于确定广安市教育改革发展试验区第一批试点示范学
校的通知》(广市教办发〔2013〕12 号);广安市教育局《工作简报》;《广安市
教育改革发展试验区建设总体方案(2012—2015 年)》(2013 年 3 月 4 日);《关于
"广安、毕节教育发展专题会议"的情况通报》《广安教育》(广安市教育局编,
2012 年第 10 期);《华蓥市实施"四大工程"促进义务教育均衡发展》(四川省
教育体制改革试点工作简报〔2011〕第 9 期);《部省协议共建广安市教育改革发
展试验区我市教育迎来历史性发展机遇》《广安教育》(广安市教育局编,2011
年第 27 期);广安区政府刘昌杰《统一思想　坚定信心　加快推进全区教育事业
全面发展——在全区中小学校长会上的讲话》(2008 年 12 月 17 日);广安市广安
区教育局刘自力《在全区中小学校长会上的讲话》(2007 年 8 月 28 日);《武胜县
义务教育学校奖励性绩效工资分配指导意见》;《关于武胜县边远艰苦地区农村学
校教师周转宿舍的建设规划》(武教发〔2011〕143 号);《教育信息快报》(南充
市教育局办公室编);等等。

　　针对义务教育资源配置差距中的非正式制度问题,我们于 2013 年 4 月选择
对四川省广安市广安区、武胜县和华蓥市等区县和南充市顺庆区的部分义务教育
学校进行了为期 1 个月的田野考察,同时进行了大量的访谈调查。在此基础上编
制了调查问卷《导致义务教育资源配置差距的非正式制度调查问卷》,并于同年
6 月重点选择了广安市广安区和南充市顺庆区、嘉陵区的小学和初中各 4 所(其
中,城乡中小学校各 4 所)共 8 所学校的教师和学校领导共计 244 人为样本进行
了问卷调查。同时,我们还利用 10 月西华师范大学某国培项目开班的机会,对
来自四川省各地区,如遂宁、渠县、达县、万源、大竹、通川、古蔺、简阳、宣
汉、达川等的城乡中小学教师和领导共 76 人进行了针对非正式制度问题的访谈
调查和问卷调查。另外,还详细调查了上述样本学校的预算外教育经费即学校经
营收入及其使用差别的状况,获得了大量可靠的第一手信息。总之,本书主要运
用调查法、文献法和制度分析法进行研究。

三、分析工具的选择

　　基于上述关于义务教育差距的问题实质分析及其研究假设和研究对象的确
定,本书将选择制度经济学的相关理论和方法作为分析工具。

　　(一)制度经济学分析工具对义务教育差距问题研究的适切性

　　制度经济学包括旧制度经济学(以凡勃伦和康芒斯为代表)和新制度经济学
(new institutional economics,以科斯、诺思和威廉姆森为代表)。旧制度经济学

和新制度经济学虽然在理论上表现出明显的前后演进关系，但两者既有联系（有不少相近的观点），也有区别（研究假设和方法都不同），因而实质上是两套完全不同的经济理论。本书所指的制度经济学主要是指新制度经济学，但也借鉴了旧制度经济学的相关成果。

新制度经济学主要运用经济学的方法研究制度。其研究的重点在于人、制度与经济活动（人类行为）及他们之间的相互关系。本书之所以选择新制度经济学作为分析工具，是基于以下三个方面的考虑：第一，如上文所述，一切社会活动都是人们基于有限理性对效用最大化的追求，而运用新制度经济学的交易成本理论分析义务教育制度也能够得到很好的解释。义务教育制度也是教育交易成本的契约选择。而交易成本也正是新制度经济学的分析出发点。选择和确立合理有效的制度以降低交易费用正是新制度经济学理论的核心。第二，本书研究的义务教育差距问题实质上是一个如何节省交易成本的教育交易契约问题，即是一个制度绩效问题和制度变迁问题。因此，选择运用制度经济学的分析工具进行研究既很合适，也很必要。第三，新制度经济学研究认为，尽管供给、需求及价格相当重要，但它们只是影响经济活动的众多因素的一小部分，而制度才是经济增长或技术变迁的决定因素。新制度经济学的这一立场在非市场制度领域尤其适合。在义务教育阶段，各国基本上都实行了由政府公共财政配置教育资源的非市场制度，因而导致义务教育差距的根源就基本可以排除供给、需求和价格等市场因素，即应可以归结为一种政府制度安排的结果。由此而论，运用新制度经济学分析义务教育这一非市场制度领域是非常合适的。

（二）本书运用的具体分析工具

就目前的研究成果来看，新制度经济学主要形成了四大比较成熟的理论体系：一是制度变迁理论；二是产权和委托-代理理论；三是交易成本和企业理论；四是公共选择理论、国家理论与意识形态（非正式制度理论）（罗必良，2005）。这些理论成果为本书的研究提供了坚实的理论基础和良好的分析工具。

教育资源包括教育中的人、财、物等各类资源。其中，人力资源的配置状况虽然与教育财力、物力资源的配置状况密切相关，但最根本的还是取决于人力资源的配置制度本身，即教育人力资本的产权问题。同时，财力资源和物力资源的配置状况最终是由所获得的教育经费决定的。而教育经费又包括预算内教育经费和预算外教育经费两个方面。预算内教育经费的投入制度是一种典型的委托-代理制度，因而适宜运用委托-代理理论进行分析；而预算外教育经费及人力资源的配置状况又主要是由其产权制度安排所决定的，因而适宜从产权的视角进行研究。这些分析内容构成了义务教育资源配置的正式制度方面。然而，一个社会的制度不仅包括正式制度，还包括非正式制度。非正式制度（如意识形态、价值观、道德信仰、习俗惯例、潜规则、文化传统等)作为资源配置的另一只"看不见的手",对正式制度起着补充或制约的作用,在资源配置和管理上都扮演着重要角色,因而也必然对义务教育差距的形成影响巨大。为此,还应从非正式制度的角度对义务教育差距的形成进行制度归因。同时,这些导致目前义务教育差距的低绩效制度之所以能够得以延续而未能适时变革,根源于影响这些制度变迁的多种因素和博弈局面。而这也正是治理我国义务教育差距、促进义务教育制度变迁的关键所在。因此,要变革义务教育制度,解决教育差距问题,还必然涉及复杂的制度变迁问题。对此,需要运用制度变迁理论进行分析。

　　总之,根据上述分析,本书主要选择新制度经济学的委托-代理理论和产权理论、交易成本理论、非正式制度理论和制度变迁理论等作为具体的分析工具。其中,委托-代理理论主要用于分析作为正式制度方面的义务教育预算内投资和管理体制;产权理论用于分析作为正式制度方面的义务教育预算外投资体制和教师资源配置制度;非正式制度理论将主要用于分析导致义务教育资源配置差距的非正式制度因素;制度变迁理论则主要用于分析义务教育差距演化中制度变迁的客观规律及为义务教育差距治理中制度变革存在的问题和可为之努力的方向,从而为有效解决义务教育差距问题寻求制度变革思路。具体如图 0-1 所示。

第三章 义务教育差距的正式制度述源之一：委托-代理分析

如前所述，教育活动也是一种特殊的社会交易活动，义务教育制度本质上是一种为降低教育交易成本而形成的一系列契约的联结。广义上讲，只要有合作就会有委托-代理关系。良好的委托-代理已成为节省交易成本的重要途径。由于义务教育的公共产品属性，我国义务教育办学从投入到管理的各个方面都主要是通过政府教育机构的委托-代理途径来进行的。义务教育差距主要体现在预算内教育投入及其以此为基础获得的预算外教育经费这两个方面的差距上。因此，要分析我国义务教育差距产生的原因，首先就应对预算内义务教育投入的委托-代理（principal-agent）制度及其存在的问题进行考察。为此，有必要先从一般委托-代理关系的分析入手。

第一节 委托-代理关系及其问题

关于委托-代理关系及其问题的研究是新制度经济学中现代契约理论的主要内容，主要形成了经典委托-代理理论（principal-agent theory）和不完全契约理论（incomplete contract theory）。由于不完全契约理论对经典委托-代理理论的完全契约假定进行了修正、深化和补充，两者在新制度经济学中也被统称为委托-代理理论或现代契约理论。委托-代理理论的思想渊源最早可以追溯到亚当·斯密，20世纪30年代由美国的经济学家伯利和米恩斯正式提出，六七十年代得到了重大发展并不断成熟，成为西方契约理论中最重要的成果之一。其代表人物主要有泽克豪瑟、迈克尔·詹森、梅克林、哈罗德·德姆塞茨、罗纳德·科斯及威廉姆森等。委托-代理理论为本书的分析奠定了重要的理论基础。

一、委托-代理关系及其构件

委托-代理关系就是指某个（些）行为主体指定、雇佣另一个（些）行为主体为其提供服务，并对后者授予一定权力和支付相应报酬的一种显明或隐含的契约关系。从产权角度说，委托-代理关系是指在分工和信息不对称背景下，委托人和代理人之间因所有权和经营权等权利分配而形成的一种契约关系。其中，拥有所有权的一方称为委托人(principal)，拥有经营权的一方称为代理人(agent)。由于两者在信息占有上并不对称，信息经济学将信息上占优势的一方称为代理人，占劣势的一方称为委托人。委托-代理研究认为，构成委托-代理关系需要具备五个基本条件：一是委托人和代理人双方应具有谈判、订立契约的行为能力；二是委托人应具有支付能力，即委托人能够在契约完成后实现经济上或行政组织上的支付；三是委托人和代理人之间存在信息不对称，代理人比委托人占有更多的信息；四是委托-代理双方都面临不确定性的风险；五是双方在任一方违反合约时可以自由退出契约关系，否则就会被合约"锁定"而导致委托-代理封闭和低效(何维达，1998)。这些构成条件为研究委托-代理关系提供了重要依据。

委托-代理关系的产生根源于社会分工导致的所有权和经营权分离。随着社会分工的日益深化，人们之间的能力也越来越专业化。资本所有者需要将资本的经营权委托给具有比较优势的代理人，才能实现效率的最大化。如果所有者并不亲自从事某些活动，而把这些活动的决策权或执行权交由代理人来完成，即代理人被授权以委托人的名义行事的时候，就产生了委托-代理关系。正如普特拉和泽克豪瑟指出的，只要一个人依赖于另一人的行动，就形成了委托-代理关系。[①]因此，委托-代理关系不仅存在于经济领域，也存在于其他许多领域。诺思、温格斯特和麦克卡宾斯等也研究认为，与公司制一样，官僚机构中也存在着委托-代理关系。公司中的委托人为资本市场或股东，代理人为经理劳务市场或管理人。而官僚机构中的委托人则为立法机构或上级政府或其代表的选民，代理人是各级政府官员。可见，委托-代理关系广泛存在于社会政治、经济、文化、教育等各领域，如公民与政治代理人之间、企业股东与公司经理之间、病人与医生之间，甚至"存在于一切组织……一切合作活动"(张维迎，1995)之中。

二、委托-代理问题及其表现

人们之所以会结成委托-代理关系，是因为这样能够给双方带来如"分工效应"和"规模效应"等更大的收益，从而实现"双赢"的目标。然而，实践中能否真正做到这一点，还取决于实际产生的代理成本。代理成本就是指委托人因为代理人的原因而发生的交易费用，包括代理人的选聘费用、对代理人的监控成本、代理人的报酬、经理损失和隐性寻租、代理人的在职消费等(罗建钢，2004)。由于代理人比委托人占有更多的信息，委托人要有效地监督代理人的行为往往需要付出高额的代理成本。

由于委托人和代理人双方的信息不对称(asymmetric information)和目标函数

---

① 转引自：胡代光.1998.西方经济学说的演变及其影响 [M].北京：北京大学出版社：2.

不一致，"在委托-代理关系中，一个常见的现象是代理人不按照委托人的利益最大化行事，甚至损害委托人的利益，即出现所谓代理问题"（袁庆明，2011）。委托-代理问题就是代理人利用信息优势不为委托人服务或偏离委托人的目标甚至损害委托人利益的问题。代理问题必然增加代理成本（如代理人不负责任、机会主义及偷懒行为给委托人带来的损失，以及委托人为抑制这些行为所花费的费用），从而增加交易成本。具体说来，代理问题主要表现为逆向选择（adverse selection）、道德风险（moral hazard）、代理人共谋（agent collusion）和内部人控制（agent control）等方面。

（一）逆向选择

逆向选择是指代理人利用事前信息的非对称性所进行的"以次充优""劣币驱逐良币"等不利于委托人的行为。它犹如阿科罗夫的旧车市场的"柠檬效应"（事前信息不对称使得交易品的真实情况不能被很好地识别，从而导致优品品不满意交易状况而退出，劣等品占据整个市场而出现市场交易品平均质量下降的状况），必将导致资源配置始终不能达到帕累托最优而只能达到"次优"水平。

（二）道德风险

道德风险也称败德行为，是指代理人在追求自身利益和效用最大化的过程中，利用事后信息的非对称性而采取的违背事前与委托人签订的契约从而损害委托人利益的行为。当签订契约后，在委托-代理关系中，代理人受委托人雇佣并以委托人的名义活动，从事每一个活动都会关系到委托人的利益及他自身的利益。由于信息不对称，委托人很难控制代理人的许多不可观察的行为，甚至第三方也无法验证。即使能够验证，也是成本高昂而不划算的。这就是道德风险问题。但是，如果委托人跟代理人的目标函数一致，道德风险就不会成为问题。

（三）代理人共谋

代理人共谋是指在多级多维委托-代理关系中，同时具有委托人和代理人双重身份的代理人之间私下达成某种协议以实现利益均沾、机会优先或权利均占等损害委托人利益的行为。要确保共谋目标能够顺利实现，一个最根本的条件就是保守共同秘密，即代理人之间必须联手维持相对于委托人的信息优势（高兆勇，2008）。

（四）内部人控制问题①

内部人控制问题是指在信息不对称、委托人权力有限、契约不完全的情况下发生的代理人过度行使控制权问题，表现为代理人通过过度行使控制权来牟取个人收益，如过分的在职消费、信息披露不规范、决策行为短期化、旨在扩大经营者控制权的过度的无效投资及侵蚀股东资产的行为等。一般来讲，导致内部人控制问题的原因主要有三个方面：一是代理人的效用函数和委托人的效用函数不一致。二是报酬机制的激励性不强。由于经营者的货币收益和控制权收益之间存在替代关系，报酬机制的激励性不强就会增加经营者追求控制权收益的激励，因而，适宜地增加经营者的货币收益可以减少内部人控制问题。三是公司内部监督机制不健全或竞争性市场环境约束力不强，就会有扩大内部人控制问题的倾向。为此，就必须加强法制和公司组织机构的建设，以及完善外部治理机制来降低内部人控制问题。

在实践中，委托-代理关系通常不是由单一的委托人和代理人构成，而往往是多个委托人和代理人甚至通过多级委托-代理链形成的，而且代理人通常执行多种工作或多项任务，因而实践中的代理问题将更加复杂，其代理成本也尤其高昂。代理成本必然成为交易成本的重要组成部分。为此，必须设计合理的委托-代理契约，才能有效地解决委托-代理问题和降低交易成本。

三、委托-代理问题的根源与治理

以上委托-代理问题（逆向选择、道德风险、代理人共谋和内部人控制等）都是代理方利用信息优势损害委托方利益的机会主义行为，其产生的根本原因就在于信息不对称。信息不对称就是指契约当事人一方所持有而另一方不知道，尤其是第三方也无法或很难验证信息或知识的一种信息占有状况，包括事前信息不对称（将导致逆向选择问题）和事后信息不对称（将导致道德风险问题）。由于信息不对称的客观存在，具有机会主义倾向的交易者就会尽量逃避风险和攫取利益，而把交易成本转移到他方身上，从而导致最优契约难以实现。当然，委托-代理问题不仅根源于信息不对称问题，还以委托人和代理人的目标函数不一致为前提条件。"当委托人和代理人有着同样的目标函数时，道德风险不会成为一个问题。"（罗必良，2005）

因此，治理委托-代理问题，一方面必须从委托-代理问题产生的源头即信息不对称和目标函数不一致等方面着手（对此可以采用直接法，如尽可能公开或获

---

① 罗必良.2005.新制度经济学［M］.太原：山西经济出版社：491-493.

取真实信息，并对于能够利用的信息部分采用直接监督和强制命令等办法对代理人行为加以控制）；另一方面还必须根据不同的情况，如道德风险和逆向选择等具体情况，设计完备的契约，解决好相应的激励和约束机制问题（对此可以采用间接法，即对于信息不确定和目标不一致部分通过制定一种规则来激励代理人出于自身的利益考虑而追求委托人的利益）。已有的委托-代理研究通过设计具体模型（如隐藏行动的道德风险模型和隐藏信息的逆向选择模型等）分别对这些问题进行了深入分析。模型分析得出，设计最优的委托-代理契约必须要考虑到委托人和代理人双方的效用最大化目标，并同时满足两个约束条件：一是代理人的激励兼容约束，即任何委托人所希望的代理人行为只有通过代理人的行为效用最大化来实现；二是代理人从接受契约中得到的预期效用不能小于不接受时得到的预期效用。因此，委托人的选择不存在最优解而只能是次优解。在满足上述约束条件的情况下，激励-约束机制设计还必须遵循三个基本原则：一是代理人必须分担部分风险；二是如果代理人是风险中性者，则可以通过代理人承担全部风险获得最优结果；三是激励契约的设计不能只考虑激励效果，还要考虑契约设计成本（卢现祥等，2007）。

另外，由于信息的不完全性、不确定性及人的理性的有限性等原因，交易双方签订的契约始终不可能是完备的。不完全契约的存在及委托人行使自己所有权的能力的有限性等因素的存在会使得委托-代理中始终存在着内部人控制现象，从而可能（虽不必然）导致内部人控制问题。内部人控制是指经营者实际行使的权利大于契约规定的权利的状况。而内部人控制问题则主要是经营者过度的控制权收益对委托人利益的损害。这主要是由对代理人的激励不足造成的。具体说来，导致内部人控制问题的原因主要有三个方面：一是代理人的效用函数和委托人的效用函数不同；二是报酬机制的激励性不强；三是公司内部监督机制不健全或竞争性市场环境约束力不强，有扩大内部人控制问题的倾向（罗必良，2005）。为此，应从加强法制和组织机构建设，完善相应的外部治理机制等方面入手，对代理人进行适当激励和约束，从而才能解决内部人控制问题。

第二节　我国义务教育投入体制中的委托-代理实况

如前所述，委托-代理作为一种节省交易成本的重要手段，已经广泛存在于各种社会活动之中。义务教育也不例外。可以说，义务教育办学的方方面面也都是通过政府政治机构之间的委托-代理途径来实现的，尤其是其预算内投入体制。因此，研究义务教育差距就必须明确我国义务教育办学体制的委托-代理实况。

一、义务教育办学中的委托-代理关系及其问题

义务教育作为一种制度教育是通过分工合作来实现教育交易的，因而所有的办学过程和环节都存在着委托-代理关系和问题。

（一）义务教育办学中存在委托-代理关系

如本书第二章所述，义务教育制度是关于教育交易费用节省的一种契约选择。而决定义务教育交易费用的内在因素就是义务教育的产品属性。义务教育产品是一种外部性极强的几近于纯粹的公共产品，因而义务教育的受益者就不只是受教育者本人，而是整个社会包括统治者，尤其是中央政府。对于个人而言，不接受义务教育就意味着难以在现代社会立足、生存和发展。但公共产品受益的非排他性却使得单个的经济理性人都企图"搭便车"而不愿为之付费，因而义务教育单纯由市场提供就会出现供给不足的状况，即非实行免费且强迫的义务教育制度不可（这已为实践所证实）。对于国家社会来讲，不举办义务教育就意味着国民素质低下、社会发展止步。这无疑会危及统治者和每一个国民。义务教育的巨大的社会收益是统治者的一切收益之源泉。因此，从教育收益来看，人民和中央政府都有举办义务教育的动力。但市场供给不足使得人民有必要委托国家政府举办义务教育，而中央执政者本身也有举办义务教育的必要。这样，人民委托中央政府举办义务教育的交易才能得以达成。尽管如此，从资产的所有权来看，义务教育资源来源于国家对人民的税收。从产权来看，资产的所有者就是委托人，经营者则是代理人。因而人民才是义务教育的初始委托人，中央政府是代理人。然而，义务教育的实行又需要大批专职的教师。这并非执政者所能亲力亲为的，因而需要招聘大量的专职教师包括管理教师和其他教育资源的学校管理者等作为代理人来代为实施。因此，中央政府就同时具有了委托人兼代理人的双重身份，而教师则成为最终的代理人。义务教育资源也实现了所有权与经营权的分离。义务教育从初始委托人（人民）到最终代理人（教师）之间就形成了一系列的委托-代理关系。

不仅如此，义务教育办学中的委托-代理关系也同样具备委托-代理理论分析的五个基本条件：第一，委托人和代理人双方具有谈判、订立契约的行为能力。在义务教育中，各委托、代理方从政府官员到个人都是能依据相关法律、制度和规章界定双方权责利的行为主体，因而完全具备谈判、订立契约的能力。第二，委托人具有支付能力。作为委托人的人民具备购买教育服务的能力，各级政府也具备行政组织上的支付能力，校长和教师也是经过筛选的具备支付专业教育服务能力的人。第三，委托人和代理人之间存在信息不对称，代理人比委托人占有更

多的信息。很明显，在义务教育委托-代理关系中，处于下游的代理人总是比处于上游的代理人或委托人占有更多的信息。第四，委托-代理双方都面临不确定性的风险。毋庸置疑，教育中的委托-代理双方无论是对未来教育的结果还是收益都是不确定的。第五，双方在任何一方违反合约时可以自由退出契约关系。在义务教育中，教师和各级管理者在某方违约时都是可以自由退出契约关系的。至于人民和政府之间的契约关系虽然相对"锁闭"或"固化"（这也是导致教育制度绩效降低的重要原因），但人民并不会放弃对政府代理活动的监控，而是通过各种政治权利对政府治理过程施加影响。当矛盾尖锐或激化时人民也会以"反抗"等威胁政府统治的方式退出和重新谈判契约关系。综上所述，义务教育中的委托-代理关系完全具备委托-代理的分析条件。

（二）义务教育办学中存在委托-代理问题

义务教育办学中的委托-代理关系同样存在着信息不对称、目标函数不一致和契约不完全等因素，因而也必然存在着各种委托-代理问题。

1. 信息不对称

信息不对称是指委托-代理双方在交易中占有的信息不对等的情况。根据不对称信息的来源不同来划分，可以分为外生性信息不对称和内生性信息不对称两种情况。外生性信息不对称是指交易对象本身所客观具有而非交易人人为造成的特征、性质和分布情况等信息不对称情况。这类信息又叫隐蔽信息，一般出现在契约行为之前，因而也称为事前信息不对称。事前信息不对称容易导致逆向选择等问题。内生性信息不对称是指契约签订后他方很难或无法观察、推测、监督到的由当事人行为造成的信息不对称现象。这类信息又叫隐藏行动，一般出现在契约签订之后，因而也称为事后信息不对称。事后信息不对称容易导致道德风险等问题（卢现祥等，2007）。义务教育委托-代理关系中也存在严重的信息不对称现象。众所周知，要对作为义务教育交易对象的教育服务进行科学评价还是一个世界性难题。人们包括学生本人都很难对教育服务和教育投入的实际状况作出准确无误的评判。教育教学的本质规律性及其特殊性使得人们很难正确评判作为代理人的教师和管理者的实际付出情况，从而必然导致委托人和代理人之间严重的外生性信息不对称。这种外生性信息不对称的严重存在无疑为代理人制造内生性信息不对称提供了可乘之机。同时，作为义务教育投资的委托方也很难获得其代理方的实际教育投入情况，即委托代理双方也存在着严重的内生性信息不对称问题，从而使得委托人更难以观察、监督和推测当事人的行为，进而必然导致道德风险和逆向选择等一系列委托-代理问题的出现。

2. 目标函数不一致

在义务教育办学中各委托-代理行为主体的目标函数也并不一致。作为初始委托人的人民是希望实现纳税支出效用最大化，即义务教育资源的配置效用最大化的，而单个的公民又都想以同样的纳税额购买到更优质的教育服务；政府虽然在一定程度上代表了公共利益，但由于政府机构成员及其管理者也是具体的个人，仍然具有经济理性人的特征，中央政府的目标往往是义务教育资源配置的社会统治效用最大化，但其具体的执政者或管理者及作为最终代理人的教师等又都是以实现个人效用最大化为目标的。因此，在众多的义务教育委托代理人之间，他们的目标函数各不相同。这难免会导致各种委托-代理问题，甚至出现"制度悖论"。而最终的义务教育制度目标指向则只能通过各委托-代理主体在信息不对称情况下所进行的利益博弈来确定。

3. 契约不完全

契约不完全是现实交易中的必然现象（这主要是由信息不完全和人的有限理性等因素决定的）。义务教育制度同样如此。因而其代理人的实际权力往往会大于制度规定的权利，从而普遍呈现出内部人控制的局面，进而也就可能导致各种内部人控制等委托-代理问题。

综上所述，义务教育制度中的委托-代理关系中同样具备一般委托-代理关系中的信息不对称、目标不一致和契约不完全等共同特征，因而同样面临各种委托-代理问题。

二、我国义务教育投入体制中的委托-代理结构

义务教育办学各个环节和过程都存在委托-代理关系（包括其资源配置制度）。因而要分析导致义务教育办学差距的制度原因，就应分析其办学体制中的委托-代理结构。为此，有必要对改革开放以来我国义务教育投入管理体制分阶段进行考察。

（一）"三级办学"期间义务教育委托-代理结构

1978年改革开放以来，义务教育办学逐渐由中央统一拨款过渡为中央和地方"分级包干"拨款的模式，具体制度内容集中体现在1980年国务院颁布的《关于实行"划分收支、分级包干"的预算管理体制的暂行规定》。1985年《中共中央关于教育体制改革的决定》又进一步明确了义务教育办学责任和管理权属于地方，实行分级办学、分级管理的原则。在此基础上，各省份又制定了一系列

具体改革措施，如江苏省制定了《江苏教育改革试点纲要》，重点将农村小学和初中的责任交给乡镇政府；河北省也制定了《农村基础教育分级管理办法》，规定"农村基础教育实行县、乡（镇）、村三级办学，分级管理，村负责小学，乡镇负责初中和中心小学"等。各省份的义务教育投资管理体制都大同小异地实行了"以乡为主，三级办学、两级管理"的改革，并通过 1986 年的《中华人民共和国义务教育法》及《中华人民共和国义务教育法实施细则》得到了正式确立。这一制度一直延续到 2001 年。

"三级办学"是指义务教育由县、乡、村三级政府负责筹办。其中，县办县城中小学，乡镇办初中，村办小学；"办学"就是筹集和管理教育经费或资源。其中，教师工资由县、乡（镇）财政按照中央和省政府的规定支付，农村中小学教师的工资主要由乡镇负责，县办中小学教师的工资由县财政支付。农村小学校舍建设和维修主要由村负责，初中主要由乡镇负责。农村中小学的日常经费主要由乡、村负责。也就是说，农村中小学的教育经费主要由县级以下的政府筹措，中央和省级政府补助极少。"两级管理"就是指义务教育除了大政方针和宏观规划由中央和省级政府决定外，具体政策、制度和计划包括对中小学校都由县、乡两级政府统一管理，而县只负责县城学校，广大农村中、小学校都交由乡镇管理。因而，乡镇政府也是义务教育管理的主角。这就是所谓的"以乡为主"（乡镇既是义务教育投资的主体，同时也是管理的主体）。具体的内容规定详见 1986 年的《中华人民共和国义务教育法实施细则》和 1987 年国家教委、财政部《关于农村基础教育管理体制改革若干问题的意见》。

很明显，在"三级办学"的义务教育投资管理体制中，实际上形成了"城乡二元"的委托-代理关系。这期间，农村义务教育经费几乎全部由乡级政府承担。义务教育被分割为农村和城市两块独立的部分，本应作为全国义务教育的初始代理人（全体国民）被分割为农民和市民而区别开来，中央（省、市）政府也成为虚拟的代理人。一方面，农村义务教育的初始委托人主要是农民，代理人是乡（镇）政府和村委组织，乡（镇）政府和村委组织再委托给学校管理者和教师，农村教师是最终代理人，乡（镇）政府、村委组织和学校管理者兼有委托人和代理人双重身份。另一方面，城市义务教育的初始委托人主要是市民，代理人是县级政府及其教育管理部门，县级政府再委托给各学校管理者和教师，城市教师是最终代理人，县级政府和学校管理者兼有委托人和代理人双重身份。当然，这只是一般情况的城市学校。在实行重点学校制度后，又出现了一些特殊的委托-代理关系情况。具体如图 3-1 所示。

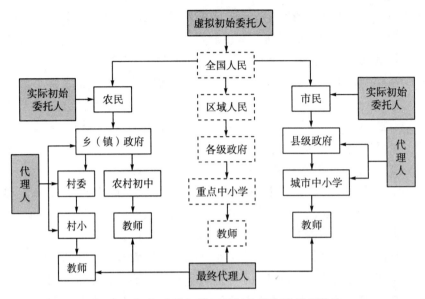

图 3-1　　"三级办学"期间义务教育委托-代理结构

(二)"以县为主"以来义务教育委托-代理结构

随着义务教育差距扩大和农村税费改革等财政体制改革的实行, 2001 年 5 月国家又颁布了《国务院关于基础教育改革与发展的决定》(国发〔2001〕21 号), 对义务教育投入和管理体制进行了调整, 实行义务教育"在国务院领导下, 由地方政府负责、分级管理、以县为主"的体制, 规定"县级人民政府对农村义务教育负有主要责任, 省、地(市)、乡等地方各级人民政府承担相应责任, 中央政府给予必要的支持"。乡(镇)人民政府主要负责组织学生入学和支持农村义务教育发展, 从而将义务教育的投入和管理责任由原来的"以乡为主"改为"以县为主", 并于 2002 年在全国全面实行。在这种体制下, 中央政府委托各省级政府按照中央的方针并结合本省实际, 统筹优化配置教育资源, 促进义务教育均衡发展。而省级政府又将这一任务委托给了县级政府。因此, 县级政府就成了义务教育方针政策的具体实施者和执行者, 也是义务教育资源投入和配置的具体决策者。《国务院关于基础教育改革与发展的决定》还提出了要"建立义务教育经费保障机制, 保证农村义务教育投入"的目标。2005 年印发的《国务院关于深化农村义务教育经费保障机制改革的通知》(国发〔2005〕43 号)又提出"建立中央和地方分项目、按比例分担的农村义务教育经费保障机制。中央重点支持中西部地区, 适当兼顾东部部分困难地区"。各省级政府以之为根据也都分别制定了具体的《农村义务教育经费保障机制改革实施方案》, 分别对农村义务教育"两免一补"、公用经费、校舍维修改造经费和教师工资等制定了具体不同的分担比例。可见，"新机制"只是专门针对农村义务教育的，实质是对"以县为主"体制的进一步补充，因而并没根本改变"以县为主"以来的委托-代理关系格局。义务教育经费仍然主要来自县级财政即县域人民。因此，各县域人民才是其义务教育资源的真正所有者，即实际的初始委托人。而且，"以县为主"以来的义务教育投资管理体制虽然改变了原来的"城乡二元"委托-代理关系，将"三级办学"改为"以县为主、一级办学"，但"三级办学"以来的其他关系格局却并无根本改变。而新机制的实行又使得我国义务教育体制呈现出新的"城乡二元"委托-代理关系。一方面，城市中小学教育中实际初始委托人为各县域人民，然后进一步委托给县级政府、学校，最后委托给城市学校的教师；另一方面，农村中小学教育中的实际初始委托人则是多种群体，既有中央政府代表的全体国民，也有地方政府代表的各区域人民，但主要是县域人民。在此基础上，进一步委托给各级政府和学校，最后委托给农村学校的教师。同时，重点学校制度仍以"示范校"或"实验学校"的身份存在着其另类的委托-代理关系。不同级别的重点学校的初始委托人是其上属政府所代表的区域人民。具体情况如图 3-2 所示。

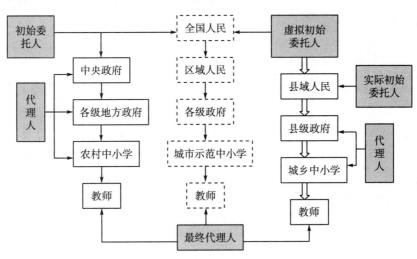

图 3-2 "以县为主"以来义务教育委托-代理结构

三、我国义务教育投入体制中委托-代理关系的特殊性

从上面我国义务教育制度实况可以看出，我国义务教育投入管理体制中的委托-代理结构除了具备一般委托-代理关系中的共性（如信息不对称、目标不一致和契约不完全等）之外，还存在许多特殊性，从而加剧了委托-代理问题的产生。具体而言有以下几个方面。

（一）初始委托人虚拟、缺位、弱势

由于义务教育的公共产品属性及其非市场实现性，义务教育只能通过公民纳税委托给政府的形式来进行办学。因而人民就应是义务教育资产的初始委托人。然而作为初始委托人的人民，其身份并不是具体的法人或自然人，而是抽象和近似"虚拟"的角色。即使是在我国义务教育由"地方负责"甚至"城乡二元委托-代理关系"的情况下，作为初始委托人的地方各区域人民也不例外。因而义务教育资产虽属于国有，却因没有明确的所有者应当享有和承担的权利和义务而导致出现了一种"所有者缺位"的现象。与此同时，由于"搭便车"的原因，公民往往对政府代理人的错误行为采取忍让或放任的态度，从而更加弱化了其作为委托人对代理人的集体监督力量。这就使得本来就虚拟、缺位的委托人在义务教育委托-代理关系中处于更加弱势的地位，因而难以发挥其对代理人应有的激励和约束作用。尤其是对于广大农民而言，往往由于更加相对弱势（不仅文化素质低下，社会政治经济地位也较低，民主意识和参政意识也非常薄弱）而极难真正承担起其作为初始委托人的权利和职责。

（二）代理人市场缺乏

在一般的委托-代理关系中，存在着稳定的代理人市场，即代理人由市场竞争产生，委托人和代理人之间可以相互选择、自由进出。委托人虽然难以观测代理人行为，但可以行使退出权对代理人形成强制约束。然而，在义务教育委托-代理关系中，作为代理人的政府及其官员却处于垄断地位（缺乏代理人的自由竞争市场），委托人对于代理人是很难自由选择的（即很难在对代理人不满的时候像在企业那样自由行使"退出权"，也很难像一般委托-代理关系中那样对代理人实施有效的监督），因而呈现出一种代理人主导型的委托-代理关系，道德风险也就必然加大。

（三）代理层级多、链条长

从上述义务教育投入管理中的委托-代理关系链条可以看出，我国义务教育是经过多层委托和多层代理来实施的。这就使得委托-代理链条过长，政策执行的中间环节较多。初始委托人对代理人就不能直接监督而只能依靠间接监督，因而信息更加不对称，监督和约束难度更大，委托-代理问题的风险也就更大，代理成本必然更高。另外，由于信息更加不对称，作为委托人的上级政府缺乏必要的信息反馈而很难把握下游代理人的真实情况，从而更易出现决策失误，给初始委托人带来利益损失。

（四）身份矛盾重叠

在义务教育委托-代理关系中，作为代理人的政府及其机构的官员既是上游委托人的代理人，又是下游代理人的委托人，因而往往具有双重身份。这种角色相悖的委托-代理关系必然会导致代理人目标和利益的多元化甚至相互矛盾，从而降低其作为委托人的监督积极性，弱化其作为代理人的应尽职责。

不仅如此，作为初始委托人的公民与作为代理人的政府之间的关系也极其复杂。为了让政府更好地履行公共管理的职能，公民必须授予政府一定的公共权力，并承诺服从其管理。这样，作为初始委托人的公民也同时兼有了委托人和被管理者的双重身份。被管理者的身份反过来又会制约其应有的委托人权力的实施，导致委托人往往被动接受代理人的行为结果，从而增加了代理问题（如执政者滥用权力谋取私利等现象）的发生概率。

（五）权责不对等

义务教育中的委托-代理关系实质是一种政府机构之间的政治代理关系，各级委托人与代理人之间并非平等的主体，下游代理人往往由上游代理人委派，很难有充分或自由表达其代理意志和利益的机会。而且，对于作为代理人的政府及其官员而言，即使被发现了其发生的代理问题，也通常只是失去代理资格和职位，而这种利益损失与其所承担的实际责任风险往往并不对等，甚至相差悬殊。

第三节　义务教育投入体制中的委托-代理问题与教育差距的产生

由上可知，我国义务教育投入管理体制中的委托-代理关系除了具备一般委托-代理关系中的共性而可能存在一般委托-代理问题之外，还存在许多特殊性而可能导致问题更加严重，甚或产生一些新问题。事实上，从文献资料和实证调查所获得的信息来看，我国义务教育投入管理体制严重存在着逆向选择、道德风险、代理人合谋和内部人控制等各类委托-代理问题。而且，其中许多问题正是我国义务教育差距产生的重要制度根源。

一、逆向选择问题及其对义务教育差距的影响

逆向选择是指代理人由于信息不对称和与委托人的目标函数不一致而进行的"以次充优"等不利于委托人的行为。由于在义务教育投入体制中，委托人和代理人的信息更加不对称，委托人很难掌控代理人的教育投入信息，在教育投入上

出现了许多导致教育差距的逆向选择问题，主要表现为以下方面。

（一）对代理人的逆向选择之一：投入主体逐层下放导致区域教育差距

从义务教育的产品属性来看，最佳的义务教育代理人应该是中央政府。但由于信息不对称，中央政府往往会因为缺乏或难以获得下级政府财政和教育实践中的真实信息而不能制定符合各地实际情况的投入契约，只好不得已而求其次，将义务教育投入的代理任务"层层下放"给各下级政府，甚至对各地方的具体差异也不加以甄别而采取"一刀切"的实施机制，以至于最终形成了"三级办学、两级管理"的义务教育投入体制（改革开放以来我国从中央集权到地方分权的政治体制改革实践就足以说明这一问题）。在这种委托-代理关系下，作为委托人的不再是全国的人民，而实际变成了各地区的人民。地方政府分担义务教育经费的比重过大（分担了 80％以上的教育经费），而省级和中央政府分担的比重过低。这违背了教育资源配置中的财政中立性原则，等于把实施义务教育的责任和义务全部交给了地方政府。其投入教育的多寡就主要取决于地方经济水平的高低（作为委托人的地方人民的投资能力）和地方政府的办学意愿（作为代理人的地方政府的努力程度）。一方面，由于我国各地的经济水平差距悬殊，各基层政府（县、乡、村）的投资能力也就千差万别。在这样一种教育资源配置模式下，不可避免地要使基础教育陷入非均衡发展状态中。另一方面，作为实际代理人的地方政府对义务教育投入的努力程度也各不相同。这主要是由信息不对称和利益不一致造成的。这里的利益不一致不仅包括作为理性经济人的政府官员与委托人之间的利益不一致因素，还包括各级政府之间及各地区之间的教育投资收益的不一致问题（陈静漪等，2008）。而这两者恰恰又相互交织在一起。收益的不一致对各级或各地区政府投资义务教育的激励程度不同，从而导致其投资的努力程度也不同。正是这种地方政府的投资能力和努力程度不同导致了我国义务教育实际投入的巨大差距。同时，这种分散型教育投资体制使得中央对地方政府的基础教育资金的分配使用监控不力。国家也没有建立相应的法律法规和监督保障机制来确保教育投资的落实。目前，虽然中央政府已实施义务教育财政转移支付制度，但因缺乏相应的监督机制来约束地方政府对教育经费的分配使用，他们常常受政治利益的驱动或短期行为的影响而优先满足经济建设，后考虑教育事业，本应用于教育的经费难以保证到位。另外，由于"上级任命"的教育行政体制的实际存在，作为国家在基础教育的代理人的地方教育行政长官们，往往考虑得更多的是教育资源配置如何能给自身"职位升迁"带来好处，而不是资源配置的效用与公平。

2002 年以来实施的"以县为主"的体制仍然没能从根本上改变这一状况。而"新机制"的实行也同样存在着这种逆向选择问题。例如，"新机制"规定，中央政府和省政府各自分担农村义务教育中的杂费、公用经费、困难生补助、教科书和校舍维修经费等项目的一定比例，其他大宗支出项目，如教职工工资、学校硬件设施购置费和基建经费等，都主要由县级政府负担。与此同时，在省级以下的责任划分中，省级政府也是把责任进一步分解给市、县级政府承担。这从各省份的《农村义务教育经费保障机制改革实施方案》中可以看出。而各市则进一步将责任下放给了县级政府。例如，据笔者调查，四川省广安市教育局和财政局就只是针对市属重点中小学制定了财政预算标准。其他学校的财政年初预算则以县为单位进行，而各县之间的教育财政预算却标准不一，有的县甚至根本就没有财政年初预算。各类教育经费视各县级财政状况而定，差距甚大。可见，这些逆向选择行为极大地拉大了我国义务教育的发展差距。

（二）对代理人的逆向选择之二："城乡二元"委托代理导致城乡教育差距

在中央政府对代理人的逆向选择过程中，将义务教育代理任务"层层下放"的最彻底的状况就是形成了"三级办学、两级管理"的义务教育投入管理体制。而这种体制最大的特点就在于出现了"城乡二元"分治的状况。投资代理人逆向选择到政府重心最低的状况就是"县办县城中小学，乡镇办初中，村办小学"，加上"两级管理"就形成了明显的"城乡二元"委托-代理关系格局。在这种格局中，农村义务教育和城市义务教育的委托人分属两类主体，即农民及其代理人乡（镇）、村主要负责农村义务教育，市民及其代理人县级政府则主要负责城市义务教育。而这两类主体的投资能力和投资意愿都相差甚大。不仅如此，城乡学校教师的编制标准都明显不同，如 2001 年国务院《关于制定中小学教职工编制标准的意见》制定了核定城乡中小学教师编制的不同生师比例：农村初中为18.0∶1，县镇初中为 16.0∶1，城市初中为 13.5∶1；农村小学为 23.0∶1，县镇小学为 21.0∶1，城市小学为 19.0∶1。显然，这种不同的编制标准就是根据"城乡二元"体制的现实状况而制定的，从而也就进一步确定和加剧了城乡义务教育师资配置的悬殊差距。"以县为主"以来，虽然城乡分治的问题有所缓解，但多年来形成的城乡义务教育差距却非一早一夕所能解决的。

（三）代理人行为的逆向选择："面子工程"导致校际教育差距

我国义务教育资源配置中的逆向选择问题的另一种情况就是代理人的短期投资行为和"重点学校"建设等"面子工程"。一方面，在个人效用最大化动机的驱使下，作为代理人的地方政府官员往往看重"政策的经济效果而非社会效果，注重投入的政绩效果而不是长期效果"（张劲松，2008），因而宁愿把财政资金用来发展经济，也不愿用来发展教育（因为教育投资的周期长，收益具有滞后性、外溢性等），尤其是农村义务教育；另一方面，尽管优化义务教育资源配置、促进义务教育均衡发展本是作为代理人的地方政府及其官员不可推卸的责任，然而，要做到这一点不仅投入大，而且见效慢。由于中央及省级政府对于义务教育资源配置既没有明确的硬性指标，也缺乏充分的信息，对非均衡配置的行为结果也没有相应的法律、规章进行严厉的惩罚和制约。而作为主要投入者和管理者的县级政府对本地义务教育差距情况却是了如指掌，只要利用自身信息优势掩盖真相，上级政府往往难以知晓。因而在中央政府与地方政府信息不对称的情况下，具有经济理性的地方政府官员并不一定要不折不扣地办好义务教育，而往往对教育资源实行差异配置，以打造"名片学校"，搞好"面子工程"。这样反而更能彰显和宣扬自己的政绩，以应付上级的参观和检查，从而更能获得个人的效用最大化（事实上，在一些地方，如真要把少数几所"重点学校"除开，上级来了还真没有什么看头）。

于是，市属、省属、部属等"重点学校"就应运而生了。自1978年教育部颁发《关于办好一批重点中小学试行方案》以来，重点学校就不断被刻意打造出来。尽管重点学校制度由于其诸多弊端后来又被《义务教育法》严令禁止了（该法明文规定：县级以上人民政府及其教育行政部门应促进学校均衡发展，缩小学校之间办学条件的差距，不得将学校分为重点学校和非重点学校，学校不得分设重点班和非重点班等），但却又很快以"示范校""实验学校"等名义延续了下来。甚至一些地方仍在明目张胆地搞重点学校。他们全然不顾义务教育发展的实际需要，热衷于"抓重点、树窗口、增政绩"，把有限的教育经费大量投入甚至过度投入到示范学校及实验学校等"重点学校"的建设中，从而使资源配置较好的学校锦上添花，而资源紧缺的学校雪上加霜，最终导致"名牌学校"与"薄弱学校""垃圾学校"并存的两极分化状况。由此可见，我国义务教育校际办学差距的产生在很大程度上就是作为投入代理人的地方政府及其官员的逆向选择的行为结果。笔者在实证调查及会议纪要和相关文献的收集中所获悉的信息就足以说明这一点。

(1)问卷调查(7)和访谈调查显示，94.5%的城市学校教师认为政府部门对某少数学校的发展特别重视，93%的教师认为政府在教育资源投入方面偏向城市学校；97%的农村教师认为政府部门对农村学校教育特别不重视，100%的农村教师认为政府教育投入偏向了城市。92.6%的城市学校校长和99.3%的农村学校校长认为优势学校的发展主要得益于政府的重点投入和政策倾斜。

(2)2010年下半年至2012年年底，某县教委主要领导在工作会议中多次强调要集中力量打造好3~5所名片学校。一是凸显本地本届政府的教育政绩；二是提高本县在全市的教育排名；三是使名片学校成为宣传本县的教育窗口，以应付参观、检查。

（3）文件《关于印发××市××区教育局 2013 年工作要点的通知》强调：加快推进试验区建设。……总结推广××中学和××希望学校办学经验，深化"一校一品"特色创建工作，集中力量打造 2~3 所试点示范校。

（4）《××省教育厅关于确定××中学等为"××省实验教学示范学校"的通知》：根据《××省教育厅关于印发××省中小学实验教学示范学校评估办法的通知》，由××省教育厅组织的专家评估验收组，对××中学等 27 所中小学先后进行了实地评估，通过认真检查、严格评价，现对××中学等符合"××省中小学实验教学示范学校"条件的学校予以认定公布。

二、道德风险问题及其对义务教育差距的影响

道德风险也称败德行为。由于委托人和代理人的目标不一致，代理人并不愿为完成委托任务而竭尽全力，反而会从自身利益出发，利用信息不对称优势违背契约而损害委托人的利益。在义务教育中，代理人违背的契约就是中央政府有关义务教育的各种法律、规章和政策等内容。在我国义务教育投入体制的委托-代理关系中，由于代理链条过长、层级过多，出现了多头委托-代理关系，委托人只能通过各级代理人进行间接监督；再加上义务教育委托人本身的弱势地位和代理人市场缺乏，委托人和代理人之间的信息不对称问题更加严重。在这种情况下，委托人对代理人的监管尤其乏力，败德行为在所难免。而这些败德行为又进一步加大了我国义务教育的办学差距，主要表现在以下几方面。

（一）投资卸责导致农村义务教育投入不足和城乡教育差距拉大

投资卸责就是指在上游委托人对代理人（地方政府）监控不力的情况下，下级政府转嫁或消解教育财政责任的败德行为。这主要表现为地方政府通过巧立名目收费或以捐资集资、拖延支付等所谓"多渠道筹资"的形式缩减对义务教育实际财政投入的行为。在这种"多渠道筹资"过程中，农村学校相对于城市学校而言始终处于弱势地位，因而受这种教育财政投入缩减的影响最大。这就使得许多农村义务教育学校办学条件缺乏保障，并与城市学校的办学差距日益悬殊。

投资卸责在实践中的具体表现有多种，主要有：第一，教育乱收费。一些地方将教育财政负担通过允许学校乱收费等途径来转嫁给受教育者。据中国教育新闻网公布，中国教育部行风建设工作小组办公室负责人 2012 年 10 月 21 日在接受新华社记者专访时表示，2008 年以来，全国查处教育乱收费案件涉案金额达 12.2 亿元，有 11 873 人受到党纪政纪处分和其他处理。第二，克扣或拖欠教师福利。各地政府对于农村教师的福利待遇方面，不仅在"三险一金"（养老保险、

失业保险、医疗保险及住房公积金)上实行远远低于城市教师的标准,并拖延推卸而迟迟不到位,甚至拖欠教师的工资,致使城乡教师待遇差距拉大,进而影响城乡办学的质量差距。大量文献资料显示:20世纪90年代,全国各地都普遍出现过拖欠农村教师工资的现象,甚至发生过大量的广大农村教师停课上访讨要工资的群体性事件。根据笔者访谈调查获得的信息,"以县为主"以来,样本地区农村学校教师的绩效工资仍经常出现拖欠现象,有时甚至延时达半年之久。第三,拖延支付教育经费。据教育部网站公布的《截至2007年4月农村义务教育经费保障机制改革月报表反映的主要情况通报》,①部分省份2006年校舍维修改造工作进展缓慢。总体上,2006年校舍维修改造长效机制资金拨付速度缓慢,截至2006年12月底,仅完成全年预算数的67%。具体情况是:完成预算数比例低于40%的为广西、贵州、陕西三省(自治区)和新疆生产建设兵团;完成预算数比例在60%~90%的为内蒙古、重庆、云南、甘肃、青海五省(自治区,直辖市);累计拨款数完成预算数比例在90%~100%的省份为宁夏、四川、新疆三省(自治区);全部完成预算安排的只有安徽、吉林、湖北、湖南四省。②地方政府部分项目经费拨付不够及时。从月报表汇总情况看,2007年1~4月部分省份"新机制"部分项目资金存在到位总量不够,拨付不及时的现象。截至2007年4月底,天津、吉林免除学杂费资金拨付到学校数占全年预算数的比例低于30%;黑龙江、安徽、河南、湖北等省份补助公用经费资金拨付到学校数占全年预算数的比例低于30%;全国补助家庭经济困难寄宿生生活费资金拨付到学校数占全年预算数的比例为24%,其中贵州、青海、安徽三省低于10%。

(二)权力寻租为义务教育差距推波助澜

教育资源配置中的权力寻租是指代理人(政府官员)通过非生产性行为谋取教育资源的一种机会主义行为。在义务教育由地方政府负责筹资和管理的体制下,上级政府对地方政府的义务教育资源配置方式及其结果并没有明确的衡量标准,同时对地方政府及其官员的非均衡配置行为也缺乏必要的法律和法规约束。而且由于信息不对称,上级政府很难具体规定和监控下级政府的教育投资行为,因而给下级政府留下了太多的"自由裁量权",从而也为下级政府官员的权力寻租提供了可乘之机。在上级政府为基层政府配置义务教育资源留下了太大自由决策空间的情况下,地方政府官员就很容易在个人效用最大化的驱使下利用教育资源配置的权力为自己谋取私利。而这些寻租行为显然远远偏离了均衡配置目标,从而导致了教育差距的不断拉大,主要表现在以下几方面。

(1)地方或学校大量教育资源的获得不是严格按制度规定或实际需要来配置的,在很大程度上是通过游说上级或人际关系网络活动而取得的。这种寻租过程不仅产生了大量的"影响费用"(influence cost)而增加了交易成本,使得教育资源更加紧缺，而且由于各代理人的"活动"能力和利益关系网不同，各代理人所代表的学校所获得的教育资源也就大相径庭，从而导致学校间资源配置的悬殊差距。在这种寻租活动中，与城市学校相比，农村学校由于信息闭塞、力量较弱而始终处于劣势地位，因而不仅得不到足够的资源，反而还为寻租的竞争而耗费大量的经费。由此出现了义务教育资源配置中"城市优先"的状况和城乡义务教育资源的配置差距。这即使在"以县为主"的体制下也是如此。据笔者访谈调查，目前除公用经费是根据学生数按标准拨款之外，其他专项经费都得靠各学校自己去争取。某校长在访谈中透露：在获取专项经费上，学校一般要去攻关，关系越近的学校获得的经费就越多。"示范学校"和"实验学校"等重点学校的领导最具话语权，因而最容易获得资源倾斜。

（2）不仅在办学经费的获取上存在权力寻租问题，在教师资源配置上也同样如此。由于公共权力过于集中而缺乏必要的监督，不少地方政府及其官员在配置教师资源的时候也往往不重视教师编制的实际需要而将权力用于寻租。在寻租中，城市学校或城郊学校等待遇或条件相对优越的学校往往成为教师们竞相争取的对象。在没有规范的教师流动制度背景下，托关系、走后门往往成为教师流动的必由之路。

据访谈调查，样本中81%的教师认为，教师调动是全凭关系（或幕后交易）进行的。调查还发现，一般而言，城郊学校教师编制的超编程度超过城市学校。而与此同时，多数农村学校，尤其是偏远学校却严重缺编。访谈调查中，多数校长谈到，不仅城乡学校教师的编制标准不同，各类学校还可以凭借"实力"去争取教师编制。许多校长和老师还谈道，虽然目前考调教师的程序形式上较以往显得更规范了，但仍存在严重的幕后交易等权力寻租行为。据调查，某农村小学有学生1040人，教师编制政府配比62人，实际却只配置了55人，而这55人中还借调出去4人。可见其背后存在的问题。

下面某副区长、教育局党委书记在全区中小学校长会上的一段讲话从一个侧面也反映了这一现实问题。

《统一思想坚定信心加快推进全区教育事业全面发展》（2008年12月17日）："全区教育发展还不平衡，教育资源分布不均衡，城乡教育差距逐渐拉大，一些农村学校留不住人；一些偏远学校教师严重缺编，而城区周边学校又严重超编；城区学校和一些乡镇中心校大班额问题依然存在，而一些村小生源骤减，造成资源闲置。""……廉洁自律问题：刚才，吴检察长对全区教育系统发生的'校服事件''电脑事件'等案件进行了通报，一些责任人受到党政纪处分，请大家一定要引以为戒，正确对待权利。有些校长不知道怎么使用公用经费，热衷于吃吃喝喝，热衷于用公用经费为个人或学校'攻关'。"

由此可见，寻租行为使得各类学校之间不仅在办学经费上，在师资编制配置和生师比例等各方面都加大了不同学校之间的办学差距。由于权力寻租有利可图，为了获取更多的租金，一些地方官员还不断打造名牌学校以利用名牌效应进行择校收取租金，甚至故意制造校际教育差距而获取租金。在这个意义上讲，重点学校和教育差距既是权力寻租的结果，也是权力寻租的重要途径。

三、代理人合谋问题及其对义务教育差距的影响

代理人合谋是指代理人之间私下达成某种协议以实现权利均占、利益均沾或机会优先等损害委托人利益的行为。在义务教育投资管理体制中，各级委托人（主要指县级以下政府及其官员包括学校领导）既是代理人，又是委托人。这种身份错乱、角色相悖的代理关系使得初始委托人或上游委托人的监管乏力，从而很容易导致委托人和代理人相互勾结起来以"共谋机制"取代"监督机制"，共同吞噬公共资源等为自己谋取私利的局面。在义务教育资源配置过程中，代理人合谋情况主要有两种表现：一种是挤出或挪用教育经费；另一种就是"项目经费提成"。这些合谋行为极大地降低了我国义务教育差距治理的实效性。

挤占或挪用教育经费是教育资源配置中比较常见的一种代理人合谋问题，许多地方都有发生。笔者调查的样本地区南充市区不少乡镇就曾出现过这类问题。据南充市嘉陵区人大、政协报告，1997~1999 年，该区华兴、安平、龙泉镇三个乡镇分别挤占和挪用了农民普九集资、学生普九建校费及农村教育附加 58.8 万元、23.9 万元和 47.7 万元。全区这三项经费分别被挪用 454.8 万元、105.9 万元和 428.4 万元，总计 989.1 万元。加上 2000 年各乡镇挪用的这三项经费，累计被挪用 1000 万元以上。到 2003 年 5 月底被调查时，这些钱仍未用于教育。而 2000 年 9 月~2002 年 9 月 "零户统管" 期间，绝大部分乡镇都曾挪用上级下达的教育专款和学生代管费，甚至向教师个人的借款也被冲工资等，这期间被挪用的学生代管费全区共达 651 万元（汪育华，2004）。

实施"新机制"以来，虽然上级政府用于扶持农村义务教育的转移支付有了大幅增加，但到了地方政府却因出现了"挤出效应"和被挪用现象而并未得到真正的增加。学者张欢等对我国 109 个县的实证调查发现，地方政府在获得更多转移支付的同时，对转移支付的依赖度也提高了 14.41%，对教育投入的努力程度却下降了 12.50%，即地方政府原来对教育的部分投入因为转移支付而被"挤出"了。国家审计署的调查也发现，2006 年 1 月~2007 年 7 月，被调查的 16 个省（区、市）中有 5 个县减少对农村义务教育的投入共达 3186.90 万元，减幅为 13.2%；在被调查的 54 个县中，有 46 个县的教育或财政部门挤占、挪用中小学

校的公用经费、校舍维修改造等专项经费共达 1.15 亿元，占总经费的 3.8%（陈静漪等，2008）。

　　教育经费被挤占和挪用的现象是由作为代理人的地方政府各机构和学校之间通过共谋完成的。它极大地影响了义务教育资源的合理配置，加剧了城乡教育的发展差距，并使得中央政府对义务教育差距问题的治理难见实效。

　　总之，各种代理人合谋问题使得本该用于扶持和改善农村学校或薄弱学校办学条件的项目经费不能真正落到实处，从而使得义务教育差距问题不但得不到有效地改善，甚至更严重。

四、内部人控制问题及其对义务教育差距的影响

　　内部人控制问题是由对代理人激励或惩罚不足和契约不完全导致的代理人过度行使控制权以牟取个人收益的问题，主要表现为信息披露不规范、决策行为短期化、攀比、追求豪华奢侈的办公条件、高额的奖金等福利待遇和过分的在职消费、旨在扩大经营者控制权的过度的无效投资行为，以及在执行政策过程中发生的政策缺损、政策附加、政策浮夸和政策架空等有意改变政策规定的以权谋私行为（包海芹，2004），等等。这些行为是在契约规定不完全即制度规定不详尽或不严密、对代理人激励或惩罚不足的情况下发生的，因而往往表现为并不明显违背制度内容或法律规定。这些问题在我国义务教育制度实践中也广泛存在，而且对教育差距的形成贡献较大。

　　导致我国义务教育差距的一个典型的内部人控制问题就是一些学校通过数据等信息造假的方式名正言顺地获更多教育资源的行为。例如，学校之间公用经费的分配，原则上应按照学生人数来进行。例如，《农村中小学公用经费支出管理暂行办法》第四条规定：地方各级财政、教育部门分配农村中小学公用经费应主要依据在校学生人数，同时又要兼顾不同规模学校运转的实际情况，适当向办学条件薄弱的学校倾斜，保证较小规模学校和教学点的基本需求。但一些地方政府为了向某些"示范学校""实验学校""重点学校"倾斜，故意让这些学校虚报学生人数，从而给以更多的经费。在访谈调查中，某示范学校领导向笔者透露了这一现象。

　　根据调查中××市属初中校长透露，××市教育局和财政局针对制定的财政预算标准是：①一免一减省市级补助资金标准，小学为 30 元/(人·年)，初中为 40 元/(人·年)；②特殊教育学生公用经费标准，为 2100 元/(人·年)；③城市学校免学杂费，中央、省、市补助资金及进城务工农民工随迁子女接受义务教育中央补助资金标准，城市小学为 330 元/(人·年)，城市初中为 440 元/(人·年)，

农村小学为 500 元/(人·年)，农村初中为 700 元/(人·年)；进城务工子女补助为，城市小学为 500 元/(人·年)，初中为 700 元/(人·年)；④农村贫困住校生补助，小学为 500 元/(人·年)，初中为 625 元/(人·年)。但是一些重点学校为了获得更多的经费，往往虚报学生人数，而对此主管部门也是默许的。该校长所在学校是市属重点，因此每年都会通过这种形式获得更多的办学经费。

这种上级教育主管部门暗中允许某少数学校通过数据造假的方式来名正言顺地获得更多教育经费的现象就是一种典型的"内部人控制问题"（它是学校校长和上级教育主管部门通过控制内部信息进行的合契约行为）。这种行为也为制造和拉大学校之间的教育差距起到了推波助澜的作用。

另一个突出的内部人控制问题就是过度的在职消费行为（如乱摊派等）。据一些学者调查，一些地方政府对农村中小学实行乱摊派，有的学校每年被摊派订阅各种名目的报纸、杂志达三四十种之多，仅仅这一项就开支上万元，令农村中小学不堪重负（曾天山，2003）。据笔者访谈调查，××市××区的农村学校每年都必须订阅各种报刊，如党报党刊和教育报刊等，金额多达三万多元。毋庸置疑，诸如此类的过度在职消费使得农村学校本就紧缺的办学经费更加捉襟见肘了，因而本就落后的办学条件难以改善，从而进一步加剧了城乡教育差距的程度。

第四章　义务教育差距的正式制度述源之二：产权分析

一切物品交易(无论是市场交易还是非市场交易)实质都是产权交易。产权即财产权利，是制约资源配置状况的重要制度因素。义务教育领域同样如此。因此，如果说第三章主要从委托-代理的视角分析了我国义务教育资源配置中的预算内投入体制问题的话，那么接下来，本章则将主要从产权的角度进一步分析这些投入及教育交易中人力资本的产权问题(包括教育机构主要指学校作为非营利企业的所有权问题)所导致的资源配置问题(实质就是预算外教育经费和师资配置等问题)对于义务教育差距的影响。这是分析义务教育资源配置之正式制度的一个必然逻辑。

第一节　义务教育产权制度的理论分析

关于产权的正式研究，最早可以追溯到马克思。随后的一大批新制度经济学家们如科斯、阿尔钦、德姆塞茨、诺思、巴泽尔等都作了大量的专门研究，从而使得产权经济学不断完善，成为新制度经济学的重要组成部分。近年来，国内也涌现了不少研究产权经济学的学者，如张五常、张维迎、周其仁和崔之元等。他们的研究进一步丰富了产权经济学的成果。与此同时，在教育经济学界，借助产权经济学的理论和方法分析教育问题的势头也已兴起并取得了一些重要成果，如范先佐、靳希斌、张铁明、曹淑江、徐文、高金玲等学者的相关论文和著作。然而，无可否认，这些研究毕竟才刚刚起步，不仅许多重大理论问题还没有深入涉及或得到解决(有的观点还争议较大)，研究范围也有待拓展。例如，目前对于公立学校产权的研究还基本上停留在"所有权"的层面上，因而一谈到"公立学校产权归公共所有或国家所有"就"点到为止"了，甚至认为产权只能用于研究市场经济条件下的企业或私立学校。这些片面的看法严重阻碍了公立学校产权研究的进一步深入而难以触及其产权问题的实质。为此，本书在分析教育产权对教育差距的影响之前，有必要对义务教育及其学校产权问题首先作一个理论上的探讨。

一、教育产权的基本内涵

明确概念及其内涵是探讨问题的前提。因此，要研究义务教育产权问题，必须明确教育产权的基本内涵。而要明确教育产权的内涵，则须从经济学中的产权和企业产权谈起。

（一）产权与产权制度

产权是财产权利的简称，因而包含了财产和权利两个方面的内容。单就财产而言，它并不同于一般的物体，而是被公共认可的只能被某(些)人控制和利用的物品的某(些)属性。它必须具备四个条件：①独立或相对独立于主体(人或人群)；②能够被人们控制和利用；③必须有用即具有使用价值；④具有稀缺性(袁庆明，2011)。根据不同的标准，财产可以分为物质形态的财产和非物质形态的财产(如观念形态的声誉、品牌等)，生产性财产和非生产性财产，动产和不动产，自然形成的财产和劳动创造的财产，以及私人财产，公共财产和俱乐部财产等不同种类。财产的构成反映了经济社会活动中人对物等的排他性占有关系(罗必良，2005)。而权利则既指法律认可和规定的权利，也包括人们约定俗成相互认可的权利。因此，产权并不仅限于法律意义上的财产权利，这正如人力资本产权不同于人权一样。前者包含了后者，比后者更广泛。或者说，法律意义上的财产权利只是产权在正式制度上的一种体现而已。界定财产权利的制度还有其他，如各种单位、组织的具体规章或非正式制度(如习俗、道德、惯例等)。所有这些对财产权利加以划分、确定、界定和保护的正式制度和非正式制度都属于产权制度。最狭义的产权制度就是规定产权的法律，最狭义的产权也就是法律上的产权。产权与法权的逻辑顺序是：先有产权而后有法权，产权是法权的本源，法权是产权的反映(黄少安，1995)。可见，产权含义比法律意义上的财产权利要广得多。

产权的英文表达有 property，property rights，a property right，the right of property 等多种形式，因而在定义上也自然存在着较大差异。德姆塞茨(1991)认为："产权包括一个人或其他人受益或受损的权利。"而埃格特森(1996)则"把个人使用资源的权利叫做'产权'"。巴泽尔(1997)认为："个人对资产的产权由消费这些资产、从这些资产中取得收入和让渡这些资产的权利或权力组成。"柯武刚和史漫飞(2008)"将产权定义为个人和组织的一组受保护的权利，……产权决定着财产运用上的责任和收益"。上述这些经济学家主要是从人与财产的关系来界定产权的。但另一些经济学家则认为，产权更为本质的地方则在于其以财产为基础体现了人与人之间的关系，如菲吕博顿(有译为弗鲁博顿)和配杰威齐(1994)

认为："产权不是指人与物之间的关系，而是指由物的存在及关于它们的使用所引起的人们之间相互认可的行为关系。"平乔维奇(1999)认为："产权是人与人之间由于稀缺物品的存在而引起的与其使用相关的关系。"他自认为"这一定义是与罗马法、普通法、卡尔·马克思的著作和新制度(产权)经济学相一致的"。综合各种论述可以看出，产权不仅指人与物的关系，更是指人们相互认可的关于物的存在及使用所引起的行为关系。显然，产权并不仅限于所有权。对于产权的构成要素，国内学者大多坚持"四要素说"即产权主要包括所有权、占有权、支配权和使用权(黄少安，1995)或所有权、占有权、收益权和处置权(刘诗白，1998)等。在比较权威的《牛津法律大辞典》中，产权被认为是由"占有权、使用权、出借权、转让权、用尽权、消费权和其他与财产有关的权利"(沃克，1988)构成的。因此，综合起来，笔者认为，产权可以概述为：被公共认可的行使物品某种(些)有价值属性的一系列权利。

产权经济学研究认为，产权具有排他性、可分割性、可转让性和有限性等特征。根据产权归属主体不同可以分为私有产权(private property rights)、集体产权(collective property rights)、共有产权(communal property rights)和国有产权(state-owned property rights)等。根据产权的相对程度还可以分为相对产权(relative property rights)和绝对产权(absolute property rights)。然而，任何产权都只是相对明确的，绝对清晰的产权并不存在。这是由物品属性、界定技术和契约不完全等因素决定的。由于物品属性存在多种，要界定完全不仅技术达不到，即使技术能够达到也会由于成本过高而无法充分界定。因此，这样的产权始终是相对清晰的产权，而没能充分界定的那部分属性就留在公共领域(产权的模糊部分)，被称为剩余。于是，人们获得产权的来源往往有两种：一种是已界定的所属产权；另一种是从公共领域(public domain)中攫取的产权。这些"产权的获得是由财产所有制、政治体制、法律及道德伦理所决定的"(罗必良，2005)。这些财产所有制、道德伦理、法律及政治体制等都是产权制度。而没能完全界定产权的契约(制度)就是不完全契约或不完全的产权制度。由此可见，界定产权的契约(制度)始终是不完全的。

（二）企业与企业产权

不同视角下对企业(enterprise 或 firm)的描述不同。在新古典经济学的视域里，企业是将投入(生产要素)转化为产出的一种组织机构。但新制度经济学则从交易成本的角度揭示了企业的本质。科斯认为，企业和市场都是经济的协调工具和资源的配置方式。企业产生于其相对于市场(价格机制)所具有的成本优势：可以减少签约次数；可以以低于市场交易的价格得到生产要素；可以让生产要素所有者根据契约获得报酬并在一定程度上服从企业家指挥。① 威廉姆森也指出，企业是交易的一种治理结构，具有激励、控制和固定的结构优势，即更强的适应性效率。阿尔钦和德姆塞茨也认为，企业无非是一种具有团队生产性质的特殊的契约安排。② 周其仁(1996)则更是进一步指出，企业是人力资本和非人力资本的一种特别合约。综上所述，企业在本质上是一系列为节省交易成本、追求产出最大化的契约联结物，因而是一种关于产权的特殊制度或合约。

诚如上文所述，界定产权的契约(制度)始终是不完全的，因而产权始终是相对的，即始终存在着公共部分或剩余。尤其是在企业中，由于增加了未来信息不确定性和生产要素的结合效应③等变量，作为契约的企业制度及其合约就更加不完全，因而存在更大的剩余空间。在这些企业契约中没有明确规定的产权里，与使用权、处置权和转让权等相对应的剩余权利被称为剩余控制权(residual control rights)，与收益权相对应的剩余权利被称为剩余索取权(residual claim rights)。因此，企业中的产权除了合约明确规定的各种有关财产的所有权、占有权、收益权和处置权等权力之外，还应包括剩余控制权和剩余索取权。具体说来，企业的剩余控制权就是指企业合约中所未明确规定的在经营过程中状态出现时的相机处置权(或决策权)。企业的剩余索取权就是指对企业总收入扣除所有固定合约支付后的剩余的要求权(这里的剩余相当于马克思的剩余价值)。企业的剩余控制权和剩余索取权(统称为剩余处置权，也称企业所有权)决定了企业的效率和生命，因而是企业产权问题的关键和核心。甚至可以说，企业产权问题归根结底就是剩余控制权和剩余索取权的分配问题，即如何优化产权配置以提高企业的"合作剩余"问题。这不仅在私有企业、集体企业如此，即便在国有企业也仍是如此。国有企业中，政府往往有故意制造模糊产权的产权模糊化倾向，因而这一问题往往更加突出。

(三)教育产权内涵辨析

明确了产权、产权制度及企业产权的含义以后，就可以进一步来探讨教育产权问题。教育产权就是指教育财产权利。因此，要研究教育产权就必须把握教育财产的特殊性。显然，教育财产已经不同于市场交易中一般意义上的财产，它已经被教育契约决定了性质。也就是说，教育财产是一种关于教育交易的契约财产。如果把教育机构(主要指教育行政机构和学校组织)看成一个整体的话，教育

① Coase R. The nature of the firm [J]. Economica，4：391. 转引自：卢现祥，朱巧玲. 2007. 新制度经济学 [M]. 北京：北京大学出版社：263.
② 转引自：卢现祥，朱巧玲. 2007. 新制度经济学 [M]. 北京：北京大学出版社：263.
③ 企业生产要素的结合效应是指企业总产出并非单个要素产出的简单相加，要素之间会相互影响边际产量。

机构(尤其是学校)与企业并无二致，甚至实质就是一种企业(姑且不论其营利性和产品特性)。企业并非都是物质生产部门(如各种保险公司等服务性行业的企业组织等)。事实上，新制度经济学家在论及企业的时候就已经包括了学校、医院等组织(埃格特森，1996)。我国学者曹淑江和朱成昆(2002)也认为："不能根据其提供的产品或服务的类别和用途的不同来决定一个组织是否是企业"，学校组织也是一种企业。根据上文的分析，企业在本质上是一系列为节省交易成本、追求产出最大化的契约联结物。教育部门完全具备企业的这种基本特质。教育机构的形成使得教育生产具有了团队生产的优势，也大大减少了交易的次数和不确定性，因而有利于交易费用的节省。同时，教育也是讲究投入产出的。教育机构也在追求约束条件下的产出最大化。教育产品就是因教育要素投入而提高了的受教育者素质。通过教育要素的投入可以获得远远大于其成本的教育收益(包括对个人的收益和对社会的收益)。可见，教育机构完全可以视为一种企业(管理者、生产者、其他生产要素和产品)，教育产权也就完全可以视为一种企业产权而绝非一般物品产权那样简单，因为也同样增加了未来信息不确定性和生产要素的结合效应等契约变量。由于要素之间的相互影响和许多不确定因素等原因，教育契约不可能明确规定所有要素所有者的权利，教育这个企业的总产出也并不等于单个要素产出的简单相加，从而使得教育财产除了要素的价值总和之外，还存在着"剩余价值"(如果没有剩余价值也就没有办教育的必要了，教育这个企业就可以宣布破产了)。由此看来，教育产权的外延不仅包括各行为主体(包括组织和个人)关于其财产的所有权、占有权、收益权和处置权等权力，还应包括将教育机构视为企业后所必然涉及而且客观存在的剩余控制权和剩余索取权(即企业所有权)。而在企业中作为产权核心的剩余处置权也同样是制约教育效率和成败的关键因素，从而也是教育产权问题的核心。因此，在这个意义上说教育(机构)产权(包括学校产权)"实质是……作为一个企业的所有权"(曹淑江等，2001)也并无不可。

任何契约都不是完备的。因此，只要有契约就会有剩余(权利)，至于如何安排这些剩余(权利)则是另外一回事。教育领域充满了不确定性，从而使得教育契约中的剩余问题更加突出。只有看到了这一点，才能真正理解教育产权的本质内涵并对之作出比较合理的定义。正如范先佐(2002)所指出的："一个完整的教育产权的界定应该……对教育活动中各个主体的权利界定，以及面对教育活动中不确定性与不完全信息时，对教育剩余索取权与教育剩余控制权的架构。"

然而，目前教育经济学界并没有普遍认识到这一点，对教育产权的定义也没有形成比较一致的看法。归纳起来，学界对教育产权的概念主要有以下几种说法：①教育产权就是对教育机构财产所拥有的权利，是因为教育财产而结成的权利关系(靳希斌，2003a)。这里的教育财产既包括学校或其他教育机构的物质资料等硬财产，也包括教育机构的办学作风、教学经验思想、教育特色及其品牌等"软财产"（张铁明，1998）。②教育产权是围绕教育资本而形成的学校产权，即对特定学校的财产权利，具体说来就是学校投资、经营、管理的各活动主体围绕教育财产形成的所有权、处置权、使用权、收益权等权利关系和结构（庄西真，2001）。③教育产权是指教育产业的参与者对教育资源及其经营收益所享有的包括物权和人身权在内的排他性权利集合（崔玉平，2002）。④狭义的教育产权仅指围绕教育资本而形成的学校产权，即对特定学校的财产权利。完整的、广义的教育产权还应包括劳动力产权（杨丽娟，2000）。⑤教育产权（educational property rights）是指参与教育活动的组织和个人围绕教育财产而形成的一组权利关系。其中，参与教育活动的组织和个人是教育产权的主体，包括政府、教育（行政）机构、教育者、受教育者和教育管理者等；教育财产就是教育产权的客体，包括各类实物形态的财产，如土地、教学设施等，也包括货币形态的财产，如办学经费等，还包括人力资本、品牌、特色、经验、知识等无形资产（徐文，2004）。

从上述关于教育产权的定义来看，第①种虽然强调了教育财产的机构性（即组织性），但却忽视了人力资本这一重要的教育产权客体。第②种定义显然将教育产权窄化为教育机构产权中的学校产权了，而除此之外还有教育行政机构产权和人力资本产权等，因而第④种定义也存在同样的问题。除第③种之外，其余定义均未能完全将教育产品（主要指剩余收益）纳入教育财产中。第③种跟第⑤种相对接近但也各有侧重。一方面，两者在教育产权的主体上表述相似却有差别："教育产业的参与者"跟"参与教育活动的组织和个人"差距较大，前者比后者更广泛，但后者比前者更明确（强调了组织和个人两种类别）。另一方面，第③种更全面地看到和表述了教育产权的客体应是"教育资源及其经营收益"，尽管第⑤种已将"教育（机构）所有权"[①] 纳入了教育产权的分析中，但在表述教育产权的客体时却仍然忽略了"经营收益"（包括剩余价值）这一重要内容。

综合上述所有分析，我们认为，对于教育产权的概念可以作如下简要的表述：教育产权是指教育相关组织和个人对教育资源及其经营收益所享有的包括所有权、占有权、收益权、处置权、剩余控制权和剩余索取权等一系列权利集合。

二、义务教育中的物品属性及其产权制度

科斯第三定理指出，当交易费用大于零时，产权的清晰界定将有助于降低交易成本，改进效率。这是因为产权具有使外部性内部化、减少不确定性、增强激励和约束及优化资源配置等功能。然而，不同性质的资源却要求不同的产权形式

———————————

① 这一表述是因袭"企业所有权"而来，实质是指把教育机构看成一种企业后的"剩余处置权"。

与之相匹配。只有合适的产权安排才能促进资源的优化配置和提高其使用效率。如上所述，财产是人们能够控制和利用的物品的某(些)属性。物品的属性是多种多样的，但能够度量和界定的却总是有限的。而产权就是一种可以行使的对物品有价值属性的排他性权利。产权的安排取决于产权界定的成本与收益的对比，而产权界定成本又取决于界定技术和物品属性。当物品的度量成本超出产权界定的收益时，物品有价值属性就被会被置于公共领域。反之就置于所有权领域。因此，在技术一定的情况下，物品属性就成为影响产权安排的决定性因素。而研究义务教育产权就必须考察义务教育交易中的物品属性。

然而，义务教育交易中的物品有多种，如各种用于生产的物质要素资源、教育服务、受教育者的资本投入和教育产品等。因此，要合理安排义务教育的产权就必须具体分析义务教育交易中各种物品的具体属性。然而，目前学界的研究却普遍将物品属性等同于产品属性，因而在研究教育产权时仅仅考察了教育产品的属性，笔者认为这是对产权经济学的误读。义务教育交易中利益主体至少有投资者、管理者、教育者和受教育者等类型，其涉及的交易品至少有生产要素中各种具体的物质资源、教育者人力资本、管理者人力资本、受教育者人力资本和教育产品等方面。那么，到底应如何根据这些不同的物品及其属性来选择产权安排呢？笔者认为，在企业中，其最终生产品的属性是决定谁投资、谁购买和产权归属的最根本因素，即产权类别和投资方式应取决于其最终生产品的物品属性。而其具体交易品的产权安排则应根据不同交易主体的不同交易品的属性特征来进行选择，从而才能形成合适的企业产权的内部治理结构。因此，本书将首先分析义务教育产品的属性及其产权问题，然后对具体的义务教育交易主体及其交易品属性和产权结构进行分析。

（一）义务教育产品属性与产权制度选择

产权经济学将物品属性分为自然属性和经济属性。物品的自然属性从技术层面上决定着其产权的界定成本，从而导致物品有价值属性的排他性归属权利形成过程中的公共领域；物品的经济属性侧重于影响可行使和实施的物品有价值属性的排他性权利，即影响产权的维护或行使成本，导致所有权交易时的不完全契约（黄少安，1995）。根据物品属性的排他性和竞争性程度，可以将物品分为私人产品、公共产品和介于之间的准公共产品（或叫俱乐部产品、混合产品）。公共产品即具有纯粹的正外部性因而只能界定为共有产权，否则就会出现导致资源配置低效的"搭便车"问题。私人产品应界定为私有产权，但由于其所有者可能不完全具备行使私有产权的能力等原因，其部分产权也会留在公共领域。准公共产品则根据其排他性和竞争性程度应分别实行国有产权、集体产权等。

目前对于义务教育产品及其属性的研究已经很多，但观点却存在争议，尤其是对于"义务教育的产品是什么"的问题还众说纷纭。但无论人们对于义务教育产品持何种看法，对于"义务教育产品在属性上是接近于公共产品的准公共产品"这一观点却没有异议。为此，笔者并不想花太多的笔墨探讨这一问题，只想作一点简要的辨析。义务教育产品是什么？有人说是"学生"，也有人说是义务"教育服务"（靳希斌，2003b；厉以宁，1999），还有人说是"增加了的人力资本"（盖浙生，1982），等等，不一而足。显然，第一种说法已不占主流，主要原因在于"学生是人"，而"人"似乎是不能作为产品的。其实，问题的关键并不在此，而是因为影响学生成长的影响太多，说"学校教育的产品是学生"时却没能排除其他影响因素的作用结果（如课外辅导、家庭教育、社会环境等的影响）。这正如在说一个企业的产品时把其他企业的产品也一起算了进去一样（原材料加在一起倒无可厚非）；说"教育产品是'教育服务'"似乎合情合理，但却犯了一个逻辑错误。"教育服务"在教育中仅仅是一种生产要素，是教师等劳动者提供的劳务，而并不是产品。产品应是各种生产要素相结合后的结果。因此，教育产品就应是教育服务与其他资源一起对受教育者这个原材料施加影响的结果（连同原料但不包括教育以外的影响）。这虽不能准确计量，也不易区分，但在理论上却应如此。因此，第三种说教育产品是"增加了的人力资本"也不尽合理。因为受教育后的人力资本并不一定就是"增加"了，也可能是"转型"了（思想道德上的导向等）。何况说"人力资本"也未必全面。教育并不都只有生产性功能，也有消费性功能，因而未必都是为投资而形成的资本。教育影响的对象在于人的素质。因此，笔者认为，说"教育产品是受教育影响后的学生素质"似乎更为合理。而义务教育产品就应是接受义务教育影响后的学生素质。

当然，这里仅仅是理论上的说法，在实际中并不容易评判。但无论对"义务教育产品是什么"怎么表述，学界对其产品属性的意见却是一致的，即"接近于公共产品的准公共产品"。这是因为义务教育产品具有极强的正外部性。"正外部性的极端情况是公共品。公共品（public goods）是指这样一类商品：将该商品的效用扩展于他人的成本为零；无法排除他人参与共享。"（萨谬尔森等，2007）从义务教育的个人收益与社会收益的对比来看，当前义务教育的社会收益已远远大于其个人收益。因而消费义务教育产品（义务教育投资）就具有极强的非排他性和非竞争性，即基本接近于公共产品的属性。随着科学技术的日新月异和知识经济社会的到来，这一属性还将进一步加强。义务教育的产品属性决定了义务教育只能实行政府购买的国有产权安排（即全民投资、国家所有），否则就会导致供给的不足和低效。这也正是当今世界各国都实行强迫、免费的公立义务教育制度的根本原因所在。

公立义务教育资源是全民提供的，其所有权就必然属于代表全民的国家所有，而并不属于单个人直接所有，其使用权则属于代表国家的执行机构——政府及其各级各类机构包括学校。义务教育资源（包括通过交易获得的教师人力资本）因而应实行政府统筹配置而非市场配置；与此同时，作为投资主体的国民也理所当然应享有相应的义务教育投资收益权（包括义务教育的学校产业收益和教育结果的社会收益）。但这种收益权往往不是直接的，而是需要间接地从义务教育产品的正外部性中获得收益。当然，这一切安排并不否定作为具体交易主体的个人应享有的产权，如剩余控制权和剩余索取权等。这一问题将在下文详细探讨。

（二）义务教育投资的剩余收益与非营利性问题

由于不确定性和物品属性等原因，契约不可能把所有情况都描绘详尽并处理完毕。因而任何企业的契约都是不完备的。契约之外的不确定性部分就是剩余。企业的剩余是必然存在的。这既包括契约之外"便宜行事"的相机决策权利（剩余控制权），也包括所有固定合同支付之后的剩余价值，即剩余收益或企业利润。投资的剩余收益可能为正数，也可能为负数。这一切将主要取决于剩余控制权和剩余索取权的配置。因此，剩余权利的配置问题乃是企业产权的根本问题。

由于教育的特殊性，义务教育交易中的契约（制度）尤其不完备，因而也必然存在着剩余问题。义务教育投资既然存在剩余收益，是否也就说明举办义务教育是可以营利的？否则，又如何理解义务教育的非营利性？回答这一问题需要从义务教育收益的来源和营利的主体谈起。

举办义务教育不仅能获益，而且收益巨大，这已为教育经济学的研究成果（尤其是舒尔茨的人力资本理论）所证实。然而，教育的收益很特殊。它是通过培养的人对社会的政治、经济和文化等各方面产生影响来获得的包括政治收益[①]、经济收益和文化收益等多方面的收益，并体现为受教育者个人收益和社会收益的总和。但是这种义务教育的巨大收益并不是可以准确计量的，原因不仅在于义务教育的产品是人的素质无可计量，最为关键的是，作为教育产品的人的素质并不能简单地用价值来衡量，它必须在具体制度背景下的社会（政治、经济和文化等）实践活动中才能体现出来，即必须通过其劳动（脑力劳动或体力劳动）创造的财富来衡量。同时，育人的周期漫长这一特性也加剧了对教育产品评价的难度。所有这些因素决定了义务教育收益具有不确定性、滞后性、间接性和难以计量性等特征，从而使得义务教育投资的剩余收益（教育总收益减去教育总成本）也难以确定。正是由于义务教育剩余收益难以确定的原因，现实中的教育交易往往选择固定收益支付的契约形式，并不给具体的交易主体（如校长）以剩余索取权。并且规定，任何教育机构（如学校）中的个人（包括代理人，如校长）都不能将从收取学费

---

① 这也是政教不分的根源，同时也决定了评判教育效率的特殊性——不能因教育经济收益的高低来片面评判教育效率的高低。

或经营产业等途径获得的收入甚至结余的教育经费等当作利润进行分红。因为这并不是真正的教育投资剩余，而且并不是每个人应得的份额。即使是市场调节的私立学校，也由于其市场不可能是充分竞争的，其学费收入也只能被界定为教育成本回收，而不是应得的教育利润。这就是义务教育非营利性的由来（而非营利性也仅仅是从这个意义而言的），同时也是在当前既定的产权界定技术背景下义务教育产品属性所决定的一种普遍的产权配置状况（当然，并不是说这就是合理的或最优的产权配置）。法马和詹森（1998）所说的"在非营利组织内，不存在享有转让净现金的剩余权利的代理人，因而不存在剩余索取权"也只能在这个层面上来理解。

然而，这是否就意味着真没有人享有剩余索取权了呢？答案当然是否定的。

契约可以规定所有企业成员都是剩余索取者（即剩余分享制），但不可能规定所有企业成员都是固定收入获取者。一个没有剩余索取权的契约无异于否定了企业的存在。然而，非营利背景下的义务教育剩余收益到哪里去了呢？问题的关键在于对营利主体的理解。事实上，义务教育交易中最大的主体乃是全体国民，他们由于自身队伍的庞大和教育机构代理人的存在而被虚拟化了。显然，限定了教育机构中个人不能营利就是给予了教育机构之外的人的营利机会。也就是说，教育的剩余收益留在"公共领域"被教育的投资者（国民）独吞了。这里的"国民"其实并不属于教育组织这个"企业"之外的成员，而是教育的非人力资本投资者。他们成了事实上的教育"企业"所有者（享有了剩余索取权）。当然，这样的产权安排（教育机构的个人即人力资本所有者只享有了剩余控制权而没有剩余索取权）显然是有问题的。它正是当前义务教育效率问题的重要根源之一。

三、义务教育机构产权结构的优化选择——非营利性剩余分享制

产权经济学研究认为，在产权权能中，最富激励性的不是名义所有权，也不是占有权和使用权，而是收益权和剩余处置权（包括剩余控制权和剩余索取权）。因此，剩余权利的优化配置问题乃是企业产权的核心问题。义务教育亦是如此。那么，在义务教育机构中剩余权利应如何优化配置呢？目前学界虽有学者［如范先佐（2002）等］提出了教育中的剩余处置权问题，却并没有对如何优化义务教育机构的产权结构作进一步研究。为此，本书试着来作一个探讨。

（一）义务教育应实行非营利性剩余分享制

承前所述，义务教育的剩余收益难以确认和评判决定了义务教育办学的非营利性（教育中的现金收入不能直接被代理人分配），从而使得教育机构的实际经营

者往往只能领取固定合同收入，即被剥夺了剩余索取权而只享有剩余控制权。然而，这样的产权结构是否就是最优的呢？当然不是。这是因为，让经营者和生产者放弃利润动机（不享有剩余索取权）往往会付出高昂的代价，甚至得不偿失。在这样的产权结构下，经营者可能丧失降低生产成本、采用新技术和迅速适应新需求的积极性，甚至出现增加偷懒行为、"虐待"资源或侵吞公款等各种问题。产权经济学研究发现，有剩余控制权而无剩余索取权的人会不思改进控制方法或滥用控制权，有剩余索取权而无剩余控制权的人又会不计资源耗损代价去追求利润。因此，两者必须对称分布于各交易主体才能实现资源的有效配置。也就是说，所有的利益相关者都应享有对称的剩余控制权和剩余索取权（这也是按要素分配的理论依据之一）。

事实上，企业剩余是各生产要素如土地、资本和劳动等人力资本和非人力资本共同创造的。尤其是在知识经济社会里，人力资本将起着越来越大的作用甚或成为第一生产力。"既然劳动者与股东一样把自己的体力和智力作为资本投入企业，那么他就不仅应获得相对于要素价格的固定收入，还应有对投资风险的补偿及对自己产权权益的保护。"（杨瑞龙等，1997）因而，实行人力资本产权与非人力资本产权融合，由多个产权主体共同分享剩余权利才是最有效的制度安排。目前，许多企业都已普遍实行了如经营者年薪制、股票期权制和管理层收购等经理层分享企业所有权的机制；同时还通过职工持股、技术配股、内部股等形式确认了国有企业普通员工对企业剩余的分享。可见，人力资本分享企业所有权已成为企业产权配置的必然趋势。

在义务教育中，人力资本的重要性尤其突出，因而让包括教师在内的所有人力资本所有者都分享剩余利益是非常必要的。如果将教育机构理解为一种特殊的企业，那么，教育机构实质也是为降低教育交易成本而形成的一系列契约的联结。尽管义务教育制度下的生产要素并不是通过市场交易的，但并不能否认其非市场背景下的交易本质（这丝毫不影响教育的育人性对交易主体的高道德要求）。义务教育机构的形成及其生产活动的开展都完全是通过合作中的交易来实现的。在义务教育领域中，交易的主体有：经费提供者——国民、教育管理者、教育者、学生及其家长；交易的对象，包括国民提供用于购买教育资源的教育经费、教育管理者和教育者交易的人力资本等。可见，义务教育机构实质上也是不同主体之间人力资本与非人力资本的特别合约。而非营利性的固定收入制度使得人力资本所有者的剩余利益被非人力资本所有者独吞了，从而缺乏激励性。因此，优化义务教育产权配置结构就必须实行由各个产权主体（包括人力资本和非人力资本的投入主体，如国民、教育管理者、教育者、学生及其家长等）共同并对称地分享剩余控制权和剩余索取权的制度。非其如此，不能有效实现人力资本和非人力资本所有者的"激励兼容"和提高教育效率。需要说明的是，实行剩余分享制并不与义务教育的非营利性相悖离。非营利性只是指教育中的现金收益不能被直接分配，因为义务教育中的现金收益并不能代表教育的实际收益。但是并不能因此就否定或漠视各相关主体对教育收益的分享权力。尽管教育收益并不能在短期内得到体现和准确计量，但却可以以前期的教育收益为参考来制定相对合理的剩余分享标准，并根据对人力资本的实际绩效评价进行分配。因此，义务教育实行剩余分享制是可行的。

然而，剩余索取权和剩余控制权的具体配置又是"状态依存"的，它必须视具体情况而定。义务教育实行由多个投入主体共同分享剩余权利的制度应在借鉴现代企业制度的基础上根据义务教育的特殊性来确定。在当今企业中，剩余分享制的具体实施形式主要有利润分享制和收益分享制。在利润分享制中，人力资本所有者在固定工资之外，按照事先决定的比例的奖金形式分享利润的一部分；在收益分享制中，人力资本所有者不再有固定工资，其全部工资收入来自企业净收入中给定比率的那部分。显然，相比而言，利润分享制更加适合教育领域。尽管义务教育的实际剩余难以确定，但通过实行奖励机制，使产权主体获得"同类剩余"还是可行的（高金玲，2004）。事实上，以前实行的奖金制度和近年来实行的绩效工资制（merit pay）实质就是义务教育剩余分享制的一种表现形式。至于应如何具体安排剩余权利的分享结构，则应在成本与收益对称分担的原则下，根据各投入主体在义务教育收益中的实际贡献大小及其交易品属性的具体情况来确定。

（二）义务教育中非人力资本及其产权安排

在义务教育中，非人力资本的投入主体主要有国民、学生及其家长等。在教育中，学生及家长不仅投入了大量的直接物质成本（如生活费、交通费及其他费用）和间接物质成本（学生不上学可能获得的劳动收入），而且投入了大量的精神精力等人力资本。他们天然地拥有剩余控制权——可以在契约（制度如教育政策、班规班纪）之外控制自己的实际教育投入（包括对学习环境或学习精力的实际投入）。同时，他们也天然地拥有剩余索取权，因为他们的成本补偿、收益及剩余收益会通过受教育后获得的素质改变及其在社会活动中的个人教育收益而得到实现（除非学生入学时的教育成本分担或者毕业后的社会收入分配是不合理的）。因而，学生及其家长的产权问题并非本书要探讨的重点。

然而，国民通过纳税的形式所进行的教育投资是通过政府机构逐层委托代理来进行的，因而其产权问题极其复杂。但其最基本的产权关系应该是，国民将义务教育资源的剩余控制权交给代理人行使（各级政府机构及其代理人统筹配置资源），但由于其所投入的是物质资本，具有可抵押性和易受虐待性（abused）等特征，因而应享有剩余索取权。这个剩余的获得主要通过教育的社会收益（正外部性）来实现。然而在具体实践中，教育社会收益不仅包括受教育者对社会的贡献，还应包括教育经营中产生的现金收益，如学校资产的增值部分、后勤产业创收等（这是由国民教育产权中的收益权决定的）。这两者之和再减去受教育者的个人收益和其他固定合同支出才是真正的教育剩余。由于教育产品具有外部性，教育中的现金经营收益也必然具有极强的外部性（将教育中的现金收益用于不同的学校对教育和社会都会产生极大的影响）。因此，义务教育中的现金经营收益即学校事业性收入（这在我国被称为预算外经费）理应纳入政府财政并由其代理人统筹和均衡配置。

（三）义务教育中的人力资本及其产权安排

作为育人的社会活动，义务教育效率的高低从根本上取决于人力资本，因而其人力资本产权的安排就至关重要。为此，必须根据义务教育交易中人力资本的具体特征来安排其产权。

1. 义务教育中人力资本的特征及其产权诉求

人力资本是指通过教育、培训和迁移等途径所形成的附着在人身上的智力、知识、经验和技能以及健康、体力等非物质资本。人力资本兼有"人力"和"资本"两大特征（韩庆华，2003）：一方面具有人身依附性，即个人占有的天然性、主动性、资产专用性、难以度量性、产权残缺时的自贬性和边际收益递增性等"人力"特征；另一方面又具备投资性、增值性和收益性等"资本"特征。其中，人身依附性即人力资本与其载体不可分离的特性，是人力资本区别于非人力资本的最根本特性。因此，人力资本不仅作为一般资本应被界定相应的产权（这些产权包括人力资本的所有权、使用权、处置权和收益权等一系列权利），还由于其"人力"的特殊性应获得不同于物质资本的特殊的产权安排。义务教育尤其如此。义务教育中人力资本的所有者主要是教师和教育管理者。义务教育中的人力资本既具有人力资本的一般属性，又具有一些特殊性，如收益的滞后性、长期性和外部性（刘文，2003）等，因而其人力资本产权安排还应综合体现义务教育的上述特性。

2. 义务教育中人力资本的剩余控制权

义务教育中人力资本的载体主要有教师和教育管理者两类（学生除外）。两类人力资本主体都是通过交易契约将自己人力资本一定时期的使用权转让给了教育机构。但这种转让的权利只是一种支配性权利，并非实际操作权。由于人力资本与其载体不可分离性的原因，其实际所有者并不能直接使用而只能通过其载体来间接使用人力资本，从而必然会导致人力资本产权的残缺，即教育机构只能部分享有人力资本的所有权和处置权，而不能同时享有对人力资本的占有权（冯国有等，2003）。因而对于教育管理者和教师来讲，无论教育制度如何详备，他们都最终地掌握着或天然地控制着其人力资本的实际投入权，即人力资本的终极控制权。而且人力资本的资产专用性程度越大，这种剩余控制权就越大。对于教育管理者而言，其人力资本相当于企业家，其洞察力、创新力、进取心、应对风险的能力、顽强意志、使命感等企业家精神是专用性程度极强的人力资本，因而应享有相当于企业家的剩余控制权，如代表人民和政府行使教育决策权，包括对教育资源的统筹或均衡配置权利及自由流动权等。而其剩余控制权实施得好坏最终将取决于其人力资本的实际投入状况。

对于教师而言，其资产专用性程度也随着教师专业化程度的提高而不断提高。由于教师也是其人力资本的实际控制者，决定着其人力资本实际投入状况，理当享有天然的剩余控制权：①控制人力资本存在方式，即教师人力资本既可以进入教学科研领域而处于使用状态，也可在一定时期退出教学科研领域而处于闲置状态；②控制人力资本存在地点，即教师应拥有在不同地区、部门、学校间的自由流动权利；③控制人力资本内容，即教师应拥有对其人力资本进行投资（如教育培训）（刘文，2003）或发展的权利。不仅如此，教育者还应享有一定的参与教育决策或学校管理的权利。一旦这些权利残缺，教师就会通过自贬的方式降低实际投入，最终降低教育的实际产出。尤其需要指出的是，义务教育产品极强的外部性也必然使得教师人力资本产权具有了极强的外部性。因而如何合理协调教师人力资本产权行为并增进其正外部性就显得至关重要。而教师通过交易契约在将其一定时期的人力资本所有权转移给了教育机构后，教师的人力资本实际上已经归全民所有了（并非属于某一学校所有）。因而代表纳税人的政府教育机构及其代理人也获得了统一调度或均衡配置教师人力资本的权利。为此，义务教育中的教师人力资本只能实行非市场的政府配置。而且，为了降低教师人力资本产权行为的负外部性，就必然要求维护教师队伍稳定，从而需要限制教师一定的自由流动权。为此，又需要政府建立合理的流动选择机制、法律保证机制和社会保障机制（钟庆才，2002）等来规范教师的人力资本产权行为。这也正是按交易成本最小的规则安排产权，即波斯那规则（Posner's rule）的必然选择。

3. 义务教育中人力资本的剩余索取权

人力资本与其载体的不可分离性使得义务教育中的人力资本天然地由其载体掌握着剩余控制权。根据剩余控制权和剩余索取权应对称地分配于产权主体的原则，义务教育应实行剩余分享制，即教师和管理者也享有相应的剩余索取权。但是义务教育中的剩余应是教育的全部社会收益（包括受教育者对社会的贡献和教育经营中产生的现金经营收益，如学校资产的增值部分、后勤产业的创收等）减去一切教育成本后的剩余部分。由于教育收益具有滞后性、不确定性和难以计量性等特性，义务教育要像企业那样实行剩余分享制存在较大难度。相对可行的办法就是引入奖励机制，让产权主体获得同类剩余，如在教师基本工资之外实行奖励性绩效工资制和津补贴制等奖励制度。这与企业中的利润分享制相类似：固定收入加非固定收入。不同之处在于，从理论上讲，企业中的非固定收入是依据企业的实际剩余来制定的，而绩效工资（merit pay，用 m 表示）则只能根据绩效评估来确定，其金额不一定与实际剩余相符（因为教育的实际剩余还未确定）。但是，作为教育者剩余索取权（residual claim）的体现，绩效工资的标准和等级差别的制定还是应以前期的教育社会收益（s）为依据，不仅要反映校际之间教师和管理者的实际投入成本（包括自然环境和社会环境所导致的成本，用 c 表示）和工作绩效（用 p 表示）及人力资本的资产专用性程度（如学历、职称等所体现的实际教育水平或管理水平，用 a 表示），而且应参考其他因素，如其他行业的收入水平（用 e 表示）等。综合起来，用公式表示就是：$m = f(s, c, p, a, e)$。也就是说，绩效评估并非绩效工资的唯一依据，绩效工资应是前期教育社会收益、教育成本、工作绩效、人力资本及行业收入水平等多种因素的函数。只有综合考虑了上述因素，才能确定教育人力资本相对合理的剩余分享标准，合理安排义务教育中人力资本的剩余处置权。

第二节　我国义务教育产权制度的基本状况

在理论分析了义务教育产权制度以后，接下来就可以进一步考察我国义务教育产权制度的实际问题，以便进而分析导致义务教育差距的制度根源。具体来讲，义务教育产权制度作为一种交易契约，其内容是非常广泛而复杂的。我国义务教育产权的具体内容详细体现在各种有关义务教育或中小学的法律法规、政策文件等制度规定中，如《教育法》《义务教育法》《义务教育教师法》《中共中央关于教育体制改革的决定》《中小学校财务制度》等。由于内容太过繁杂，本书只能根据研究的需要，从最基本的方面对义务教育产权制度进行简要的梳理。

一、非人力资本产权制度概况

改革开放以来，我国义务教育仍以公立学校为主体，其物质资本投入由各地方政府分级代表该地方人民负责筹集。人民作为义务教育的实际投资者从义务教育的外部性获得其成本回收和收益，但其投入的物质资本的实际控制权则由政府教育机构及其负责人代理行使。例如，《教育法》规定："地方各级人民政府及其有关行政部门必须……统筹安排学校的基本建设用地及所需物资。"《义务教育法》（2006 年修订）第六条又规定："国务院和县级以上地方人民政府应当合理配置教育资源，促进义务教育均衡发展。"按照规定，地方政府负责筹措、统筹、合理配置义务教育资源，不得侵占和挪用义务教育经费，必须保障这些经费严格地用于义务教育。

同时，对于义务教育物力资本在政府教育行政机构和学校之间的产权划分问题，相关制度也作了进一步规定。例如，《义务教育法》（2006 年修订）第七条："义务教育实行国务院领导，省、自治区、直辖市人民政府统筹规划实施，县级人民政府为主管理的体制。"根据规定，政府机构主要享有教育资源的统筹配置权和部分管理权，义务教育学校的实际经营权则由校长具体执行，即实行校长负责制。例如，《教育法》又规定：学校行使"管理、使用本单位的设施和经费"的权利，即"义务教育中的全部财产所有权属于其投入者的代表即国家所有，学校只享有管理权和使用权"；"各级人民政府及其教育行政部门应当加强对学校及其他教育机构教育经费的监督管理"。在校长负责制下，义务教育校舍等国有资产的管理由校长全面负责，如《中小学校财务制度》规定："国家对中小学校实行'核定收支、定额或者定项补助、超支不补、结余留用'的预算管理办法。"学校可以开展非独立核算经营活动进行创收，如《中小学校财务制度》第三十六条规定的"中小学校利用货币资金、实物、无形资产等向校办产业、勤工俭学项目和其他单位的投资"。但"中小学校校办产业、勤工俭学项目的财务活动，由学校财务机构统一领导"，学校经营收入必须"上解入账"，其所有权属于国有，如《中小学校财务制度》第二十三条规定"经营收支结余……可以按照国家有关规定弥补以前年度经营亏损，其余部分并入学校结余"；第二十四条规定"中小学校的结余……除专项资金按照国家规定结转下一年度继续使用外，可以按照国家有关规定提取职工福利基金，剩余部分作为事业基金用于弥补以后年度收支差额"。这就是说，学校经营收入的所有权属于国有，但使用权却属于原学校。

二、人力资本产权制度概况

义务教育中的人力资本主体主要有教师和教育管理者。这些主体通过将其人力资本与义务教育投资代理人（政府）进行交易而获得收益权，而政府教育机构则获得一定期限的人力资本所有权和使用权。因此，长期以来，我国义务教育教师和管理者都是国家的固定工作人员。直到 1993 年《教师法》颁布，义务教育教师的岗位终身制才在法律意义上被打破。例如，《教师法》第十七条规定："学校和其他教育机构应当逐步实行教师聘任制。教师聘任应当遵循双方地位平等原则，由学校和教师签订聘任合同，明确规定双方的权利、义务和责任。""校长由县级人民政府教育行政部门依法聘任。"这就是说，教师的聘任在教师与学校之间进行。但这些规定只适用于城市学校的教师，农村中小学教师则由县级教育部门进行聘任，如《国务院办公厅关于完善农村义务教育管理体制的通知》规定：
"县级教育行政部门依法履行对农村中小学教师的资格认定、招聘录用、职务评
聘、培养培训、调配交流和考核等管理职能。"总之，按照《教师法》及其他有
关法规的规定，城市学校有权对教师的聘任、考核、奖惩、培训等进行自主管
理，可以根据岗位需要对教师实行聘任权和解聘权，而农村中小学的这些权利则
由县级教育行政部门负责实施。

与此同时，政府教育机构还享有对教育人力资本的统一配置权。例如，《义
务教育法》（2006 年修订）第三十二条规定："县级人民政府教育行政部门应当均
衡配置本行政区域内学校师资力量，组织校长、教师的培训和流动。"由此可见，
我国义务教育人力资本主体在正式制度上已享有聘任权和在政府统一配置下的流
动权。但教师的聘任权与流动权及政府对人力资本的统一配置权之间却存在明显
的冲突。因此，我国义务教育教师聘任制在实际中还并未得到真正实行，在许多
地方还流于形式。

虽然通过契约，教育机构获得了教育人力资本的所有权，但由于人力资本与
其载体不可分的特殊性，其主体仍然实际地拥有人力资本控制权，因而不仅应享
有相应的收益权，还应享有一定的剩余索取权。为此，《义务教育法》规定：教
师的平均工资水平应当不低于当地公务员的平均工资水平。与此同时，国家还于
2009 年对教师实行了从"专业技术职务等级工资制"到"岗位绩效工资制"的
改革。新实行的中小学教师岗位绩效工资由岗位工资、薪级工资、绩效工资和津
贴补贴四个部分组成。其中，岗位工资和薪级工资为基本工资，执行国家统一的
政策和标准。同时，取消了原来"专业技术职务等级工资制"实行期间的年终一
次性奖金。绩效工资分为基础性绩效工资（占 70％，主要体现地区经济和物价水
平、岗位职责等）和奖励性绩效工资（占 30％，主要体现工作量和实际贡献）两个
部分。津贴补贴实质是对较差环境下教师人力资本超额付出的成本补偿。实行绩
效工资后，城市教师不享受农村教师补贴，农村教师才享有农村教师补贴。详细
内容见《关于义务教育学校实施绩效工资指导意见的通知》和《关于义务教育学
校实施绩效工资的指导意见》。中小学教师岗位绩效工资制度实质上从根本上改
变了义务教育教师人力资本剩余索取权的体现形式、教师对教育剩余的分享比例
及城乡教师的分配格局。

三、义务教育投资剩余的实际来源

无论是实行一次性年度奖金制度还是绩效工资制度，都是对义务教育人力资
本实行的剩余分享制度。但由于教育收益具有滞后性、不确定性和难以计量等特
性，义务教育相关交易主体分享的都只能是"同类剩余"，而不是真正的义务教

育剩余或利润。即便如此，教育各主体分享的教育剩余也应力求反映真实的资本投入和贡献。

　　长期以来，我国义务教育人力资本分享的剩余即奖励性福利如奖金等主要有两大来源：一方面来源于财政拨款（如政府财政分配的奖励性绩效工资、津贴补贴或绩效工资制度以前的年度奖金等）；另一方面来源于各个学校的校内事业性创收。例如，《中小学校财务制度》第十九条规定："中小学校开展非独立核算经营活动，必须以不影响正常教学活动为前提。在开展非独立核算经营活动中，应当正确归集实际发生的各项费用；不能直接归集的，应当按照规定的比例合理分摊。"第二十三条规定："经营收支结余……可以按照国家有关规定弥补以前年度经营亏损，其余部分并入学校结余。"第二十四条规定："中小学校的结余……除专项资金按照国家规定结转下一年度继续使用外，可以按照国家有关规定提取职工福利基金，剩余部分作为事业基金用于弥补以后年度收支差额。"这就是说，学校经营收入实际上成了我国教师人力资本的剩余索取的重要来源。学校经营收入在"上解入账"（上解到专用账户后再返回给原学校以弥补公用经费的不足）后就可以考虑用于教职工福利，其中的福利包括教职工的"三险一金"（养老保险、失业保险、医疗保险和住房公积金）的缴存、逢年过节发的慰问费等。

　　在财政来源方面，实行绩效工资制度以前，即实行专业技术职务等级工资制期间，教育人力资本剩余体现为一个月工资的年度奖（称为 13 月份工资）。2009年实行"岗位绩效工资制"改革后，教育人力资本剩余就主要体现为奖励性绩效工资和各种津贴补贴。其中，津贴补贴又分为艰苦边远地区津贴和特殊岗位津贴，以根据不同情况对较差环境下教师人力资本超额的付出进行相应的成本补偿。

　　在学校创收来源方面，学校创收主要是通过后勤产业收入、学前班学杂费、择校费等途径获得。其中，后勤产业收入主要包括学校的学生食堂或商铺、小卖部等固定资产和租金收入等。在择校费被禁止之前，择校费无疑是重点学校经营收入和教职工奖金福利的主要来源。如今，尽管择校费早被严令禁止，但仍在一些重点学校的收入来源中占有重要地位。同时，后勤产业、学前班等也成为当前多数学校获取预算外经费的主要途径。

第三节　现行义务教育产权制度对教育差距的影响

　　产权制度是决定资源配置状况的重要因素。这在义务教育这种非市场配置中也并不例外。通过上文的理论分析并结合调查实际，我们发现，我国义务教育产权制度的一些问题是导致义务教育差距的重要原因，主要体现在以下方面。

一、教育机构剩余索取权缺失导致教育差距的产生

剩余处置权包括剩余控制权和剩余索取权，两者应对称地分配于各产权主体，否则就会导致产权配置的低效率。说我国义务教育机构剩余索取权缺失是指政府教育行政机构及其代理人在享有资源配置的剩余控制权的同时却没能享有其相应的剩余索取权，因而不能很好地行使其应有的剩余控制权。《义务教育法》(2006 年修订)第六条规定："国务院和县级以上地方人民政府应当合理配置教育资源，促进义务教育均衡发展。"这虽然从法律上赋予了政府教育机构相关代理人以均衡配置教育资源的剩余控制权，却并未赋予其相应的剩余索取权，因而其剩余索取权实际上是缺失的。这意味着政府相关决策人并不能享受到均衡配置义务教育资源所带来的好处，即投资剩余。也就是说，实现了义务教育资源的均衡配置并不会增加政府决策人的个人收益，甚至相反，实行资源的非均衡配置对于教育机构决策者个人而言反更有利。在这种情况下，教育机构决策人由于天然地拥有其人力资本的剩余控制权而往往会不为均衡配置付诸实际努力，甚至有意人为地制造和拉大教育资源的配置差距。这正如产权经济学所揭示的那样，只有剩余控制权而无剩余索取权的人会不思改进控制方法或滥用控制权。由此可见，教育行政机构及其代理人的剩余索取权缺失乃是导致义务教育差距产生的重要制度根源。

二、教育机构剩余控制权错位导致校际差距拉大

剩余索取权缺失又容易导致剩余控制权错位，即责任主体会放弃行使部分剩余控制权。事实上，我国义务教育行政机构的剩余控制权在实际执行中就存在着严重的错位问题，这主要体现在对学校经营收入的产权安排上。学校经营收入主要指学校在不影响教育教学的前提下，应用国有资产开展非独立核算经营活动获得的如后勤产业收入、学前班学费等创收。也就是说，学校经营收入是"中小学校利用货币资金、实物、无形资产等向校办产业、勤工俭学项目和其他单位的投资"所获得的收入(《中小学校财务制度》第三十六条)。由于学校经营收入是通过国有资产(其人力资本和非人力资本都属国有)投资所得的，也应归国民所有，即属于义务教育资源的一部分，理当由政府进行统筹配置。然而，按已有相关制度规定，虽然这些学校经营收入必须"上解入账"，其所有权属于国有，但却仅"并入学校结余"(《中小学校财务制度》第二十三条)，即归学校"结余留用"，并不纳入政府统筹均衡配置的范畴。这实质就是政府放弃了自己应有的对学校经营收入这笔资产(或称预算外教育经费)进行均衡配置的剩余控制权。显然，这一

规定与《义务教育法》关于"国务院和县级以上地方人民政府应当合理配置教育资源，促进义务教育均衡发展"的内容是相冲突的。

学校经营收入是学校预算外教育经费的主要组成部分。由于缺乏政府应有的统筹配置即教育行政决策者的剩余控制权错位，极大地拉大了学校之间的教育差距。根据我们对样本地区的调查数据及统计分析，这一问题是非常突出的。

为了更加准确地获取义务教育差距的真实信息，笔者分别选取了城市中小学和农村中小学各5所进行了关于义务教育学校事业性收入的实证调查，具体情况如表4-1所示。

表4-1　2012年度城乡中小学校部分事业性收入情况调查表（单位：万元）

学校事业性创收	城市中小学					农村中小学				
	A	B	C	D	E	A	B	C	D	E
学前收费结余	42.0	48.6	46.5	45.0	46.5	10.3	6.0	6.2	8.4	7.8
商铺食堂租金	38.0	42.5	41.0	61.0	38.5	4.5	3.5	4.0	3.0	3.5
合计	80.0	91.1	87.5	106.0	85.0	14.8	9.5	10.2	11.4	11.3

如表4-1所示，城乡义务教育各学校的事业性收入主要通过后勤产业收入、学前班学杂费、择校费或选班费等途径获得。虽然在调查中没有获得关于择校费或者选班费等方面总收入的真实数据，但访谈中获得的信息可以从一定角度反映这一问题。例如，某初中对学生收取12 000元的择校费，某小学收取8000元的择校费，均以"自愿捐献"的名义收取。某中学（主要是初中）实行选班收费：考上的前30名学生可以免费入学，考上的前31～50名学生须交学费8000元/人，其他考上的学生则要交学费1.5万元/人。这种选班收费只是在城市重点学校中才存在，其他学校没有发现。显然，这些城市重点学校每年可以从择校费或选班费中获取巨额的创收，而其他学校在这方面的数字却基本为零。由此可见差距之大。

从表4-1所示的城乡义务教育各学校的事业性收入来看，不同类型学校的经营收入也差别甚大，低的每年不过几万元，高的达到每年百万元以上（如果加上择校费或选班费等）。城乡之间学校的创收差距将近10倍。由此可见城乡义务教育学校之间事业性收入差距之大。而这种差距的实质就是城乡学校预算外教育经费的差距。

三、教师人力资本剩余索取权谬误导向师资配置失衡

从上文对我国义务教育产权制度安排可以看出，我国义务教育教师人力资本所分享剩余的实际来源有两个：一是政府财政分配的绩效工资或绩效工资制度以

前的年度奖金；二是学校经营收入所得。从这两个方面进行实证考察不难发现，两者的分配在实际中都存在严重的谬误，不仅导致教师收入分配不合理，而且导致校际师资配置严重失衡。

从财政方面看，在实行专业技术职务等级工资制期间，仅仅一个月工资的年度奖（成为 13 月份工资）基本上是平均主义的分配，既不能反映教师实际工作的绩效水平，也不能反映教师的实际投入成本。因此，在广大农村、偏僻山区或贫困地区等环境较差的学校工作的教师，其人力资本投入成本尽管更大，却长期得不到应有的补偿。正是由于这种教师工资制度存在诸多问题，2009 年开始国家又对教师实行了"岗位绩效工资制"改革。然而，实行绩效工资制度以后，作为教育剩余索取权体现之一的津贴补贴（作为对较差环境下教师人力资本超额付出的成本补偿），却并未能反映教师人力资本实际投入的成本差距。津贴补贴分为艰苦边远地区津贴和特殊岗位津贴。以艰苦边远地区津贴为例，据笔者对四川省南充市、广安市等川东北地区的调查来看，虽然样本地区都根据各类学校的地理环境和艰苦程度等分别设立了若干档次（如每人 50 元/月、100 元/月和 150 元/月）的津贴补贴，但由于金额太少，94.5％的被调查教师认为津补贴未能补偿其实际成本。教师在人力资本投入的成本长期得不到应有的补偿的情况下，只好选择向条件更好的地方"流失"或降低其人力资本的实际投入，从而导致义务教育校际师资配置的巨大差距。

作为教师剩余分享的另一来源，学校经营收入会因为城乡地域环境不同而存在巨大差异，从而使得学校之间的教师待遇也必然存在显著差距。如上文对实证调查所做的分析所示，不同类型学校的经营收入差别之大，低的不过每年几万元，高的达到每年百万元以上。学校经营收入的巨大差距导致的学校之间教师待遇差距往往与教师人力资本的实际付出存在矛盾，即工作和生活条件越优越的学校，教师获得的福利也越多，而环境越恶劣的学校，教师获得的福利却越少。学校经营收入是学校利用国有资产开展非独立核算经营活动获得的创收，因而属于国有，完全应纳入政府统筹配置的范畴。因此，将学校经营收入作为教师待遇的重要来源是教师人力资本剩余索取权利安排的一大谬误。这种剩余索取谬误使得教师得不到应有的收益权，而不得不行使自己的天然控制权，调整其人力资本的投入量和使用地点，从而导致教师流动呈现严重失衡的局面。

四、教师人力资本剩余控制权失谐导致师资配置失衡

承前所述，教师通过交易契约（无论是否实行聘任制）将自己人力资本一定时期的使用权转让给了政府及其教育机构，因而政府作为教师人力资本所有者，应拥有统筹或均衡配置教师人力资本的权利。也就是说，教师应服从政府教育机构

的统一调度和派遣(其人力资本并非为某一学校所独有,因为学校并没购买教师人力资本,而且不具备这种购买力)。但由于人力资本与其载体不可分离的特性,教育机构却不能完全拥有教师人力资本的控制权,而教师仍始终是其人力资本的终极控制者,因而必然要求享有一定的自由流动权或发展权。一旦这些权利残缺,教师就会怠工或流失。因此,如何合理协调各主体之间对教师人力资本的产权行为就显得至关重要了。

然而,长期以来,我国义务教育制度并未能很好地解决这一问题,从而使得各主体对教师人力资本的控制权长期失谐。一方面,政府代理人虽拥有均衡配置教师资源的权利,却由于得不到相应的回报(剩余分享)和缺乏对其行为的相应的制度规范,而往往滥用这一权利甚或用于寻租。这是导致学校之间师资配置失衡的重要制度根源之一。如《义务教育法》(2006 年修订)第六条规定:"国务院和县级以上地方人民政府应当合理配置教育资源,促进义务教育均衡发展。"第三十二条规定:"县级人民政府教育行政部门应当均衡配置本行政区域内学校师资力量,组织校长、教师的培训和流动。"尽管根据这些规定,政府教育机构享有对教育人力资本的统一配置权,教师也已依法享有在政府统一配置下的流动权,但这些权利却因缺乏具体的制度保障而迟迟没有落到实处。这也正是政府产权模糊化倾向的重要表现。另一方面,正是由于缺乏规范有序的教师流动制度,教师流动权利往往遭到践踏而残缺不全,从而使得教师无法正常而合理地流动。长期以来,我国义务教育教师人力资本实际上都是"学校所有制",而不是教育"系统所有制"。直到 20 世纪 90 年代初,国家才开始重视这一问题,并于 1996 年教育部《关于"九五"期间加强中小学教师队伍建设的意见》中明确提出了"要积极进行教师定期交流。打破在教师使用方面的单位所有制和地区所有制,促进中小学教师在学校和地区之间的交流";"要建立教师流动的有效机制……通过实行教师定期交流,促进教育系统内部人力资源的合理配置"。但时至今日,全国各地仍大多只是停留在宣传鼓励上或制定了一些到农村支教的试验性条款,并未出台具体的规范有效的教师流动制度。

虽然教师聘任制为中小学教师合理流动带来了契机,但由于其聘任主体并不统一等原因,反而为教师流动制度的推行带来了阻碍。例如,根据《教师法》及其他有关政策法规的规定:"城市中小学校拥有教师聘任权,而农村中小学教师的聘任权则由县级教育行政部门实行。"显然,这一规定将义务教育教师人力资本的所有权划归了不同的主体,即错置了教师人力资本的剩余控制权,从而必将阻碍政府统筹配置教师人力资本的剩余控制权力的顺利实行。因此,这种聘任主体不统一的教师聘任制度为城乡教师统一在区域内合理流动设置了制度障碍。

由于缺乏规范的定期流动制度保障,我国义务教育的教师流动就只能通过"长官意志"的指令性调动。这就必然为机会主义和权利寻租提供了机会。由于教师未能适时有序地流动，而政府也未能很好地实施其统筹均衡配置教师资源的权利，与此同时，学校的生源等实际情况却又在不断地变化，所有这些因素必然使得学校教师资源的供给不能适应学校的实际需求，从而导致校际师资配置出现两极分化的严重失衡状况。

第五章　义务教育差距的非正式制度述源

制度，作为支配和约束人们行为的规范，不仅包括正式的规则，还包括一切对人们行为有约束作用的各种非正式的规则。因此，"制度只能作为正式部分和非正式部分的整体来理解"（周业安，2001）。这就是说，"我们观察一个社会内部的制度，既要看到这个社会宣称的写在纸上的所谓正式制度，还要看到这套正式制度在多大程度上被付诸实施，更要看到在正式制度的背后，有哪些非正式规则在起实际的作用"（罗必良，2005）。在义务教育中，资源配置不仅受正式制度的影响，也同样受非正式制度的制约。非正式制度（informal institution）不仅影响正式制度的制定，也影响着正式制度的执行及其效果。凡是正式制度不合理的地方，如果没有良好的非正式制度发挥作用，就必然导致现实的实践困境。而凡是正式制度未能详尽或缺位的地方，又都给非正式制度留下了作用的空间，如各种委托-代理问题在很大程度上就受非正式制度状况所影响。由此可以推断，在我国义务教育差距的形成中，非正式制度必然是一项重要影响因素。因此，在前文剖析了义务教育差距形成中的正式制度问题后，接下来就应重点研究其非正式制度根源。

第一节　义务教育资源配置中的非正式制度

义务教育的资源配置虽然不同于其他领域而有着其特殊性（主要受政府计划的支配），但非正式制度仍然在其中起着重要的影响作用。这是由非正式制度存在的普遍性及其影响的广泛性、深远性等特征所决定的。

一、非正式制度概述

在经济学界，关于非正式制度的研究起步较晚且相对薄弱。但自 19 世纪以来，不少经济学家如马克思、凡勃伦、康芒斯及诺思等都对非正式制度进行了大量研究并形成了丰富的理论成果。除了马克思对意识形态的经典论著之外，制度经济学家鼻祖凡勃伦在其《有限阶级论》（1899 年）中也专门论述了非正式制度并提出了"思想和习惯是制度的核心"等观点。而之后的康芒斯则把美德和伦理视为制度的关键。但对于非正式制度的正式提出和界定，最早当推诺思及其

1993 年的论文《制度变迁的理论》。在其后的著作《制度、制度变迁与经济绩效》中，诺思又继续详细论述了其非正式制度理论。此后，非正式制度的研究不断引起了国内外众多学者的兴趣并掀起了研究热潮。

（一）关于非正式制度的含义

从已有制度经济学的相关研究来看，对于非正式制度的定义有多种，尚未形成统一看法。根据诺思的定义并结合其他研究者的界定，非正式制度又称非正式约束、非正式规则等，是指人们在长期社会交往中逐步演化或受外来文化影响而形成并得到一定区域内社会认可的约定俗成且共同恪守的行为规范。也就是说，构成非正式制度必须同时具备两个条件：一是一定范围的社会认可并共同遵守，否则不能成为制度；二是不成文或没有强制执行机构。作为与法律等正式制度相对应的概念，非正式制度在多数情况下是没有成文规定的。但这并非绝对情况，因而笔者并不赞同有些学者简单地将正式制度等同于"有字的规则"，而将非正式制度等同于"无字的规则"的说法。有些规则虽然是"有字"的，但由于没有强制执行机构，不能说是正式制度，如宗教信仰等。有些规则虽有强制执行机构，但却是"无字"的，即没有正式文件依据的，因而也不能说是正式制度，如政府机构中的"潜规则"或"土政策"等。因此，只有既具有成文规定，又具有强制执行机构的行为规则才是正式制度，如各种成文的法律、法规、政策、规章、契约等。而没有成文规定或虽有成文规定却没有强制执行机构的行为规则就是非正式制度，如社会规范、宗教信仰、惯例、习俗以及伦理道德等（罗必良，2005）。判断正式制度和非正式制度的根本标准就应看其在实施形式和实施机制上是否有成文规定和强制执行机构。两者同时具备就是正式制度，否则就为非正式制度。根据这一界定，就可以明确把握非正式制度的外延：非正式制度泛指一切没有通过正式成文方式确认的或社会正式组织予以强制实施的各种社会规范，主要包括意识形态、价值观念、道德信仰、风俗习惯、文化传统等。这里的意识形态与哲学上的概念有所不同，不包括法律等构件。新制度经济学中的意识形态主要指一个团体中所有成员共同具有的认识（如世界观等）、思想、价值观及精神状态等所组成的非正式制度安排。在非正式制度的各种构件中，意识形态居于核心地位，而风俗习惯则是人类社会最早形成的，也是最基本的非正式制度，文化传统却是非正式制度中最深厚，也是最广泛的构成部分（袁庆明，2011）。

（二）非正式制度与正式制度的关系

制度经济学研究发现，一般而言，非正式制度先于正式制度而产生，而且后者往往是前者的替代。早期的人类社会只有非正式制度，并无正式制度。正式制度是在非正式制度基础上通过规范化、法律化的制度。一些仍然适用的非正式制度通过权威机构的认定和强制生效之后便成了正式制度。非正式制度往往是可以明确界定概念和明文化的规则。所以，从历史上看，非正式制度是正式制度的起源。同时，非正式制度也是一种符合人性和反映人的行为特征的基础性规则。它是在人类社会发展过程中自发产生的，是经过人类社会长期的历史经验积累而自然形成的。因此，非正式制度反映了人与人之间关系的一些基本原则。对于自私者、损人利己者应当如何惩罚及人应该如何约束自己的行为，非正式制度在不同程度上体现了对人性的看法和对人的行为的理解。正式制度虽然不完全认同非正式制度的看法及其对人的行为的理解。但正式制度的制定必然会参考非正式制度，甚至是在非正式制度的启发下制定的。另外，制度在本质上是一种价值观念的具体化和文化图像规则。非正式制度恰恰也正是这种价值观念和文化图像。从正式制度所体现的价值观念和文化精神及其与非正式制度本初的文化图像相比较来看，两者也存在必然的密切联系。正式制度的制定和实施不仅不能脱离具体的非正式制度环境，而且正是以非正式制度为基础而发展起来的。正式制度背后所体现的文化精神和价值观念也正是非正式制度本身（伍装，2011）。在漫长的社会演化过程中，一些非正式制度逐渐成为正式制度形成的基础和源泉。一些成文法规就是在风俗习惯的基础上形成的，而意识形态也往往成为正式制度制定的指导思想。因此，诺思将制度的初始选择的差异归结于意识形态或文化的差异。由于正式制度不可能穷尽人们的所有行为，非正式制度必然会普遍存在而且将永恒地存在着。可见，一个社会即使可以没有正式制度，也不能没有非正式制度。正如诺思（2008b）所指出的那样，在现代西方世界中，即使是在最发达的经济体中，正式制度也只是约束人们行为的各种规则中的一小部分（尽管是很重要的部分）。"如果我们稍加思索，就会发现，非正式约束是无处不在的"（韦森，2001）。

非正式制度与正式制度的不同还在于，非正式制度直接构成了人类的理想信念和生存方式。首先，人类对于生存方式的质疑，对于理想和信念的追求是一个永恒的过程。在这个永恒的过程中，非正式制度的约束具有持久性和终极性。其次，非正式制度所包含的理想和信念具有终极价值。在人类漫长的制度变迁过程中，它起到一种导向作用，并持久地发挥着软约束的作用。最后，既然人类不能没有理想和信念而生活，人们就不能离开非正式制度。而非正式制度变迁并非是一个简单的"废除-生效"的过程。通常地，它只能是一点点地进行着改进和完善。因此，非正式制度始终处于一种流变的状态。它是人类心灵向自由逐步靠近的过程，是人类对于生存状态和生存方式的不断质疑、迷惑、探索和有限选择的过程。所以，非正式制度变迁必然是一个缓慢而连续的过程（伍装，2011）。

非正式制度是人们在不确定状态或信息不完备状态下实现期望效用或收益的一般准则。诺思指出，"人们常常对自己的理性选择不清楚，因此就会根据神话、意识形态、大众信仰和习惯行事"①。非正式制度的产生有利于克服外部经济效应、"搭便车"和信息不充分条件下的不确定性行为等。相对于正式制度，非正式制度具有自发性、非强制性、广泛性和持续性等特点。从这个意义上讲，"非正式制度往往比正式制度更能决定经济增长和社会发展水平。如果不考虑非正式制度安排，正式制度的存在没有任何意义"（唐绍欣，2010）。

非正式制度是各方博弈均衡的结果，具有内部稳定性。但由于受制度安排集合、技术变迁、相对价格的变动、其他制度安排变迁等因素的影响（姜广东，2006），非正式制度始终处于不断演进之中。尽管如此，这一演进过程也是相对缓慢的。正如诺思指出的，"虽然正式规则可以一夜之间改变，但非正式规则的改变只能是渐进的。正式规则也可能被用于修正、修改或代替非正式规约……但是非正式规约仍然会保持完成它的方式。因此，相同的正式制度与不同的非正式制度结合，结果往往是大相径庭"②。正式制度与非正式制度作为社会制度体系的两个方面，是相互依存、相互补充、相互影响的。然而，非正式制度作为一种博弈规则，又并非总是有效率的，它对正式制度起着促进或阻碍作用。不良的非正式制度可能使经济主体无法充分发挥其增长潜力。成功的意识形态或伦理道德能够起到降低正式制度运行成本（如实施、监督和维护制度运作等耗费）的作用。因此，正式制度只有与非正式制度协调一致才能得到有效实施。

（三）非正式制度的作用及特征

作为价值观念、社会习俗和意识形态的非正式制度，对人们的行为约束主要是通过人们内心的信念、追求和希望获得认同等途径来实现的。它并非通过暴力强制执行手段来约束人们的行为。因此，它只是一种软约束，不像正式制度那样依靠国家强制力作为保证。由于人们不可能离开信念和理想而生活，非正式制度除了是一种规则之外，还是一种生存的依据和生存的方式。尽管非正式制度只是一种软约束，但是如果一个人公然违背和挑战这些非正式制度，仍然会在社会上遭到不同程度的惩罚。而且，非正式制度对违规者的惩罚给违规者所造成的成本是难以精确计量的，甚至是不确定的。它对人的约束和惩罚往往是一种心理压力。这种心理压力对于不同性格和具有不同心理承受能力的人意味着不同的成本和负效益。

正是由于非正式制度具有上诉这些属性，从而对社会发展和人类生活产生了多方面的功能和作用，具体说来，非正式制度具有激励、约束、规范、评价、凝聚等多种功能。从本质上说，非正式制度的基本功能及其作用说到底是人的主观

---

① 转引自：唐绍欣. 2010. 非正式制度经济学［M］. 济南：山东大学出版社：44.
② 转引自：唐绍欣. 2010. 非正式制度经济学［M］. 济南：山东大学出版社：31.

能动性的一种反映，是人的价值观念和意识形态作用的表现。通过非正式制度中的个人价值观念和意识形态认同、信念支持等可以产生一种可自我实施的机制，从而对人们行为产生激励和约束作用。无论是在构建和型塑人们的行为过程中，还是在反射和导向现实社会制度与秩序的过程中，非正式制度都有意无意地存在着规范和评价因素。从群体、社区和国家的关系层面来看，由于非正式制度的价值认同、意识共享、道德自律，以及人类的群体生活特性，非正式制度还具有"凝聚力"的作用(伍装，2011)。

作为文化价值观念、社会习俗和意识形态的非正式制度，其存在具有普遍性，影响具有广泛性、持久性和深远性等特征，其变迁过程则又具有连续性和缓慢性等特征。

说非正式制度的存在具有普遍性、影响具有广泛性和深远性等特征，是指非正式制度无所不在、无时不有，它极其广泛地、深远地影响着人们生活和工作的方方面面，潜移默化地规范着人们的社会行为。非正式制度作为一种规则，对人的约束是一种软约束。这种软约束功能具有持久性作用。通常情况下，非正式制度对人的行为约束是难以短期改变的，往往是长期发挥作用，持续地支配着人们的行为。人与人之间的交往存在一些基本规则。这些规则是人类在群体生活中的"行为底线"，如善良、同情、正义和爱等。尽管这些人类"行为底线"一再被人与人之间的利益冲突和适合矛盾所突破，但它终究还会浮现出来重新发挥作用。非正式制度对人行为约束的这种持久性，既来源于人性本身，又来源于人与人的社会交往的需要。非正式制度约束的持久性是维系社会秩序正常运行的最后纽带。即使在没有正式制度的自然状态下，非正式制度也能起到维持社会秩序的作用。从这个意义上说，人类社会秩序之所以能够自然演进，其真正原因不仅在于人的理性博弈进化，还在于非正式制度约束作用的持久性特征。如果没有非正式制度，理性人之间的进化博弈不仅不存在均衡的结果，还会由于人类失去理性而导致社会秩序的崩溃，甚至人类的毁灭。因此，非正式制度的持久约束功能为正式制度的形成和构建提供了更高层次的制度环境，或者说，非正式制度乃是人类正式制度形成和演进的背后原因。

非正式制度是存在于人们心中的一种彼此约束体系，人们心中的价值观念、社会习俗和意识形态并不能像正式制度那样，只要一道命令就可以立即废止或施行。因此，非正式制度变迁的连续性和缓慢性来源于人们价值观念改变的连续性和缓慢性。这是因为，首先，放弃原有的观念和生活方式需要支付较高的成本。其次，非正式制度变迁必然会造成原有观念和新观念的激烈冲突。这种观念冲突不仅会造成人们对预期收益评价的不确定性，还会让人们的生存失去价值评判标准，造成信念追求的突然中断，甚至造成一代人或几代人精神上的痛苦。在这种情况下，非正式制度变迁只能是一种连续的、缓慢演进的、多元的非线性过程。

最后，非正式制度变迁并非像正式制度变迁那样只是一个旧制度的废止和新制度的生效的过程，而是一个融合和创新的过程（伍装，2011）。种种约束决定了非正式制度变迁只能是一个连续和缓慢的过程。

二、"第三只手"：资源配置中的非正式制度

传统的经济学和社会学研究认为，调节资源配置不外乎市场和计划两种手段。市场竞争是调节资源配置的一只"看不见的手"，政府计划是调节资源配置的一只"看得见的手"。两只手一明一暗直接或间接地调控着社会经济资源的配置。然而，随着制度经济学研究的不断深入，这一观点不断受到质疑。资源配置并非只有市场竞争和政府计划这两种手段，非正式制度也对资源配置起着重要作用，从而成为不同于市场和政府的"第三只手"（即另一只"看不见的手"）。

既然是约束人们行为的规范，就必然会影响社会资源的配置状况。著名经济学家穆勒（Mill，1926）在其《政治经济学原理》中就早已指出，市场中产品分配是竞争和习俗两种力量共同作用的结果。在某些情况下，习俗的作用力可能大于竞争的作用力。例如，在前资本主义社会，一切交易和债务基本上都是受习俗和惯例的制约；而在资本主义社会，虽然一些大型商业区的零售贸易主要取决于竞争，但许多其他地方则是主要地和持久地受着习俗和惯例的制约，市场竞争只是非经常地作为一种扰乱的力量在发生作用。也就是说，市场竞争并非纯粹的"生存竞争"，它受着人为的习俗和惯例等因素所支配。习俗和惯例既是竞争的行为规范，也是激烈竞争的安定剂。我国学者李路路和李汉林（1999）的研究也表明，在我国体制改革背景下，权力和非制度化的行动方式是单位组织中人们获得资源多寡的重要影响因素；而私人企业的成功与企业主群体的个人背景有着极大的关联（李路路，1997）。这说明，非正式制度作为一种不同于市场的力量，也对资源配置起着重要的调节作用。

从非正式制度的构件来看，意识形态虽然部分地属于政府有意塑造的结果，但都主要不是政府可以直接计划的范畴，也不是市场竞争的结果。恰恰相反，意识形态正是政府计划和市场竞争等正式规则的幕后操纵者。至于价值观念、道德信仰、风俗习惯和文化传统等，也都无一不是如此。由于人的理性是有限的，人们并不都是为"自利"而竞争，很多时候也是"利他"的。人的认知有限性、信息的不完全性和未来的不确定性等因素更是决定了市场竞争的不完全性和政府作用的有限性，从而将广阔的领域留给了非正式制度。可见，非正式制度不仅不同于市场，而且独立于政府计划之外，因而不仅在市场经济制度背景下，在纯粹计划经济体制下都必然对资源配置起着独到的重要影响。正如有学者研究发现，我国改革的实践证明，那些经济发展迅速、生活改善快速的地区往往不是那些国家

大量投资的城市，而是那些有传统工商精神的乡村地区（如苏南、闽、浙、珠江三角洲等）。而这些地区的主要经济运行规则既不是政府官员制定的正式制度，也不是市场运行的交易契约规则，而是靠传统伦理、家庭网络和人情信用等维系的一套"非正式制度"（张继焦，1999a）。即使是在我国改革开放前的计划经济体制下，国家政权也并非社会资源配置的唯一主体，意识形态、人际关系、土政策等非正式制度仍然作用巨大，而且影响广泛（包括影响到了正式制度的制定和变迁）。因此，所谓"越是市场经济发达的地区或国家，非正式制度的作用越小"及"在计划经济体制下或政府政治领域，非正式制度很难发挥作用"等说法都是站不住脚的。事实上，非正式制度无所不在、无时不有。它广泛深远地影响着人们生活和工作的方方面面，潜移默化地调节着社会资源的配置。

但是，非正式制度不仅具有优化资源配置的正向功能，而且具有阻碍经济社会发展和制度创新的负向功能。非正式制度的存在可以减少交易中的不确定性和机会主义行为及降低信息费用等交易成本，从而提高资源配置效率。然而，由于非正式制度是一种社会结构性因素，并非都是理性设计的契约安排，经常体现为盲目的调节作用，有的甚至与法制等正式制度存在直接冲突（如一些潜规则等），从而可能降低经济社会的运行效率。正如有学者指出的那样："这些非正式制度就好像一柄双刃的剑，一面是既不合理又不合法的，会影响整个社会秩序，并严重阻碍正常的制度变革；另一面又是在无数次重复、试错和改进中形成的过渡性的交易规则"（张继焦，1999b）。由于非正式制度对于资源配置具有一定的负向功能，需要政府强化政策法规等正式制度的作用来予以适当的引导、规范和塑造。

三、非正式制度在义务教育资源配置中的作用及其特殊性

义务教育制度是一种非市场化的交易契约，市场竞争和价格机制对资源配置的影响非常微弱。因此，在传统理论看来，义务教育资源纯粹是由政府计划进行配置的。然而，事实并非如此，非正式制度对于义务教育资源配置的影响也极其广泛。这是因为，一方面，任何契约或制度都只是有限的约束，即是有边界的，不可能穷尽所有方面。因此，任何正式制度规定都必然会留下大量的剩余空间。在这些剩余范围内，人们的行为就主要依靠非正式制度来规范、协调和维持。教育制度也不例外。例如，在义务教育中，正式制度只能规定素质教育的方向，而在许多具体方面却难以规定详尽，以至于素质教育在实际实施中却往往受着传统的"应试教育"惯例及"升学竞争"意识所阻碍而难以得到真正落实；同时，凡是存在信息不对称和正式制度缺失或不健全的地方，也都只能依靠道德（如诚

信）、惯例或者潜规则等非正式制度来运行。例如，我国中小学教师流动就是由于正式制度缺失而只能按照非正式制度来进行。另一方面，即使在正式制度规定的范畴内，非正式制度也或多或少地发挥着影响作用，甚至与正式制度产生冲突（如重点学校传统与均衡发展的冲突等），交互影响着人们的行为和资源的配置，使得正式制度和非正式制度的运行效率都大打折扣。许多与非正式制度相冲突的官方一厢情愿的正式制度变革在实践中得不到推行而成为一纸空文的现象也都是鲜明的例证。另外，在义务教育领域，一些非正式制度仍然是正式制度产生的基础和来源。例如，我国教育改革通常是先试点后推广的，即往往是一些地方实践比较成功的经验被进一步推广才逐步上升为正式制度的。由此可见，即使是在政府行政计划主导资源配置的义务教育领域，非正式制度的影响也是无所不在和广泛深远的。

但无可否认，在非市场经济领域，非正式制度的作用方式、程度等都会呈现出许多特殊性。在义务教育领域，非正式制度的影响往往更具内隐性。这主要表现为对义务教育资源配置影响较大的非正式制度类型较一般市场经济领域有较大不同。例如，风俗、民约、宗教信仰等在市场经济领域影响极大的非正式制度，在义务教育领域中对资源配置的影响力就相对弱小。而发展观、价值观、职业道德、职业信仰、惯例和文化传统等对政府官员的执政作风影响较大的非正式制度，对于义务教育资源配置的影响就更为显著。这是因为，义务教育内容及其正式制度主要是由政府官员操控并通过教育工作人员来实施的。风俗、民约、宗教信仰等对政府官员和教职工等的工作行为影响较小，而发展观、价值观、职业道德、职业信仰、惯例和文化传统等却对政府官员和教职工影响深远，因而必然极大地左右着政府官员的执政行为（包括对义务教育资源的配置行为）和教职工的职业行为。正是基于这样的考虑，本书认为，对义务教育资源配置的非正式制度的研究，应主要或重点考察其对政府官员和教育者工作行为影响更大的方面，如发展观、价值观、职业道德、职业信仰、惯例和文化传统等内容。

在非义务教育阶段，一方面，部分地引入了市场机制；另一方面，仍然实行由政府计划为主导的资源配置方式。因此，非正式制度在非义务教育资源配置中的作用跟义务教育阶段相比具有很多相似之处〔如上文所述，对政府官员和教育者工作行为影响更大的非正式制度（如发展观、价值观、职业道德、潜规则、惯例和文化传统等）对教育财政资源配置的作用就往往更明显〕，但也因为市场的作用而存在许多不同。例如，"慈善文化"及"教育声誉"等的状况就对教育资源的筹集及其在学校之间的配置起着极大的影响，这主要体现在学校对预算外教育经费（如第三部门教育筹资、社会捐赠等）的获取上。在国际上，有着浓郁"慈善文化"氛围的国家及良好"教育声誉"的学校，其教育资源的筹集中，社会捐赠所占的比例就要大得多。例如，在美国，由于"人民有很强的捐资助教的传统意识。……美国各教育基金会、教育认可组织和民间教育团体，数量之多，力量之大，世界罕见。……高校经费中来自校友、非校友的个人、公司、各类基金组织、宗教组织和其他社会机构的自愿捐赠经费不断增长，占高等教育总经费的比例达到6%～11%，成为美国高等教育经费的重要来源"。"英国民间和社会团体也有捐资助学的传统。牛津大学和剑桥大学中的各学院经费主要来自大财团和社会各界的捐赠。其他一般大学得到的捐赠款也占到其总经费的3%左右"（唐斌等，2008）。相比之下，我国经过30多年改革开放，富裕的人不断增加，但社会却缺乏捐资助教的浓厚风气，以至于高校能够获得的社会捐赠占总经费的比例不过1%左右。

在高等教育领域，高校较多地依靠自身的创收来获取教育资源。而这些创收虽然主要是通过高校对社会服务等途径来实现的，即这部分资源的获得似乎只是受教育服务市场所调节，然而"学历意识"对学历提升的冲击及在各种"发展观"左右下企业主对员工素质提高的重视程度等也无疑关乎教育服务的需求状况。与此同时，诚信等职业道德因素也必然在很大程度上制约着高校教师资源的配置状况。可见，非正式制度在非义务教育资源配置中的影响也是极其广泛的。

总之，非正式制度同样是制约教育资源配置的重要因素。但由于非正式制度是人类长期演化博弈而形成的，并非人们的理性选择，并不一定都会带来交易成本的降低和资源的合理配置，甚至在很多情况下反而正是资源配置低效率的重要根源。因此，要研究和解决我国教育资源配置的现实问题，除了分析正式制度之外，还必须针对具体问题深入考察其非正式制度因素。然而，由于非正式制度具有极大的模糊性和不确定性等原因，关于非正式制度的研究必然存在较大的难度和局限性。为此，必须综合运用多种研究方法（包括问卷调查和访谈调查，甚至结合会议纪要和媒体报道等），并坚持定性分析与定量分析相结合的原则，方能对影响教育资源配置的各种非正式制度因素及其变迁规律进行比较客观的认识。

第二节　关于义务教育差距形成中非正式制度因素的实证研究

既然非正式制度作为另一只"看不见的手"对义务教育资源配置起着重大影响作用，那么，非正式制度的不合理就会导致义务教育资源配置的不合理。而我国现实义务教育差距的形成在一定程度上就可能根源于一些非正式制度的不合理。为此，在上文理论分析的基础上，有必要对我国义务教育资源配置的非正式制度因素进行实证研究。

一、调查设计

根据前面的理论分析，我们认为，非正式制度如发展观、价值观、职业道德、职业信仰、惯例和文化传统等内容必然对义务教育资源配置起着重要的影响作用，而其中一些不合理的非正式制度因素就是导致义务教育差距的重要制度根源。基于此，我们提出了如下具体的研究假设。

假设一：非正式制度对义务教育资源配置差距起重要作用。

假设二：影响义务教育资源配置的非正式制度是一个多维度多层次的结构。

假设三：非正式制度各维度各因子对义务教育资源配置的影响力存在差异。

假设四：非正式制度对义务教育财物资源配置差距的影响和对教师资源配置差距的影响存在差异。

然而，要检验导致义务教育差距的非正式制度原因的上述假设尚需要进行深入的调查研究。为此，我们一方面进行了广泛的访谈调查和田野考察（于 2013 年 4 月对四川省广安市广安区的一些中小学，如广门初中、郑山小学、桂兴中学、希望小学、东方小学及广安市实验学校等，进行了为期 1 个月的田野考察，同时进行了大量的访谈调查），另一方面还根据所获得的信息编制了调查问卷，进而进行了系统的问卷调查。

由于目前国内关于义务教育资源配置的非正式制度的调查问卷还没发现，我们对问卷的编制主要依据了以下几个方面来进行：一是通过阅读大量的制度经济学文献，确立关于非正式制度的一般理解和基本内容。二是依据本人和朋友的体验、田野考察的发现及对教育部门相关工作人员的访谈所获得的信息，同时结合教育资源配置和教师流动等文献的整理，进一步梳理出导致义务教育差距的 10 个非正式制度因素。在此基础上，我们根据这些要素进行了问题构造和简捷的语言表述，形成了问卷的基本题项。三是依据一般问卷的编制方式编制了《导致义务教育资源配置差距的非正式制度调查问卷》，问卷的第一部分为背景信息调查，问卷的第二部分设计了五点量表（①表示没有影响，②表示有点影响，③表示有一些影响，④表示影响较大，⑤表示影响极大，分别赋值权重为 1、2、3、4、5），并在末尾设计了开放性问卷，以便更多地了解影响义务教育资源配置差距的非正式制度因素。同时，考虑到非正式制度对于财物资源配置和教师资源配置的影响可能存在差异，我们为之分别设计了问卷和进行了独立的调查。

问卷编制初步完成后，进行了两种效度检验：一是专家效度；二是进行小范围试测后进行效度和信度检验。首先，我们咨询了相关经济学专家、教育统计学授课老师、教育学和心理学博士等 10 余人，对表述不明或有缺陷的题项进行了反复修正，力求使问卷项目设计能够达到预定的研究目的。然后，我们选择了 3

所小学的教师和学校领导共 109 人进行了当面试测和访谈，问卷在 10~15 分钟内完成，无令人反感或难以回答的伦理问题。最后，本问卷正式形成 28 道题目：背景资料 7 个，五点式态度问题 20 个，开放性问题 1 个。具体内容，详见附录二。

二、问卷施测

本问卷正式施测于 2013 年 6 月进行，重点选择了四川省广安市和南充市小学、初中各 4 所(其中城市中小学 4 所、农村中小学 4 所)共 8 所学校的教师和学校领导共计 244 人为样本进行了抽样调查。同时，我们还利用 2013 年 10 月西华师范大学某国培项目开班的机会，对来自四川省各地区包括遂宁、渠县、达县、万源、大竹、通川、古蔺、简阳、宣汉、达川等各地的城乡中小学教师和领导共 76 人进行了广泛的问卷调查。

为了保证问卷的回收率和回答质量，我们采用了由研究者本人作主试的直发式问卷，对义务教育学校的教师和领导进行了团体调查，调查过程严格遵循了心理测试的程序。本次调查共发放问卷 320 份，回收 298 份，有效问卷 273 份(其中教师 182 份，正副校长 44 份，学校中层干部 31 份，其他 9 份，7 人身份信息不明确)，回收率和有效率分别为 93.2% 和 85.3%。本问卷的被试包括了来自四川省内各地区城乡教育机构中的各类人员，因而结构比较合理，具有较强的代表性。本问卷被试结构的具体情况如表 5-1 所示。考虑到在调查时教师可能会因为个人情绪而夸大一些非正式制度因素的影响作用，而学校领导又会因为忌讳直言等原因故意知而不言，以至于缩小一些非正式制度的影响程度，我们认为只有将两者综合起来进行分析才能更真实地说明问题。为此，在剔除了无效问卷和无效数据后，我们采用 SPSS 19.0 for windows 统计软件对数据进行了聚类分析、方差分析和相关样本 t 检验等多方面的分类和综合的统计分析。

表 5-1　正式问卷调查被试结构表

项目	性别		职务				来自区域	
	男	女	教师	中层领导	校长	其他	城市	农村
人数	119	152	182	31	44	9	118	143
比例	44.3%	55.1%	66.5%	11.3%	16.3%	3.2%	43.4%	52.5%

注：部分被试没有填写性别或其他身份信息

三、统计结果

根据需要，我们对本次问卷获得的数据进行了多方面的统计分析，具体统计结果如下。

（一）对影响因素的聚类分析

我们对 109 份预测问卷的 20 个题项进行分层聚类分析，得到十个一阶因子和四个二阶因子，根据反映的内容将这些一阶因子分别命名为差异发展观、应试教育观、拜金主义、职业信仰、职业道德、人情关系、重点办学惯例、潜规则、集权文化、本位主义；将其反映的二阶因子分别命名为意识形态、道德信仰、习俗惯例和文化传统。制度经济学中的意识形态与哲学上的定义有所区别，不包括法律等正式制度，也不仅仅限于政治意义上的思想上层建筑。它包括了一切为人们广泛奉行而影响普遍的思想意识包括价值观念的东西。因此，本书研究的意识形态因素包含三个一阶因子，分别为应试教育观、差异发展观、拜金主义；道德信仰指道德和信仰两个方面的合称，这里的道德信仰因子包含职业信仰、职业道德两个一阶因子；习俗惯例是指人们约定俗成并长期实行的对各种事物的操作处理方式，这里包含了人情关系、重点办学惯例、潜规则三个一阶因子；文化传统是指文化沿袭形成的主导人们思想偏好特点的方面。这里包含集权文化和本位主义两个一阶因子。

总之，通过以上分层聚类分析，我们得到了影响义务教育资源配置差距的非正式制度因素的结构构成，具体如图 5-1 所示。

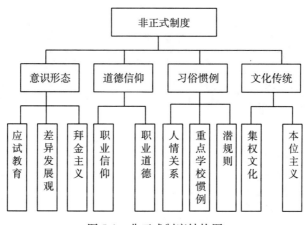

图 5-1　非正式制度结构图

（二）非正式制度对义务教育资源配置差距总体影响力分析

为了从总体上了解非正式制度对义务教育资源配置差距的影响情况，我们以意识形态、道德信仰、习俗惯例、文化传统四维度为组内变量，被试为组间变量，进行了 Repeated Measures 分析，具体结果见表 5-2。

从表 5-2 可以看出，非正式制度的四维度对义务教育资源配置差距的影响力差异显著（$F_{(3,203)} = 45.07$，$P < 0.001$）。多重比较发现：意识形态、习俗惯例、文化传统三维度的影响力显著大于道德信仰的影响力（$t = 9.63$，$P < 0.001$）（$t = 8.46$，$P < 0.001$）（$t = 6.12$，$P < 0.01$），意识形态的影响力显著大于文化传统的影响力（$t = 3.81$，$P < 0.001$），但意识形态和习俗惯例的影响力没有显著差异（$t = 1.31$，$P > 0.05$）。

表 5-2　非正式制度四维度影响力差异情况

变量	M	SD	F 值	多重比较
意识形态	3.65	0.83	45.07***	意识形态>道德信仰
道德信仰	3.12	1.08		意识形态>文化传统
习俗惯例	3.59	0.89		习俗惯例>道德信仰
文化传统	3.47	0.94		文化传统>道德信仰

＊表示 $P < 0.05$，＊＊表示 $P < 0.01$，＊＊＊表示 $P < 0.001$

由于非正式制度四个维度分别由 2～3 个因子构成，为了进一步了解非正式制度对义务教育资源配置的影响情况，我们考察了非正式制度四个维度下各因子对义务教育资源配置的影响，即分别以意识形态和习俗惯例两维度下的三个因子为组内变量，被试为组间变量，进行了 Repeated Measures（重复测量）分析；同时又分别对道德信仰和文化传统两维度下的两因子进行 Paired-Samples T Test（配对样本 t 检验），具体结果见表 5-3。

表 5-3　非正式制度十因子影响力差异情况

	变量	M	SD	检验值	多重比较
意识形态	应试教育	3.71	0.92	37.41***	应试教育>拜金主义
	差异发展观	3.83	0.97		差异发展观>拜金主义
	拜金主义	3.32	1.05		
道德信仰	职业信仰	3.14	1.16	1.99*	
	职业道德	3.05	1.14		
习俗惯例	重点办学惯例	3.71	0.97	9.02***	重点学校惯例>人情关系
	人情关系	3.46	0.99		重点学校惯例>潜规则
	潜规则	3.56	1.08		
文化传统	集权文化	3.68	1.10	6.69***	
	本位主义	3.29	0.96		

＊表示 $P < 0.05$，＊＊＊表示 $P < 0.001$

对非正式制度十个一阶因子对义务教育差距的影响力差异分析表明，意识形态维度下三因子对义务教育资源配置差距的影响力存在显著差异（$F_{(2,219)} = 37.41$，$P < 0.001$）。多重比较发现，应试教育观和差异发展观两因子对义务教育资源配置差距的影响力均显著大于拜金主义因子对义务教育资源配置差距的影响力（$t = 7.92$，$P < 0.001$；$t = 7.00$，$P < 0.001$），但应试教育观和差异发展观之间没有显著差异；习俗惯例维度下人情关系、重点办学惯例和潜规则三因子对义务教育资源配置的影响力也存在显著差异（$F_{(2,208)} = 9.02$，$P < 0.001$）。多重比较发现，重点办学惯例因子对义务教育资源配置的影响力显著大于人情关系和潜规则两因子的影响力（$t = 4.15$，$P < 0.001$；$t = 2.55$，$P < 0.05$），但人情关系和潜规则之间没有显著差异；道德信仰维度下职业信仰和职业道德两个一阶因子之间的影响力呈显著差异，职业信仰因子对义务教育资源配置差距的作用显著大于职业道德的作用（$t = 1.99$，$P < 0.05$）；文化传统维度下集权文化和本位主义两个一阶因子之间的影响力呈显著差异，集权文化因子对义务教育资源配置差距的作用显著大于本位主义的影响（$t = 6.69$，$P < 0.001$）。

（三）非正式制度对财物资源和教师资源配置差距的影响力差异分析

义务教育资源配置包括财物资源配置和教师资源配置。为了详细了解非正式制度对义务教育资源配置差距的作用情况，我们又具体分析了非正式制度的四个维度分别对财物资源配置差距和教师资源配置差距的影响情况，详见表 5-4、表 5-5。

从表 5-4、表 5-5 可以看出，非正式制度四各维度对财物资源配置和对师资配置差距的影响力差异均具有显著性（$F_{(3,211)} = 22.28$，$P < 0.001$；$F_{(3,208)} = 42.95$，$P < 0.001$），而且多重比较发现其具体作用情况也存在较大差异。在财物资源配置差距方面，四个维度的影响力存在极显著差异，具体为意识形态＞习俗惯例＞文化传统＞道德信仰。其中，意识形态＞习俗惯例（$t = 2.17$，$P < 0.05$），意识形态＞文化传统（$t = 4.70$，$P < 0.001$），意识形态＞道德信仰（$t = 7.43$，$P < 0.001$），习俗惯例＞文化传统（$t = 2.88$，$P < 0.01$），习俗惯例＞道德信仰（$t = 5.86$，$P < 0.001$），文化传统＞道德信仰（$t = 3.28$，$P < 0.001$）。在师资配置差距方面，意识形态＞道德信仰（$t = 9.22$，$P < 0.001$），习俗惯例＞道德信仰（$t = 8.10$，$P < 0.001$），文化传统＞道德信仰（$t = 6.84$，$P < 0.001$），而意识形态、习俗惯例和文化传统三维度影响力之间差异并不显著。但各非正式制度二阶因子对财物资源和教师资源配置差距的分别影响跟其对教育资源的总体配置差距的影响趋势是基本一致的，即意识形态＞习俗惯例＞文化传统＞道德信仰。

表 5-4   非正式制度四维度对财物资源配置差距影响力的差异情况

变量	M	SD	F 值	多重比较
意识形态	3.61	0.86	22.28***	意识形态>道德信仰
道德信仰	3.17	1.10		意识形态>习俗惯例 意识形态>文化传统
习俗惯例	3.50	0.90		习俗惯例>道德信仰 文化传统>道德信仰
文化传统	3.36	1.11		习俗惯例>文化传统

***表示 $P<0.001$

表 5-5   非正式制度四维度对师资配置差距影响力的差异情况

变量	M	SD	F 值	多重比较
意识形态	3.65	0.89	42.95***	意识形态>道德信仰
道德信仰	3.06	1.23		习俗惯例>道德信仰
习俗惯例	3.64	0.98		文化传统>道德信仰
文化传统	3.58	0.95		

***表示 $P<0.001$

　　为了更详细地考察各种非正式制度因子对义务教育财物资源和教师资源配置差距的具体影响情况，我们又进行了配对样本 t 检验，结果见表 5-6。

表 5-6   非正式制度对财物资源和教师资源影响力的差异检验

变量		M	SD	t 值	P
意识形态	教师资源	3.65	0.88	1.11	0.262
	财物资源	3.12	0.85		
道德信仰	教师资源	3.61	1.23	0.95	0.345
	财物资源	3.06	1.11		
习俗惯例	教师资源	3.63	0.97	2.63	0.009
	财物资源	3.52	0.91		
文化传统	教师资源	3.60	0.95	4.20	0.000
	财物资源	3.37	1.09		
潜规则	教师资源	3.73	1.19	5.04	0.000
	财物资源	3.31	1.20		
本位主义	教师资源	3.49	1.08	4.41	0.000
	财物资源	3.09	1.23		
差异发展观	教师资源	3.79	1.01	1.68	0.094
	财物资源	3.69	1.04		

从表5-6可以看出，非正式制度中习俗惯例和文化传统对教师资源配置差距的影响显著地高于其对财物资源配置差距的影响（$t=2.63$，$P<0.01$；$t=4.20$，$P<0.001$），但意识形态和道德信仰两维度对两类资源配置差距的影响差异并不显著（$t=1.11$，$P<0.262$；$t=0.95$，$P<0.345$）。

进一步对二阶因子的统计分析发现，习俗惯例中的潜规则因子对师资配置差距的影响力极其显著地大于对财物资源配置差距的影响力（$t=5.04$，$P<0.001$），文化传统中的本位主义因子对师资配置差距的影响力也显著地大于对财物资源配置差距的影响力（$t=4.41$，$P<0.001$），意识形态中的差异发展观因子对师资配置和财物资源配置差距的影响力差异达到临界显著（$t=1.68$，$P<0.094$），其他因子对两者的影响力差异未达到显著水平。

第三节　义务教育资源配置差距形成中的非正式制度因素分析

由于非正式制度具有极大的模糊性和不确定性等原因，关于非正式制度的研究也就必然会存在较大的难度和局限性。为了使研究更具科学性，我们采用问卷调查和访谈调查相结合的方法，以教师和学校管理者等相关人士为样本，在问卷调查和统计分析的基础上，再结合访谈调查、会议纪要和媒体报道，对导致义务教育资源配置差距的各种非正式制度因素进行综合分析。

一、意识形态对义务教育差距的影响

根据调查，意识形态是对义务教育差距形成贡献最大的因素。这里的意识形态分别包括应试教育、差异发展观和拜金主义等三个方面的内容。从调查看，在意识形态范畴里，人们认为，导致义务教育资源配置差距的影响力最大的因素是差异发展观，其次是应试教育观和拜金主义。

差异发展观是指在对待义务教育发展上，主张以牺牲一些学校的发展来换取另一些学校的优先发展，实行重点突破，逐步实现整体水平提升的思路和观念。这种观点来源于改革开放以来我国的经济发展思路。尽管我国主流意识形态一直是中国特色的马克思主义理论，但是在不同历史时期又有不同的体现。改革开放以来，在"让一部分人先富起来"的思路带动下，政府在对待国家经济社会发展上，自上而下形成了"有所为有所不为、重点突破"的发展思路和模式。这无疑具有重大的现实意义。但是，如果将这种思路简单地搬用或迁移到一切领域就未必恰当了。尤其是套用到义务教育领域，就必然成为拉大义务教育差距的观念因素：重点投资办好少数义务教育学校。重点学校制度就是在这种背景下产生的。

根据调查，人们认为，长期以来，差异发展的思路对政府的义务教育资源配置行为产生了巨大影响。至今，各级政府及教育主管部门领导仍坚持以城市为重点为中心的价值取向，对农村义务教育发展的重视不够。这种取向体现在教育资源配置政策上就形成了"先城市后农村，先重点学校再普通学校，先市民子弟后农村子弟"，"以城市和市民为中心，以农村和农民为外围"的资源配置路线。教育资源过度地向城市学校、重点学校倾斜，从而导致了城乡义务教育发展的二元体制和巨大差距。访谈中的一些学校领导的发言就说明了这一点。

"本地政府的上级相关领导对义务教育根本没有均衡发展意识。他们认为，十根指姆不可能一样齐，均衡发展是不可能的。他们认为，城市学校肯定应得到优先发展，因为那是人口稠密聚集和最复杂抢眼的地方。城市学校和农村学校发展的标准就是应该不一样。均衡发展的提法是不合理的，不可能再搞平均主义分配。要搞好教育，就是要重点突破，差异发展。"

从表5-6可以看出，在总体上，意识形态因子对教师资源和财物资源这两类资源配置差距的影响差异并不显著（$t=1.11$，$P<0.262$）。但在具体上，其中的差异发展观因子对师资配置差距的影响却临界显著高于其对财物资源配置差距的影响（$t=1.68$，$P<0.094$）。这可能主要是由相对于其他流动性较弱的物资资源，教师资源流动性较强，因而受其影响的程度就更大的原因所致。

调查认为，应试教育是对义务教育差距形成贡献第二大的因素。它与差异发展观对义务教育差距的影响力没有显著差异。应试教育是指片面追求升学率和学生考分的教育观念与方式。在我国，应试教育观念已根深蒂固，特别是非义务教育阶段的升学竞争和压力，已极大地影响到了义务教育领域。政府评价教育的应试模式和在此影响下形成的应试教育风气极大地影响着人们对教育及其资源配置的价值取向，从而导致了我国义务教育资源配置的巨大差距。

在应试教育的竞争中，农村学校的利益主体始终处于相对弱势低位，城市学校因而获得更多的资源倾斜。同时，学生考分的高低往往影响到教师的绩效评价和学生择校的情况，从而影响到教师的待遇，造成城市学校对教师更大的吸引力，进而导致了城乡师资配置的巨大差距。在访谈中，许多被试反映的内容都比较具体地描绘了应试教育状况。

"政府对农村义务教育的重视不够，片面追求一些城市学校的升学率。"
"上级对学生考分和学校升学率的片面评价在社会已形成了浓烈的应试教育氛围，不仅使得教师工作压力很大，而且使得学生从小学一年级开始就不得不卷入每次考试的激烈竞争之中。为了达到这些应试目标，教育管理往往缺乏人性化，一些城市学校学生每天在校学习长达 10 小时，教师每天在校工作达 10 小时以上，师生疲惫不堪。"

"义务教育阶段的考分竞争是为了在小升初、中考及以后的高考中获得成功。学校在社会上的名声也是看它的学生整体考分高不高。因此，政府在配置教育资源时就会考虑和照顾某些学校的这些影响而往往厚此薄彼。"

另外，在经济改革大潮下，对于物质利益的追求越来越成为一些人社会活动的唯一直接目的，甚至演化成"一切向钱看"的拜金主义思潮。有被试在访谈中比较激愤地谈到："教育工作人员目前已是拜金主义成风！见钱不见人。"显然，这种拜金主义思潮对不少人的行为都造成了影响。一些教育管理者奉行着"金钱至上"的原则，特别是一些学校领导，过度看重对教育的外在物质资源的争夺，偏离了教育和管理的重心。而农村教师们也往往因经济地位较低下而在社会上没地位被歧视，以至于"身在曹营心在汉"，纷纷放弃了"灵魂工程师"的责任，选择了调动或辞职等方式离开了农村学校，导致农村学校或其他薄弱学校的骨干教师大量流失和校际教师流动失衡状况。

二、道德信仰对义务教育差距的影响

这里的道德信仰主要指职业道德和职业信仰。良好的职业道德风尚和坚定的职业信仰不仅会促使教育部门的主管领导认真干好本职工作，合理配置教育资源，而且会影响到学校领导对教育资源的合理争取及教师恰当的流动行为。相反，如果职业道德意识薄弱和职业信仰动摇，则会导致教育资源配置行为的不合理。

从道德信仰这一范畴的调研来看，职业信仰对义务教育资源配置差距的影响较职业道德更大。无论从总体上还是在具体上，道德信仰及其各二阶因子对教师资源配置差距的影响与其对财物资源配置差距的影响趋势都是基本一致的，即差异并不显著。具体如表 5-6 所示。

教育职业信仰是指教育工作者对于教育要培养的人及对教育的应然价值的极度信服和尊崇，包括对教育事业的信仰、对学校组织的信仰和对专业发展的信仰等方面。根据调查，多数人认为不少教育者和教育管理者都对本职业存在信仰危机，而是仅仅把从事本职业当作谋生或获利的手段。甚至一些教育者把学校义务教育工作仅仅当作例行公事，对育人这一神圣使命的信心动摇。这种对职业的信仰危机影响了教育管理者对义务教育资源的配置方式：未必按教育规律办事，只要能敷衍了事。对职业的信仰危机也影响到教师流动行为的选择：未必要为教育理想而努力，只要待遇更好。因此，挣钱或争取更多的福利待遇是许多教师工作或调动工作的根本目的。下面是访谈中一些农村教师的回答。

"对于职业信仰这个问题，大家都只是偶尔在嘴上说说别人而已。许多教育行政领导也不过是台上说一套，台下做一套。有谁还把它真当回事呢？我们见到的学校领导，很少有真正作为的。大概是上梁不正下梁歪吧，可以说，本地教育局的各届局长基本上都出现过腐败案。职业信仰看不出来。"

"农村学校地偏人稀，教师待遇极低。农村教师之所以还存在，不过是没有更好的门路去养家糊口罢了。学校领导得过且过，很少积极作为。他们跟一般教师一样，课余时间都用在了打牌、酗酒等各种娱乐玩耍活动上了，有的甚至每天应有的两三节课都没有认真上。但是一到了年底该发那 30％的（奖励性）绩效工资的时候，那些学校领导一个个就像是杨白劳躲债一样顿时消失得无影无踪了。老师们呢，感觉连农民工都不如，如此年复一年，因而只能是更加自暴自弃了。哪里还敢奢谈职业信仰。有时候想一想，还真替农村学生感到可怜，农村教育真是堪忧、堪悲！"

同时，职业道德问题是道德信念这一范畴中导致义务教育差距的另一重要因素。一方面，教师职业道德意识薄弱影响了教师队伍的稳定。另一方面，教育管理者缺乏职业诚信，在义务教育资源配置上存在着不少的形式主义和寻租行为，在配置义务教育资源时幕后交易比较严重。这些因素都极大地贡献了义务教育资源的配置差距。

三、习俗惯例对义务教育差距的影响

习俗惯例是指人们约定俗成并长期实行的对各种事物的操作处理方式。调查发现，习俗惯例因子是导致我国义务教育资源配置差距的第二大非正式制度因素。据调查，在此方面，影响我国义务教育资源配置差距的因素主要有人情关系、重点办学惯例和潜规则等三个一阶因子。在习俗惯例范畴内，重点办学惯例因素对义务教育资源配置差距的影响最大，其余依次是潜规则和人情关系。相对潜规则和人情关系因子而言，重点办学惯例对义务教育差距的影响力呈显著差异。

正式的重点学校制度虽已成为历史，但却早已演化成了一种惯例而仍然延续着。不少地方仍在明目张胆地搞重点学校，而更多的是以示范学校的合法身份进行的。因此，在义务教育中，重点学校虽名义上不复存在了，但政府对其重点投入或倾斜的许多惯例实质上仍没有改变。在开放式问题中，有被试反映认为，我国一些地方义务教育资源的不合理配置已是"陋习成定势"，即形成了一种不良习惯式的行为倾向而难以改变。长期以来，我国政府一直延续着对少数学校进行重点投入的惯例，而社会民众也根深蒂固地延续着对各学校"三六九等"的思维和对待行为。这在很大程度上导致了义务教育的校际差距和城乡差距的拉大。

同时，多数被试认为，潜规则在义务教育资源配置差距中的影响很大。潜规则是指那些"不成文、不公开""没有显现出来但是心照不宣的某些规矩"（吴思，2003）。它主要指包括权利寻租等正式制度规定之外的各种办事准则或交易模式。潜规则有好的，更有不好的。调查发现，一些不良潜规则对我国义务教育差距不仅在学校获取教育经费上，在教师资源配置上的影响也比较大。城市学校可以通过潜规则获取更多的公共资源（哪怕是用于搞重复建设），如学校申报建设项目等。由于义务教育教师的分配和流动缺乏正式制度规定，在很大程度上是由主管领导按潜规则进行操作的，以至于至今"农村小学大部分仍是包班制，师资严重缺乏"（一位校长谈到），而城市学校的教师在数量和质量上都要优越得多，尤其是城郊学校的师资出现了大量闲置的现象。

另外，许多被试还认为，人情关系（人与人之间的亲情关系、朋友关系及各种交易形成的礼尚往来关系等）在义务教育资源配置差距中的影响也很大。这主要表现在：一方面，学校领导跟上级主管领导关系越近，学校获得的资源越多。不仅如此，教师流动也往往依靠人情关系。另一方面，各地教育局长跟政府要员关系越近，该地教育也就越容易获得更多的财政支出。下面是访谈中一些被试的回答。

　　××校长："我认为本地区委区政府并没有把教育当成事业来抓。外行管理教育，'老人婆'太多，教育主管部门也没有真正的人事权和财政权；各地方的（教育局）局长大人与区委书记、区长关系的好歹，直接影响到本地教育事业的兴衰。义务教育的地区差距、城乡差距还很大，均衡发展还是一句空话……人情大过了王法，教育均衡发展还远没有落到实处。"

　　××教师的亲身经历："我原来在一所偏远山区初中学校任教，那里严重缺编，因此原则上是不能将教师调出的。但是我父亲的一位朋友跟当时的教育局副局长是同学关系。在父亲的朋友的指引下，我们去拜见了那位副局长，结果很快就调到了我指定的城郊学校来。"

　　××教师的讲述："我的一个朋友从一个非常偏远的农村学校调到了城市里××学校任教。那是他找了关系才办成的，因为那个农村学校严重缺编。"

从总体上看，习俗惯例对教师资源配置差距的影响极其显著地高于其对财物资源配置差距的影响（$t = 2.63$，$P < 0.01$）。而具体而言，其中的潜规则因子对师资配置差距的影响力也极其显著地大于对财物资源配置差距的影响力（$t =$

5.04，$P<0.001$），但其他因子对两者的影响力差异并未达到显著水平，如表5-6所示。这可能主要是由教师聘任制度不够完善，尤其是教师流动的正式制度缺失等原因造成的。

四、文化传统对义务教育差距的影响

文化传统是指文化中不断沿袭下来的主导人们思想偏好特点的方面。根据访谈，对义务教育差距影响较大的文化传统因子主要包括集权主义文化和本位主义文化两个方面。其中，集权主义文化的影响显著大于本位主义文化的影响。

集权主义文化的影响主要体现在教育管理中缺乏充分的民主，集权专制作风在较大程度上盛行，影响了教育资源的合理配置。政府要员或教育局领导不仅对某些学校进行资源倾斜有很大的自由决定权，对义务教育教师聘任或流动也有较大的自由决定权。总之，地方相关领导的教育决策带有较大的主观随意性，正如访谈中某校长所说的那样："家长制，一言堂，一切都由一把手说了算。政府领导重视与否对学校发展起着决定作用。"正因为如此，许多被试强烈呼吁要"让权力在阳光下运行，让各种资源配置接受群众监督"。

另外，各种本位主义文化，如官本位、校本位、家庭本位主义等思想，也是导致义务教育资源配置差距的重要影响因子。官本位是一种以官为本、以官为贵、以官为尊为主要内容的思想。官本位文化在我国根深蒂固，风气甚浓，例如，称必呼"某某长、某书记、某局、某校"，官必分品级，接待仪式体现尊卑顺序等现象。在官本位思想支配下，人人以官为本，一切行为都是为了做官、升官或保官。老百姓也盲目地崇拜官，因而民主意识薄弱。这些因素导致了官僚主义和专制主义作风不断滋生。官员们也往往不大注重本职工作的真实业绩。调查认为，教育工作人员中普遍存在官本位思想，从而使得官僚主义作风和专制行为在很大程度上比较盛行。正如有被试在访谈中所说的："人们官本位思想严重，忽视了区域教育统筹政策的真正贯彻落实。"官本位的主要特征就是资源配置方式上认人不认制度，在教师聘用上任人唯亲。因此，官本位文化的盛行必然导致义务教育资源配置的不合理。与此同时，一些学校领导也往往以自身所在学校为本位，少数强势学校凭借自身优势，不顾大局，肆意争夺教育资源。例如，城市学校就往往凭着自身优势从农村学校挖走优质师资，而重点学校也经常把其他学校的优秀教师争夺过去。另外，在中国传统文化中，"家"的观念渗透到人们的灵魂之中，支配着人们的一切行为。因此，教师流动往往因"家"而起，如子女教育、父母的赡养和夫妻异地工作等因素往往左右教师的流动行为。个人家庭私利大过本职工作的家庭本位主义文化对许多教师流动行为影响较大，成为教师流动的最主要原因和动力，也是导致教师流动不合理的潜在根源。总之，各种本位主义文化较大地促进了我国义务教育资源配置差距的产生。

　　从表 5-6 可以看出，文化传统因子对教师资源配置差距的影响极其显著地高于其对财物资源配置差距的影响（$t=4.20$，$P<0.001$），而其中的本位主义因子对师资配置差距的影响力也极其显著地大于对财物资源配置差距的影响力（$t=4.41$，$P<0.001$）。这说明，官本位、学校本位及家庭本位主义等思想已对教师资源配置差距产生了极其突出的影响。

第六章　义务教育差距治理中的
制度变迁问题分析

正如本书第一章所述，我国义务教育差距已日益悬殊，尽管如此，却仍在一定程度上呈进一步拉大之势。近年来，随着义务教育差距问题越演越烈，国家也曾多次变革义务教育体制，以促进义务教育均衡发展，但一直都收效不大。这不得不令人深思。我们认为，必然有一种客观的规律或力量在制约着义务教育制度变迁的轨迹，只有认识和把握了这种规律，即其各要素运动的必然联系，才能适时有效地促进义务教育制度良性变迁。为此，在前面对导致我国义务教育资源配置差距的正式制度和非正式制度进行了系统的调查和研究的基础上，本章将主要依据新制度经济学中关于制度变迁的理论，运用新经济史学常用的分析法等研究方法，进一步分析我国义务教育差距不断演化及其治理背后的制度变迁存在的问题及其客观规律，以便更好地为解决义务教育差距问题提供依据和寻求思路。

第一节　义务教育差距演化中制度变迁的主要影响因素

要认识事物的运动规律，就必须把握其运动的主要影响因素及其作用状况。根据上述制度经济学的研究结论，制度变迁受多种因素的影响，一般来讲，主要有：相对产品和要素的价格、宪法秩序、市场规模、技术、政府决策、组织文化、学习机制、现有知识积累、制度变迁成本及意识形态和上层决策者的利益等。但是，具体制度的变迁影响要素又各有不同。义务教育制度变迁就是如此。改革开放以来，我国义务教育制度历经了多次变迁，大的正式制度变迁主要有：20 世纪 80 年代中期"分级办学"体制的形成、2001 年的"以县为主"及 2006 年的"新机制"的实施等，非正式制度更是在不断演变之中。而这些制度变迁过程也正是我国义务教育差距形成和不断演化的过程。纵观改革开放以来我国义务教育发展及其制度变迁史，我们不难发现，决定和制约着义务教育制度变迁的根本原因主要有以下几个方面。

一、社会经济环境因素

教育发展的最基本规律之一就是教育始终受着一定社会的政治、经济和文化等外部环境因素所决定和制约。如果说改革开放以前尤其是"文化大革命"期间，政治因素对我国义务教育制度变迁的影响更大的话，那么，改革开放以来，我国义务教育制度变迁的最根本制约因素则主要是社会经济发展状况及其政策。虽然新中国成立以来至改革开放期间，国民经济有较大恢复和发展，但与发达国家相比，经济社会发展仍然存在很大差距，甚至不少地方温饱问题尚未得到根本解决，国家总体上还处于贫困阶段（如 1978 年的国内生产总值才 3645 亿元，是 2012 年 519 322 亿元的 1/16；人均国内生产总值为 381 元，是 2012 年 38 354 元的 1/10）。为此，"文化大革命"过后，国家将工作重心迅速转移到了经济建设上来。由于我国经济贫困落后的状况在相当长一段时期内没有得到彻底改变，对我国义务教育制度变迁产生了长期持续的重大影响。具体说来，有两大方面：①制约了义务教育财政制度变迁。由于经济过于贫困，在义务教育投资收益比其他经济建设的投资收益相对滞后和不明确的背景下，政府投资义务教育的边际效用就大打折扣，从而导致对义务教育的重视不够，即义务教育财政投资的总量严重不足（例如，我国每年的教育财政总支出长期低于世界平均水平 4%，多数情况是 2% 左右。这一状况一直持续到 2012 年）。在教育财政投入总量不足的情况下，政府能够提供的义务教育供给远远不能满足社会和个人的实际需求。因此，一方面，为了调动一切可以调动的力量，尤其是充分调动地方政府对义务教育的投资积极性，国家实行了"分级办学"的义务教育投资管理体制（这其中固然有政府之间层层推卸义务教育投资责任的成分）；另一方面，由于义务教育财政困难，很难满足日益增长的义务教育需求，政府又采取了重点投资政策，即实行了重点学校制度和示范校政策，对一些学校进行重点投资，以重点培养国家需要的人才，从而造成了一大批薄弱学校的产生。而这些重点学校又主要集中在城市，因而也造成了城乡义务教育的办学差距。②导致了义务教育发展的城乡二元结构。在经济贫困的背景下，国家为了加快工业发展，解放和利用农村剩余劳动力，实行了"重工轻农"的"城市中心"路线和义务教育的"离农"政策。在这种路线和政策的指引下，政府对于义务教育的投资也实行城乡两种不同的标准，即城乡二元投资管理体制。正是这种体制的长期实行导致了我国义务教育发展的城乡差距的不断拉大。

当然，随着我国经济社会的不断发展和国民收入的不断提高，特别是进入 21 世纪以来，国民收入达到了世界中等收入水平（人均年收入 1000 美元以上），因而长期以来制约义务教育制度变迁的经济贫困因素得以逐渐消除。国家有了更大的义务教育投资财力，因而具备了变革原来义务教育制度的实力。更为重要的是，原来的发展政策在经济得到大力发展的同时，也过大地拉大了人们之间的收入分配差距，从而使得国家经济的进一步发展面临后续乏力的"中等收入陷阱"。于是，进入 21 世纪以来，国家实行了"工业反哺农业、城市支持农村"及"弱势补偿"的政策，不仅在于构建和谐社会，更在于解决可持续发展问题。因此，缩小义务教育办学的区域差距、城乡差距和校际差距的均衡发展政策也就应运而生了，如实行了由原来的"分级办学"转变为"以县为主"的义务教育体制及后来的"新机制"。尽管这些制度的实施还不足以从根本上解决义务教育差距问题，但随后的制度变迁还会不断进行下去这一点是毋庸置疑的。

二、政府决策因素

政府是一种在某个给定地区内对合法使用强制性手段具有垄断权的制度安排。而这种制度安排则对经济组织制度安排构成重要的环境约束。（菲尼，1992）理论上讲，政府及其决策对制度变迁的影响最为直接。新制度经济学家诺思在分析政府对于制度变迁的作用时认为，在许多情形下由政府创新并推动制度变迁最具优越性，例如，①当政府机构发展比较严密但私人市场并未得到发展时；②当潜在利益的获得受到私人产权阻碍，必须依靠政府强制力量时；③当制度创新实行后所获得的收益不归于从事创新的个别成员时；④制度创新涉及收入再分配遭到反对和阻碍时①，等等。但不管在何种情况下，一旦政府提供的制度服务即政策发生变化（如增加了制度供给、降低了社会交易费用、消除了制度变迁的原有风险或改变了社会激励结构等），就意味着经济组织面临的制度环境发生了变化，从而必然产生新的潜在收益或获利机会，导致制度供求失衡，诱致或强制经济组织发生制度变迁。同时，政府决策者因素，即高层官员的私人利益与国家利益之间的关系，也是制度变迁的重要影响因素。当政府官员可能成为制度变迁的主要受益者时，制度供给才会产生；但如果制度变迁有损于政府要员的利益，制度供给就会短缺。同时，即使决策者是一个利益最大化者，并且假设他的利益与制度变迁的利益一致，由于他的有限理性和识别制度不均衡，以及设计、建立制度安排所需信息的复杂性，也会出现制度供给的不足状态。

义务教育领域是一个主要由政府操控制度变迁的非市场领域，因而上述分析尤其适用于我国义务教育制度变迁问题。在"文化大革命"结束以后，我国政府根据国民经济极端贫困和落后的状况，毅然实行了对内改革和对外开放的国策。然而，由于政府对于未来制度变迁的具体状况并不明确，只能在"不管黑猫、白猫，抓住老鼠就是好猫"（"猫论"）和"摸着石头过河"（"摸论"）的指导下，大胆尝试，进行具体制度变迁探索。我国义务教育制度变迁也就是在这样背景实施的。与此同时，党和政府及其决策人还选择了一条差异发展路线，即提出并坚持了"允许一部分人先富起来"的"先富论"等一系列破除一切平均主义、鼓励拉

---

① 转引自：罗必良. 2005. 新制度经济学［M］. 太原：山西经济出版社：143.

大差距的差异发展观。差异发展观无疑为重点学校制度和示范学校制度及在资源配置上实行"城市优先"等政策提供了舆论导向；特别是在农村实行"包产到户"的家庭联产承包制率先取得的巨大成功，对于各行各业的制度变迁都产生了巨大影响，对义务教育制度变迁也是如此。可以说，我国义务教育"分级办学"的投资管理体制实质上就是政府及其决策者对"大包干"思路完全赤裸裸的抄袭或简单迁移的结果（分级包干）。这无疑忽视了义务教育投资管理主体的特殊性（纵向包干毕竟不同于横向包干），从而导致了义务教育投资水平和力度的千差万别。另外，随着我国市场经济体制的建立，市场对于义务教育也产生了巨大冲击。在义务教育政府投入不足的背景下，地方政府不得不把眼光投向市场，即多渠道筹集义务教育资源，实行义务教育投资主体多元化。于是，通过择校收费、后勤社会化及各种校内产业创收等途径筹集义务教育资源的政策就迅速推行起来，并很快成为义务教育经费的重要组成部分，即预算外经费，在一些地方甚至成了政府推卸教育投资责任的手段，演化成当地教育发展的焦点、热点问题，如择校风、乱收费等。而今，一些做法虽已明文禁止，但却已成了义务教育中的一种非正式制度惯例（如择校），而且一直影响着我国义务教育制度变迁的效率。

随着经济的发展和贫富差距的不断拉大，社会矛盾日益突出和激化，缓解社会矛盾、缩小分配差距也就成了新时期党和政府的工作重点之一。因此，21世纪以来，党中央国务院提出了科学发展观和构建和谐社会、实现全面小康的目标，并推行了"胡温新政"。其中，受义务教育的质量和公平度也成为全面小康的重要教育指标。因此，缩小义务教育差距、促进义务教育均衡发展也就自然成为我国义务教育制度变迁的新目标和新方向，而由"分级办学"调整为"以县为主"的投资体制及"新机制"的实行等则仅仅是这一制度变迁过程的刚刚开始。

三、利益博弈因素

制度是人们通过多次博弈形成的。某一经济主体的决策不但受到其他经济主体决策的影响，而且会反过来影响其他经济主体的决策。一个制度得以顺利实施的必要条件就是该项制度安排是当时约束条件下社会主体的博弈均衡。而通过博弈建立的制度也往往是服务于那些对于新制度具有谈判能力的社会主体。因此，现实中许多制度并非都是有效率的。制度变迁也必然是一个社会主体之间不断博弈的过程和结果。制度变迁虽然根源于制度供求的非均衡，但非均衡并不一定导致制度变迁的发生。新的制度供给能否实现还取决于多种因素，不仅取决于制度变迁的收益与成本的对比，还受相关利益主体的博弈格局所决定，而后者往往起着关键性作用（卢现祥等，2007）。

毋庸置疑，我国义务教育的制度变迁过程也在很大程度上受相关利益主体的博弈因素的影响。新制度经济学研究认为，只要是推动制度变迁或对制度变迁施加了影响的单位，都是制度变迁的供给主体。由此而论，在义务教育中，影响制度变迁的相关利益主体就主要有：家长或学生、教师、学校及政府及其相关决策者。其中，政府是利益博弈的主导力量，因而是制度变迁的主要供给者。尤其是各级政府之间的博弈在很大程度上决定了我国义务教育制度的变迁。

承担不同的义务教育投资责任，就意味着该级政府及其决策者在成本和收益对比会发生变化，最终影响到各级政府的边际效用。这里的成本包括制度成本和决策者的私人成本，收益也包括社会收益和决策者的私人收益两个方面。在改革开放之初，中央政府为了减轻自己的财政负担，充分利用地方政府的财力，改变了原来"大包大揽"的义务教育投资体制，将义务教育的投资责任层层下放给了地方政府，直到下放到县、乡两级最基层政府为止，最终形成了"地方负责、三级办学、两级管理"的义务教育体制。

事实上，地方政府根本承担不起如此大的财政压力，但由于在博弈中处于上下级隶属关系和弱势地位而不得不勉力而为，以至于纷纷负债运行。一些地方甚至通过乱收费的办法又将投资责任转嫁给老百姓。同时，受教育者及家长群体之间、教师群体之间的博弈也影响到义务教育的制度变迁和地方政府对各类学校投入的多寡。城市学校及其教师代表着市民包括政府决策者的利益，城市学校教师也较农村学校教师更具发言权，因而在博弈过程中处于强势地位。这就逐渐演化形成了城乡不同等的二元教育投资体制。

随着这种博弈结果长期影响的不断恶化，如地方政府负债实在太重、农村教师工资拖欠严重、义务教育学校办学差距拉大等，不仅制约了义务教育发展，导致教育质量和教师工作效率低下，而且使得社会矛盾不断激化，既影响到社会和谐，也威胁经济社会的可持续发展。在这种背景下，中央政府不得不对义务教育投资体制作了调整，即改为"以县为主"的体制。这一制度变迁实际也是前面各利益主体继续博弈的结果。然而，这一制度变迁只不过是中央政府对原来制度所作的最低边际调整，对原制度所导致的问题和矛盾只是稍有缓解作用，并未能从根本上加以解决。因而进一步的制度变迁还取决于进一步的博弈。

四、文化意识因素

作为非正式制度的文化，尤其是作为文化核心的意识形态，也是正式制度变迁的重要影响因素。制度经济学研究认为，意识形态是"关于世界的一套信念"，"倾向于从道德上判定劳动分工、收入分配和社会现行制度结构"（林毅夫，1994）。文化意识作为非正式制度的核心，是个人与其环境达到一致的一种节约费用的工具。它可以修正个人行为，减少或克服集体行动中的"搭便车"的机会主义行为,激励动员组织员工并强化其遵纪守法的意识,减少强制执法的费用及实施其他制度的费用。意识形态之所以存在,是因为世界太过复杂而人的理性却很有限。当人们的理性无法对复杂的世界作出判断时就往往根据意识形态来走"捷径"(袁庆明,2011)。因此,意识形态对于制度变迁及制度变迁成本都起着重要影响作用。意识形态形成和变迁的速度也决定着制度变迁的速度。

马克思和恩格斯(1995)指出:"统治阶级的思想在每一时代都是占统治地位的思想。这就是说,一个阶级是社会上占统治地位的物质力量,同时也是社会上占统治地位的精神力量。"我国社会的基本意识形态虽然仍然是马克思主义这一状况没有根本改变,但具体指导思想则是马克思主义中国化并不断与时俱进的理论成果。改革开放以来,我国的主流意识形态不断发生转型,先后经历了从原来的阶级斗争为纲的"政治本位"转变为以经济建设为中心的"经济本位",并进一步从"发展才是硬道理"的差异发展观转变为以人为本的科学发展观等阶段。可以说,改革开放30多年来,我国在社会发展观上都主要地坚持了差异发展观,而在人的发展观上也都未曾充分重视人的基本素质和全面发展,以至于偏重于应试教育和精英教育。同时,由于国家对主流意识形态相对淡化的处理,社会民众的文化意识也不断多元化起来。占主流的大众文化不断走向了世俗化,滋生了占有和消费的社会意识,张扬了一种"以金钱为基础、以消费为中介、以享乐为目的"的生活方式,强调了物质主义、享乐主义和消费主义的生存观,深深地影响了人们的价值观和发展观。所有这些意识都极大地影响了人们尤其是政府官员的工作和生活方式,也影响到义务教育资源的配置制度和配置方式,导致了我国义务教育发展出现千差万别的局面。

进入21世纪以来,随着中央对"全面、协调、可持续发展"的科学发展观的提出和宣传,地方政府公共服务政策取向开始从差异发展转向到公平、均衡、和谐上来。大众教育和素质教育的全面发展观正不断为广大民众所接受,教育公平也越来越引起了人们的重视。与此同时,均衡配置教育资源、促进义务教育均衡发展的制度变迁也开始启动。可见,社会文化意识对我国义务教育制度变迁起着重要影响作用。这在本书第五章关于非正式制度的实证分析中已得到充分证明。

第二节　义务教育差距治理中制度变迁面临的困境

在明确了我国义务教育制度变迁的主要影响因素后,我们就可以进一步分析我国义务教育制度的变迁规律及其现状。如上所述,我国义务教育制度的新一轮变迁才刚刚起步,要缩小义务教育差距尚有待制度变迁的进一步深入。然而,就现阶段而言,尽管义务教育差距问题的治理已被国家提上了议事日程,但却在一定程度上面临着制度变迁的困境，主要表现在以下几方面。

一、导致义务教育差距的制度状态：纳什均衡

纳什均衡是博弈中一种策略组合。在这种状态下，如果一方的策略保持不变，其他参与人就不会选择其他策略，因而就没有人有积极性打破这种均衡。纳什均衡既是一种制度安排要发生效力的必备条件，也是制度变迁中的一种僵局状态或相对静止状态。制度成立需要纳什均衡，但纳什均衡又会导致制度僵滞。处于这种僵滞状态的制度不一定是有效率的。如果制度处于无效率的纳什均衡状态，就会在不良状态中长期持续下去（罗必良，2005）。从近年来的制度实践来看，我国义务教育制度变迁在一定程度上就处于这种低效率的纳什均衡状态。尽管义务教育资源配置失衡是一种低效率策略，但要改变这一状况，除了中央政府提出了实现义务教育均衡发展的目标和进程之外，真正负责实施的主体（地方政府）却很少有打破现有制度状态的积极性，因而在具体的制度变迁的供给上迟迟没有落到实处。这就为改革义务教育制度、促进义务教育均衡发展带来了困难。

造成这种状态的原因是多方面的。制度经济学研究认为，导致纳什均衡状态的原因主要在于集体的愚蠢和制度的外部性。一方面，由于个人的理性追求往往与集体的利益不一致，个人的理性选择可能导致集体的非理性（愚蠢）。当制度变迁的预期收益不明确时，人们往往不会轻易改变现状。另一方面，制度是一种公共品，具有外部性。当行为主体要独自承担制度变迁成本而收益却不能排他时，往往会选择"搭便车"或依赖其他利益集团来实施。当每个人都出于个人利益考虑不愿为变迁低效的制度付出成本时，该制度就会处于纳什均衡状态。自1985年《中共中央关于教育体制改革的决定》明确了"基础教育管理权属于地方，实行分级办学、分级管理"的原则和1986年《义务教育法》规定"实施义务教育所需事业费和基本建设投资，由国务院和地方各级人民政府负责筹措，予以保证"后，我国"三级办学、两级管理"（县、乡、村三级办学，县、乡两级管理）和"以乡为主"的义务教育制度就得以定型，并一直持续到2001年。这种制度安排的长期实施，造成了悬殊的义务教育差距，降低了义务教育资源配置的整体效益。这是多数相关主体的理性认识在当初信息不明确（包括中央政府对地方政府的财力信息及对该制度实施效果的信息等都是不确定的）的背景下始料不及的。尽管这是人们理性追求的结果，却造成了集体利益的长期受损。也正是由于教育收益的滞后性及多数人对义务教育的制度后果或对均衡发展的预期收益的理性认识不够，即使在2001年中央政府强制执行"以县为主"的体制后，地方政府在实际中依然实行对城市学校倾斜的政策，多数民众仍对缩小义务教育办学差距的制度变迁供给缺乏积极性。与此同时，义务教育制度的外部性也使得相关主体均

不愿为之独自承担过多的成本，从而导致新的制度变迁乏力。可见，要真正缩小义务教育差距，实现义务教育制度变迁，就必须首先打破这种纳什均衡的局面。

二、治理义务教育差距的制度变迁阻力：利益博弈

制度变迁能否实现关键取决于人们对制度变迁的预期成本与收益的对比及以此为依据各利益主体进行的博弈。对于不同主体，制度变迁所带来的成本和收益是不同的。因此，具体而论，制度变迁又主要取决于在博弈中居主导地位的利益主体对制度变迁的预期成本与收益的对比。

在我国义务教育领域，政府及其决策者在博弈格局中居主导地位，因而是制度变迁的主要供给者。对于这些政府及其决策者而言，制度变迁所带来的成本和收益主要包括个体成本与收益、社会成本与收益以及政治成本与收益三个方面的内容（袁庆明，2011）。因此，决策者即政府官员的私人利益与国家利益之间很可能存在不一致甚至冲突。如果决策者的利益与集体（或经济组织）利益成正比，他们就会在权限内建立有效的制度安排；反之，就会阻碍制度变迁（罗必良，2005）。因此，制度供给只有在政府官员成为制度变迁的受益者时才会产生。然而，无论是我国原来的"分级办学"体制，还是现有的义务教育制度，都不同程度地贡献于义务教育差距的扩大，都损失了广大农村受教育者和其他弱势群体的利益而有利于城市等强势群体。由于城市群体处于强势地位，而政府决策者又正是这些城市强势群体的典型代表，缩小办学差距的制度变迁就必然会给强势群体包括政府决策者带来利益损失，原来既得利益阶层（优质学校的利益主体）必将成为这一制度变迁的一大阻力。尽管中央政府已从国家大局出发作出了新的制度变迁决策，但作为这一制度变迁的具体决策主体和执行主体却会因为利益不一致等而在一定程度上"阳奉阴违"。即使地方政府官员的利益与这一制度变迁的利益完全一致，他们也会从个人、社会和政治三方面去综合衡量义务教育制度变迁的成本与收益。这里的制度变迁成本主要包括规划设计和组织实施的费用、清除旧制度的费用、消除变迁阻力的费用、制度变迁造成的损失及随机成本等方面，尤其是原来既得利益阶层对于新的制度变迁的反对或阻碍所导致的额外成本等。事实上，我国近30年来的原有制度实践所导致的各方面差距早已使得一部分利益阶层长期获益而力量处于相当强势地位。因此，这些强势群体的阻碍极大地制约着缩小我国义务教育差距的制度变迁进程。

三、治理义务教育差距的制度变迁面临路径依赖

新制度经济学上的路径依赖（path dependence）是指已经存在的制度对其后来

的制度变迁产生的类似于物理学上的"惯性"一样的影响。这就是诺思(1991)所说的,"人们过去的选择决定了他们现在可能的选择"。制度变迁的起点及时滞与制度变迁的路径依赖密切相关。已经存在的制度将影响其后发生的一系列制度。路径依赖原来是用来描述技术变迁过程中的自我强化、自我积累性质的自增强机制的。诺思将技术变迁的这种机制扩展到制度变迁中分析认为,在制度变迁中,也存在这样的自我强化机制。这种自我强化机制也决定了制度变迁的路径依赖性。它主要受制度的初始设置成本、学习效应、协作效应和适应性预期等四个方面的因素所制约。诺思认为,制度变迁一旦进入某一路径(无论好坏)就会对这种路径产生依赖,并不断持续下去。这种依赖有两种极端情况,即诺思路径依赖 I 和诺思路径依赖 II。而介于这两者之间还有许多中间情形。诺思路径依赖 I 是指制度变迁沿着既定的路径进入良性循环的轨道并迅速优化。诺思路径依赖 II 是指制度变迁沿着原来的错误路径往下滑,甚至被"锁定"在某种无效率的状态下而陷于停滞。由于外在因素在不断变化,诺思路径依赖 I 的情况往往持续一段时期,最终都会演化为诺思路径依赖 II,形成某种低效率制度的自我维系机制。因此,一般而言,路径依赖就是意味着"无效率"。一旦人们选择某种路径,尽管还存在其他更有效的路径,但由于存在转换成本,也只能锁定在原来的路径上。这说明,历史的因素在制度变迁中是极其重要的。一种社会制度之所以长期处于均衡状态或陷入非绩效的锁定状态是因为各种政治利益集团的力量处于相对均衡状态,或是因为占统治地位的集团竭力维护现有制度,并反对各种企图进行制度路径替代的其他利益集团的活动。

　　我国义务教育投资管理制度经过 20 世纪的多次变革并于 1986 年通过《义务教育法》的形式确立了下来,虽然在 2001 年和 2006 年又作了一些变迁,但那也不过是在原来的基础上作的一次次小小的边际调整。其对于义务教育办学差距日益扩大的趋势并未从根本上加以扭转。而进一步的制度调整仍迟迟难见行动。教育部的新政策虽时有出现,但地方政府却鲜有实质举措。这就说明,原来的义务教育制度安排已在一定程度上成了下一步制度变迁的锁定路径。这正如诺思(2008b)所说:"路径依赖在概念上缩小了选择的范围,并且将不同时期的决策联结在了一起。"即使相对价格变化了,制度也只能在"先前的制度安排的基础上"作出一些"边际上的适应性调整",至于采取何种方法及调整的情况还要取决于参与者的谈判力量对比(诺思,2008b)。迄今为止,我国现有义务教育制度已延续了 30 余年。尽管这一制度安排导致了义务教育差距的拉大,即降低了义务教育资源的配置效率,但要改变却并非一蹴而就的事情。尽管在新的历史时期,我国的政治经济等外部因素已发生了极大的变化,即原有制度安排的相对价格变了,但路径依赖性却使得制度变迁只是在原来基础上作出的一些边际调整。而且,进一步的边际调整还取决于参与者谈判力量的进一步变化。由此可见,治理我国义务教育差距问题的制度变迁所面临的路径依赖问题还比较严重，注定要经历若干多次的边际调整，因而也必然是一个相当漫长的过程。

诺思认为，一种制度之所以长期处于均衡状态或陷入非绩效的锁定状态，往往是因为各种政治利益集团的力量处于相对均衡状态，或者是占统治地位的集团竭力维护现有制度，并反对各种企图进行制度路径替代的其他利益集团的活动（卢现祥等，2007）。因此，制度一旦进入锁定状态，要改变就极其困难，必须借助外部效应，引入外生变量或依靠政权的变化。也就是说，只有外在环境因素变化到某种程度，路径依赖才能被打破。而在我国政权稳定的背景下，义务教育制度变迁还要在一定程度上打破这种路径依赖，除了依靠经济、政治等因素的外在要求和作用外，就只能依靠作为制度变迁主导力量的中央政府作出更大的强制努力了。

第三节　义务教育差距治理中制度变迁面临的契机

虽然我国义务教育差距治理中制度变迁在一定程度上存在着一些困境，但同时也面临一些有利因素和契机，主要体现在以下几个方面。

一、外部经济社会环境变化：缩小义务教育差距已成时代之需

随着我国改革开放的不断深入，经济社会发生了深刻的变化。在取得了举世瞩目的经济成就的同时，也出现了一系列新的社会问题和挑战，严重制约着经济社会的进一步发展：一方面，"三农"问题（农村、农业、农民等三大问题）随着城市化进程加快和城乡二元体制的形成甚至固化而日益凸显；另一方面，老年化社会的到来，"人口红利"将转为"人口亏损"，将对我国经济的可持续发展带来严峻的挑战。更为严重的是，"中等收入陷阱"的风险正威胁着我国经济社会的发展进程。

所谓"中等收入陷阱"（middle income trap），是世界银行《东亚经济发展报告(2006)》总结第二次世界大战后拉美国家经济发展历程所提出的概念。其基本含义是：一个经济体成功实现了经济起飞，在达到中等收入并向高收入迈进时，既不能重复又难以摆脱以往由低收入进入中等收入的发展模式，因而很容易出现经济增长的停滞和徘徊，甚至大幅倒退，贫富悬殊，两极分化严重，诱发大量经济社会问题，甚至引起社会动荡。这是因为，进入这个时期，经济快速发展所积累的矛盾会集中爆发，原有的增长机制和发展模式无法有效应对由此形成的系统性风险。从世界来看，只有少数几个国家和地区成功跨越了"中等收入陷阱"，

大部分国家都未能成功。按照世界银行的统计数据，2010 年中国的人均国民总收入为 4260 美元，已由"下中等收入"经济体转变为"上中等收入"经济体。国家统计局公布的数据也显示，2010 年我国国内生产总值为 39.7983 万亿元即人均国内生产总值已超过 4000 美元，成了名副其实的中等收入经济体。也就是说，我国已经进入迈过"中等收入陷阱"的关键时期。

根据国际经验，"中等收入陷阱"国家的共同特征即贫富两极分化、畸形城市化、人口老龄化、经济技术落后、产业结构不合理、腐败蔓延、社会动荡加剧等问题在我国已有显著体现。其中，收入差距过大、贫富两极分化是陷入"中等收入陷阱"的最主要原因之一。从我国的情况来看，这些问题均已相当突出。改革开放 30 多年来的贫富差距已越来越大，1978 年中国的基尼系数只有 0.16，到 2009 年已升至 0.49，已大大超过了国际警戒线。城乡之间、地区之间、行业之间、不同群体之间收入差距持续扩大。2009 年城乡居民收入差距为 3.3 倍；城镇居民人均可支配收入最高地区是最低地区的 2.4 倍，农村居民人均纯收入的地区差距是 4.2 倍；城镇职工平均工资最高的前 10 个行业与最低的后 10 个行业之间的差距是 4.1 倍。如果考虑到住房、教育、医疗、社会保障等各种社会福利，城乡差距问题会更加突出。城乡二元体制已导致了公共产品供给的城乡之间、地区之间的巨大差距。农村教育、医疗卫生等社会事业发展显著滞后。目前，这些差距仍有继续快速扩大的趋势。

随着贫富差距的不断拉大，社会矛盾也日益增加和激化。以下数据足以说明这一问题：一是信访总量连续大幅攀升。2005 年全国县级以上党政部门受理的信访总量达 1265.6 万件。二是劳资纠纷的数量迅速上升。全国劳动争议案件每年增幅在 20% 以上，从 1997 年的 71 524 件增加到 2006 年的 317 162 件。短短的 10 年增加了 3 倍以上。2008 年全国各级劳动争议仲裁机构共受理案件 69.3 万件，案外调解 23.7 万件，立案的劳动争议案件比上年增长 98%（吴忠民，2010）。可以说，当前社会矛盾数量迅速扩张的态势与改革开放以前或初期的情形是大不一样的。这一切充分说明，我国已面临"中等收入陷阱"的严峻挑战。

正是鉴于此，温家宝同志在 2004 年就已明确指出：中国发展面临两种可能性，一种是顺利实现工业化、现代化，进入发达国家的行列；另一种就是落入"中等收入陷阱"，经济社会发展长期徘徊不前，甚至出现社会动荡和倒退。要避免后一种情况的发生，就必须统筹协调和科学发展社会各行各业，缩小社会分配差距（包括义务教育发展差距）和转变经济增长方式。一方面，分配差距的拉大不仅会造成内需的严重不足，还会激化社会的矛盾和冲突。因此，缩小分配差距，促进社会公平正义乃是规避我国陷入"中等收入陷阱"的首要选择（乔榛，2010）。其中，作为社会分配的重要方面，义务教育既是社会福利的重要方面，也是提升人力资本、转变经济增长方式、缩小经济差距和分配差距的重要途径。

另一方面，转变经济发展方式就是要促进经济从低水平、低质量、不公平、不协调的发展转向高水平、高质量、公平和可持续的发展。而要做到这一点，就必须促进教育等领域的科学发展，才能为经济发展提供充足的人力资本和动力源泉。与此同时，对于"三农"问题和老龄化社会问题的最终解决，其关键也在于教育的发展。由此可见，外部经济社会环境的变化使得缩小义务教育差距已成为我国的时代之需而势在必行了。

二、中央政府及政策变化：缩小义务教育差距已是当务之急

随着改革开放政策的不断推进，我国社会经济发展进入了新的发展阶段，同时社会矛盾也在不断加剧。为此，党中央的政策决策也相应地作了调整，工作重心有所转移，促进公平、均衡、和谐、可持续发展等已成为新时期的政策目标。

近年来，随着利益分化的不断加剧，贫富悬殊、城乡差距、地区差距等两极分化问题日益严峻，不仅导致社会矛盾的大量激化，而且阻碍了经济社会的稳定和谐与可持续发展。但是，对于这一状况，党中央是早有预见的。早在 1992 年，改革开放的总设计师邓小平（1993）南方谈话谈到社会主义本质的时候就已指出："社会主义的本质，是解放生产力，发展生产力，消灭剥削，消除两极分化，最终达到共同富裕。"因此，在提出"允许一部分人先富起来"的同时，也强调了要"避免两极分化"的出现，并提出了"两个大局"的战略构想，即在发展初期，内地要支持沿海，这是一个事关大局的问题；反过来，"发展到一定时候，又要求沿海拿出更多力量来帮助内地发展，这也是个大局"（邓小平，1993）。对于贫富分化和社会矛盾加剧问题的应对，邓小平（1993）也是有考虑的："什么时候突出地提出和解决这个问题，在什么基础上提出和解决这个问题，要研究。可以设想，在本世纪末到小康水平的时候，就要突出地提出和解决这个问题。"正是根据邓小平的战略构想和经济社会发展的实际状况，党的十六大在跨入 21 世纪之初就明确地提出了建设全面小康社会、和谐社会的目标，坚持以人为本和全面、协调、可持续的科学发展观，促进经济社会和人的全面发展，并具体提出了"五个统筹"的方法，即统筹城乡发展、区域发展、经济社会发展、人与自然和谐发展，以及统筹国内发展和对外开放，实行"沿海支持内地、工业反哺农业"政策，以突出地解决"三农"问题、地区之间、城乡之间和工农之间及各阶层之间的贫富差距问题，以及各种尖锐的社会矛盾问题。可以说，"五个统筹"是中央政府在新时期提出的解决各种社会矛盾的总纲领，也是避免落入"中等收入陷阱"的基本思路。

进入 21 世纪以来，经济社会发展差距和贫富差距仍在进一步扩大，社会矛

盾也仍在激化，已到了社会越来越难以承受的程度。尤其是近年来群体性事件大量增加，规模日趋扩大，手段日趋激烈，已到了非下大力气解决不可的时候了。为此，党的十七大后又根据新的情况进一步提出了新的统筹方略，即要统筹中央和地方的关系，统筹个人利益和集体利益、局部利益和整体利益、当前利益和长远利益，统筹国内国际两个大局。这是科学发展观的进一步深化落实。

科学发展就是要协调政治、经济、文化包括教育等社会各方面的发展，而不仅仅突出经济发展。坚持统筹兼顾，实质就是要坚持均衡发展，以促进不同区域之间或区域内部资源配置合理化、经济布局科学化和收入分配公平化。而和谐社会的基本特征就是：民主法治、公平正义、诚信友爱、充满活力、安定有序、人与自然和谐相处。因此，党的十八大在报告中更加关注社会公平，再次强调了要"坚持维护社会公平正义……建立以权利公平、机会公平、规则公平为主要内容的社会公平保障体系，努力营造公平的社会环境，保证人民平等参与、平等发展权利"。"公平"一词频频出现于报告中，如"大力促进教育公平""初次分配和再分配都要兼顾效率和公平，再分配更加注重公平""以增强公平性、适应流动性、保证可持续性为重点，全面建成覆盖城乡居民的社会保障体系"等。同时，"和谐、平等、公正"也已被中央政府正式列为应培育和践行的社会主义核心价值观。

可见，中央政府对于解决社会差距问题的措施越来越全面而具体，决心也越来越大。而教育不仅是落实以人为本、促进人的全面发展、建设社会主义核心价值体系的基本途径，也是为社会科学发展和转变经济增长方式提供智力和人才支撑的必然选择，更是缩小社会差别、保障社会公平正义的客观需要。因此，促进义务教育均衡发展和受教育公平也已作为中央政府的重要工作目标。近年来，为了解决义务教育差距问题，我国政府已不断颁布了一系列新的政策，如《国家中长期教育改革和发展规划纲要》（2010—2020 年）第四章第九条就已详细提出了"推进义务教育均衡发展"的政策目标[①]；2010 年年初国家教育部又具体印发了《关于贯彻落实科学发展观进一步推进义务教育均衡发展的意见》，提出了要"把义务教育作为教育改革与发展的重中之重，把均衡发展作为义务教育的重中之重"等[②]。这一切足以说明，缩小义务教育差距作为当务之急已被中央政府提上了议事日程。

三、博弈格局力量对比变化：中央政府统筹力量剧增

制度变迁是社会主体之间不断博弈的过程和结果。改革开放以来，我国社会

---

① 2010. 国家中长期教育改革和发展规划纲要（2010—2020）［M］.北京：人民出版社：22-23.

② 《关于贯彻落实科学发展观　进一步推进义务教育均衡发展的意见》（教基一〔2010〕1 号文）。

不断出现了利益分化而在一定程度上也形成了一些利益群体或集团。正如 1988 年中共十三届二中全会的工作报告中指出的："在社会主义制度下，人民内部仍然存在着不同利益集团的矛盾。"从现实实践来看，我国义务教育的供给状况在一定程度上说就是中央政府、地方政府和教育服务对象等三个方面的利益群体之间博弈的结果。长期以来，中央将义务教育服务的供给责任交给了地方政府，尽管地方政府因地区经济水平差异并不都能履行好这一职责。地方政府在资源紧缺的背景下，又在教育服务对象的利益博弈的影响下选择了有差别性地将资源配置给各学校，从而导致义务教育差距的日益悬殊。近年来，尤其是实行"以县为主"的义务教育投资管理体制以来，中央政府虽然制定了义务教育均衡发展的目标和方针，但由于执行的力度不够，地方政府长期以来的制度惯性并未真正改变。地方政府与上级政府的博弈往往是"上有政策，下有对策"，在供给义务教育服务时仍较大程度地倾向于强势利益群体。可以说，在中央政府、地方政府和利益集团三者之间的博弈关系中，中央政府政策的强制执行力度或强硬程度是影响地方政府和强势利益群体之间的联盟关系牢固与否的关键因素，因而也是打破现有利益博弈格局的关键力量。

如前所述，目前我国中央政府的政策决策已有调整，缩小社会差距、促进分配公平已成重要的政策目标。因此，随着中央政府的政策执行力度不断加大，现有博弈格局中的力量对比正在不断发生变化。中央政府完全可以通过协调上级政府与地方政府的利益关系，增强公共政策制定过程的程序化、民主化和法制化等途径来不断增强地方政府公共政策的公共性。尤其经过多年来的经济发展，我国中央政府已具有较为充裕的财政能力。这为统筹社会发展、解决长期积压的各种社会问题奠定了坚实的基础。据国家统计局公布的《2012 年国民经济和社会发展统计公报》显示，我国 2012 年国内生产总值已达 519 322 亿元，人均国内生产总值达到 38 354 元，即 6100 美元。而 2010 年我国国内生产总值就已超过日本，成了世界第二大经济体。与此同时，2010 年全国总税收收入已达到 73 202 亿元，2011 年达 89 720 亿元，2012 年更是上升到 100 601 亿元。可见，中央政府的经济实力已显著增强，完全有足够财力统筹包括义务教育在内的社会各方面发展。而有强大的经济实力作后盾的中央政府一旦加大统筹社会发展的政策执行力度，整个博弈格局中的力量对比就会发生根本性变化，促进义务教育均衡发展的制度变迁进程就会加快，有效地缩小义务教育差距就会大有希望。

第七章 义务教育差距问题治理的
制度变迁思路

根据前面对义务教育差距问题的分析，我们已经知道，导致我国义务教育办学的巨大差距有多种制度原因，而要实现这些制度变革又面临着多重困境，因而决定了义务教育差距问题的解决不会是一蹴而就的事情。但与此同时，新的时局变化又给我国义务教育制度变迁带来了新的契机。这说明，要促进义务教育制度变迁、治理我国义务教育差距问题仍是大有希望的。但要真正做到这一点，首先就必须打破当前义务教育制度的变迁困境，然后才能分别从义务教育资源配置的正式制度和非正式制度等方面进行相应的变革。

第一节 制度变迁困境破解

承上所述，我国义务教育制度变迁虽然面临着一些机遇，但也在一定程度上面临着纳什均衡、利益博弈阻力和路径依赖等方面的困境。因此，要有效地变革我国义务教育制度，就必须首先打破这种制度变迁困境。而要做到这一点，笔者认为，须从以下几个方面进行。

一、让决策者利益相关，打破利益博弈格局

制度是反复博弈的结果。而制度变迁过程就是社会主体之间不断博弈的过程。因此，不同社会主体之间的博弈状况在制度变迁中起着关键作用。正如诺思所指出的，一种制度之所以长期处于均衡状态或陷入非绩效的锁定状态，往往是因为各种政治利益集团的力量处于相对均衡状态。目前，治理我国义务教育差距的制度变迁在一定程度上就处于纳什均衡的僵滞状态。这实质就是中央政府、地方政府及社会各相关利益群体之间的博弈力量相对均衡所致。而要改变这种锁定状态，无疑是极其困难的，必须借助外部力量的影响，尤其是要改变在博弈中居主导地位的利益主体对于制度变迁的预期成本与收益的对比才能改变现有的利益博弈格局。这也是克服制度变迁的路径依赖性的必然要求。在我国义务教育领域，中央政府及其决策者在博弈格局中居主导地位，是制度变迁的主要供给者。而地方政府则又是制度变迁的具体设计者和实施者。外部经济政治时局的变化使

得我国中央政府具有变迁义务教育制度的强烈动机，从而使得原有利益博弈格局具有发生改变的可能性，但却仍面临着地方政府及其代表的既得利益群体的阻碍。在这种背景下，只有加大中央政府对制度变迁的强制执行力度，才能促使地方政府加快贯彻落实政策的步伐。与此同时，还应让具体决策者即地方政府及其代理人的利益与义务教育制度变迁方向高度一致，才能从根本上打破原有的利益博弈格局，有效地促进制度变迁的实现。

对于地方政府决策者而言，制度变迁所带来的成本和收益主要有个体成本与收益、社会成本与收益、政治成本与收益三个方面的内容。其中，制度变迁带来的个人成本和收益的变化对于决策者而言至关重要。具体到义务教育，要让地方政府及其代理人的利益与义务教育制度变迁方向高度一致以从根本上打破现有的利益博弈格局，就必须在建立和完善义务教育均衡发展的评价指标体系的基础上，从中央到地方各级政府，都将义务教育均衡发展的成就作为政府官员的绩效考核的重要方面，并加大政策执行的奖惩力度，使得义务教育均衡发展程度直接影响到政府相关决策者的利益分配和职务升迁，从而才能有力地促使地方政府决策者加快义务教育制度变迁的步伐，有效地解决义务教育差距问题。

二、强化学习机制，形成制度变迁的"多数同意"

制度变迁要得以顺利实现，最基本的前提就是要获得"多数人同意"。"一致同意"的情况虽然是最有效率的（唐寿宁，1996），但却很难达到。有效的制度变迁只能向着"一致同意"方向不同程度地靠近，因而往往只能达到一种"多数同意"的情况。义务教育制度变迁要得以实现，就必须争取达到"多数人同意"。这是因为，一方面，义务教育的正式制度变迁需要在政府机构工作人员，尤其是决策者之间形成上下基本一致的赞同和认可。另一方面，仅仅做到了政府层面的"多数同意"是不够的，义务教育制度变迁还需要获得所有利益主体中的"多数同意"。这也是改变现有利益博弈格局的必然要求。而要做到这些，就必须在全社会强化促使这一制度变迁的学习机制。

新制度经济学认为，学习是对心智的重新塑造，是减少社会中人们思维模型的差异性的重要工具。制度实际就是人们通过学习形成的思维模型和信仰结构的外化。学习的差异是形成不同社会和文明及制度背景的重要原因。正如诺思所指出的，学习是制度变迁的最基本的长期源泉，制度变迁的速度就是学习的函数。制度变迁取决于现有的知识存量。知识存量增长了，制度变迁就会提前，否则就会延迟。这是因为，学习的知识有技术性知识和制度性知识两类。两者均作用于制度变迁的进程和效率。尤其是制度性知识，如意识形态、习俗等本身就是制度变迁的内容。而技术变迁也会促进制度变迁。因此，学习的过程本身就是一个制度形成与变迁的过程，尤其是对于非正式制度而言（罗必良，2005）。因此，强化义务教育均衡发展的学习机制乃是实现义务教育制度变迁的重要途径。

　　构建和完善我国义务教育制度变迁的学习机制，具体而言，就是要在全社会尤其是义务教育领域通过各级政府和媒体机构建立自上而下的学习和宣传机制。一方面，应加强义务教育均衡发展的社会意识宣传，并针对不良行为进行曝光和批判。代表国家的各级政府及其代理人都会在行为上面临一定程度的"诺思悖论"，即存在使统治者的"租金"最大化和使社会产出最大化这两个目标不一致的冲突。不仅如此，作为最高统治者的效用函数和其代理人"官僚"的效用函数也并不一致，从而使得政府提供的制度创新并不都是有效率的。由于使统治者的"租金"最大化和使社会产出最大化这两个目标不一致的冲突最终取决于政府收入总额最大化目的，而朝着义务教育均衡发展的制度变迁不仅能使教育资源配置效率最大化，而且有利于增加社会人力资本总量，缩小社会贫富差距，促进社会可持续发展等，最终有利于政府收入总额最大化目的，在我国义务教育制度变迁领域，"诺思悖论"中"租金最大化和产出最大化的不一致"的这一问题已经自然消解。这主要得力于现有学术界的"学习机制"的结果。但是导致"诺思悖论"的第二层因素——最高统治者的效用函数和"官僚"的效用函数不一致的问题，则需要更强有力的学习机制的建立。正如诺思（2008b）所指出的："意识形态可能恰恰使人们更偏好那些与适应性效率相背离的解决方案。"因此，只有塑造良好的意识形态才能争取制度变迁的"多数同意"，同时才能促进义务教育制度的有效变迁。另一方面，学习机制构建中学习内容不仅包括义务教育均衡发展的意识，而且应包括均衡发展的技术，即一些地方取得的成功经验和良好的制度创新，以便相互借鉴和启发，以实现义务教育制度从局部到整体的不断演化和变迁。

三、选择合适的制度变迁方式：强制、主动、局部、渐进

　　选择合适的制度变迁方式是有效实现我国义务教育制度变迁的关键。制度变迁方式"是指制度创新主体为实现一定目标所采取的制度变迁形式、速度、突破口、时间路径等的总和。……制度变迁方式的选择主要受制于一个社会的利益集团之间的权利结构和社会的偏好结构"（罗必良，2005）。也就是说，制度变迁方式的选择必须与一个社会的利益集团之间的权利结构和社会的偏好结构相适应。唯其如此，制度变迁才能有效实现。因此，要有效地变革我国义务教育制度，以实现义务教育均衡发展，还必须根据我国义务教育制度变迁的实际状况选择合适的变迁方式。

制度变迁有多种方式，从不同的角度可以分为不同的种类。根据制度变迁是由一（群）人自发引起还是由政府法令强制推行可以分为诱致性变迁（如前者）和强制性变迁（如后者）。根据制度变迁的速度可以分为渐进式变迁和突进式变迁。根据制度变迁主体的态度又可分为主动式变迁和被动式变迁。而根据制度变迁的范围还可以分为局部变迁和整体变迁。

从我国义务教育差距及其制度变迁的实际状况来看，我们认为，首先，我国义务教育制度应选择由中央政府法令强制执行的主动式变迁。这是因为，一方面，我国义务教育制度变迁正处于纳什均衡状态，除中央政府外，没有人（包括地方政府）有积极性打破这种僵局状态或相对静止状态，因而不可能实行自发的诱致性变迁。因此，要有效实现义务教育制度变迁，就必须依靠中央政府通过政府命令和法律等手段的强制实施。事实上，义务教育制度作为一种公共物品，由国家强制供给不仅具有规模经济效应，还能降低交易成本。另一方面，由于地方政府是义务教育制度变迁的直接实施者，在打破利益博弈格局、让地方政府决策者与制度变迁的利益直接相关的基础上，更在中央政府的强制推行下，地方政府就能够推动义务教育制度实施主动式变迁。

其次，在变迁的速度和范围上，我国义务教育制度应实行渐进式的局部变迁。渐进式变迁具有变迁过程相对平衡、新旧制度之间的轨迹平滑、不会引起大的震荡等优势。但要完成变迁却需要较长的时间。而突进式变迁则意味着激进的革命式变迁。它虽然会迅速废除或破坏旧制度，但却会导致大的社会震荡。显然，在我国"稳定压倒一切"的背景下，同时制定变迁又面临较大阻力和具有较大的路径依赖性的状态下，尤其是制度变迁的具体内容及其可行性还存在较大不确定性的情况下，义务教育制度选择渐进式变迁方式更为适宜。另外，义务教育制度只是作为社会制度的一个方面，而要缩小义务教育差距，要变迁的制度内容也不过是义务教育制度的局部。尤其是在我国各地政治、经济、文化等各方面发展不平衡的背景下，短期内实现整体性的制度变迁是不可能的，不仅非正式制度变迁不可能实现，就连正式制度也很难做到整体性变迁。因此，总体而言，我国义务教育制度变迁的更可行方式是，在中央政府强制下，由地方政府主动推行局部的渐进式变迁。

第二节　委托-代理问题治理

在打破制度变迁困境的基础上，就可以针对义务教育资源配置制度存在的具体问题进行相应的改革。根据本书第三章对我国义务教育预算内投入体制中的委托-代理关系分析，诸多委托-代理问题是导致义务教育差距形成和拉大的根本原因。而这些问题的产生固然是一般委托-代理关系的共性（信息不对称和目标不一致等)使然,更与我国义务教育制度的特殊性(如初始委托人虚拟、缺位和弱势;代理人市场缺乏;代理层级过多;身份矛盾重叠等)密切相关。要治理这些问题,就必须从问题的源头入手,并设计更完备的契约,即调整现有制度的不合理安排,完善相应的代理人激励和约束机制。具体而言,应作如下变革。

一、投资委托人复位:中央统筹

要解决义务教育差距问题,首先应明确谁应是义务教育的投资主体问题。承前文所述,公共产品属性带来的"搭便车"问题决定了义务教育必须由全国人民通过税收的形式委托给政府统一提供,否则不能实现义务教育的充分供给或供需均衡。因此,全体国民才是义务教育理所当然的投资主体,即初始委托人,而有能力真正代表委托人的政府无疑也只有中央政府。然而,无论是在"三级办学"体制下还是在当前"以县为主"体制下,由于没有全国统一的义务教育资源配置标准,完全由地方政府(县级或以下政府)根据地方的财政能力和财政意愿投资,义务教育实际成了地方人民(或政府)办学,而并非全国人民(国家)办学,从而出现了义务教育投资的初始委托人缺位及其办学水平的千差万别。

从问题的本质上说,义务教育由地方人民(政府)筹办是与义务教育的产品属性相冲突的。与义务教育由市场提供的问题一样,义务教育由地方提供同样会出现"搭便车"等导致供给不足的问题。由于人口的流动频繁①,义务教育服务的外溢性使得各地人民或政府之间的教育收益并不一致。尤其是,受教育者往往从农村流向城市、从贫困地区流向经济发达地区,从而使得越是贫困落后的地方获得义务教育的投资收益越少,因而其投资的积极性就越低,用于义务教育的实际投入也就越少。其最终结果就是:因为经济差距而放大了义务教育投入差距。

为此,必须恢复人民应然的义务教育投资委托人身份,即要改变现有的由省级政府负责统筹的义务教育投入体制,而由中央政府承担起代表全国人民的使命,统筹并均衡配置全国的义务教育资源。具体而言,就是要根据"分税制"后各级政府的财政实际,改革教育财政体制,在考虑了地方实际差别的基础上将义务教育经费交由中央统筹分配。中央政府在承担起统筹兼顾职责的前提下,进而根据实际情况在下级政府中寻求合适的代理人具体执行投资和管理,而并不一定要承担义务教育投资和管理的一切责任。与此同时,中央政府还应在此基础上设立专项经费,专门用于农村学校或薄弱学校的扶持,以弥补义务教育的历史差距。总之,只有在中央政府承担起统筹职责的基础上,教育资源才能得以均衡配

---

① 即使在人口流动为零的情况下,地方办学也顶多能与当地经济发展水平相一致,而不能与全国的政治和文化发展的需要同步。

置，免费的强迫的义务教育才能均衡发展。

二、投资代理人调整：以省为主，省直管县

"三级办学"和"以县为主"的办学体制及各种重点学校制度实质上都主要是义务教育投资代理人逆向选择的结果，也是导致义务教育差距的最根本原因之一。为此，必须调整义务教育投资的具体代理人。

（一）上移投资代理人层级到省级政府

在"三级办学"和"以县为主"的办学体制下，作为投资和管理代理人的县级政府不仅因为层级过低而难以完全承担起应有的财政责任，还会因为地方经济发展差距而导致义务教育投资能力和投资意愿的差距，最终导致实际投入的地区差距、城乡差距和校际差距。义务教育投资本来就是一种基础性投资，不仅投入大，而且周期长、见效慢。这必然会大大降低任期并不太长的地方政府官员的投资意愿，进而导致"投资卸责"甚至"搭便车"等实际投入不足的状况。可见，无论从何种角度来看，以县级政府作为义务教育的主要投资代理人都不能真正承担起全国义务教育的代理任务。为此，必须上移义务教育的投资代理人。

那么，应上移到哪一级政府呢？笔者认为，应上移到省级政府，即实行"中央统筹"下的"以省为主"的体制。这是因为，只有省级政府及其教育主管部门才能在比较大的范围内主要承担起代理中央具体实施义务教育资源的均衡配置任务。"以省为主"就是要在"中央统筹"下，将义务教育投资和管理的主要责任上升到省级政府，而县级政府只负责协助省级政府做好落实并承担相应的管理职能。在投资上，可以根据财政体制的实际情况作出相应调整，实行由"中央统筹，以省为主，中央和省级政府按比例分担义务教育经费"的体制。在管理上，可以实行"省直管县"，再由县级政府具体负责县域义务教育的日常管理。这一问题将在下文详述。

如上文所述，治理义务教育差距问题必须实行"中央统筹"。实行"中央统筹"就是因为中央政府才能真正代表国民，而且只有中央政府统筹了义务教育资源配置才算代表了全国人民，从而才真正恢复了全国人民的投资初始委托人身份。而实行"以省为主"的体制既有利于"中央统筹"的实施，又能避免或减少中央政府因信息不对称而管得过死、决策失误的问题，同时还能与义务教育的公共产品属性相适应，因而具有更大的现实可行性。

（二）统一投资代理人：消解重点学校

实行"以省为主"的体制还能同时解决当前义务教育投资代理人不统一的问

题。由于各类"重点"中、小学校,如市属、省属和部属中、小学,或市级、省级和国家级示范(实验)中、小学校等的存在,使得义务教育学校的投资委托人千差万别,教育资源配置也就参差不齐。这种投资主体的混乱现象正是人为制造和拉大义务教育办学差距的重要根源(它导致了多头代理并使得信息更加不对称)。为此,必须统一义务教育的实际投资代理人。而实行"中央统筹、以省为主"的体制后,以上问题将自然消解。

三、促进信息畅通,改善信息不对称状况

导致我国预算内义务教育投入体制中诸多委托-代理问题的根本原因之一就是委托人和代理人之间存在严重的信息不对称问题。尽管在教育领域要做到绝对的信息对称是很难的,甚至根本不可能,但是,仍然可以通过相应的制度变迁和技术变迁来尽可能地降低信息不对称的程度。具体而言,可以作如下努力。

(一)减少代理人层级:省直管县

当前的义务教育投入体制中,代理人层级过多、链条过长,不仅使得政策执行的中间环节过多,而且代理人身份矛盾重叠,多头代理,因而导致了委托人与代理人之间严重的信息不对称状况。为此,必须减少义务教育投入的代理人层级。自"以县为主"以来,乡(镇)政府及村委组织在义务教育资源配置中已经基本不再承担多少责任了。市级政府虽承担着相对较小的筹资和管理责任,但并不十分必要。因此,在实行"中央统筹、以省为主"体制改革后,完全可以由"省直管县",取消市级政府及其教育主管部门在义务教育资源配置和管理中的中间环节作用。对此,财政部已于2009年发布了《关于推进省直接管理县财政改革的意见》,要求要在2012年年底前,力争在全国范围内(民族自治地区除外)全面推行"省直管县"的财政改革。其改革主要目的是要调整税收分成结构,减少转移支付漏损,增加县级财力等。但笔者认为,县级财力的增加未必会实现基础性投资的相应增加,反而还很可能再现"挤出效应"。因此,"省直管县"的税收分成应充分考虑到"中央统筹"的能力,即不是增加县级财力,而应增加省级财力,以便均衡配置义务教育资源。目前,"省直管县"正逐渐在全国推行。毋庸置疑的是,"省直管县"的推行必将大大减少资源配置的中间代理人环节,降低委托-代理关系中的信息不对称程度和减少其带来的一系列问题。

(二)建立科学统一的资源配置标准和均衡发展的评价指标体系

技术变迁是制度变迁的动力来源和重要条件。因此,要改善上下级政府之间关于义务教育资源配置的信息不对称状况,还必须加快技术变迁的进程,即确立

相对科学而且统一的资源配置标准及其均衡状况的评价指标体系。义务教育差距要得以消除必然要求实行城乡统一的资源配置标准。这不仅要求实行全国统一的教育经费配置标准（目前虽然已有少数省份制定了省订统一的公用经费标准，但多数省份并未制定。而且仅仅省订统一公用经费还不够，还必须由中央统筹所有经费才行）和城乡教师编制标准及其待遇标准，还要求对这些资源获取的具体途径都要作出具体统一的刚性制度安排，以避免给代理人过多的自由裁量权。与此同时，还应加大学校标准化建设和管理的政策推行力度。唯其如此，方能有效降低信息不对称的程度，竭力避免各种内部人控制问题或权力寻租等败德行为问题。对于义务教育资源均衡配置评价指标体系的构建，目前学界已有较多研究，并已取得了较大突破。可以肯定，这种评价技术变迁必将为义务教育的制度变迁带来新的曙光。

（三）健全学校资源配置及其均衡状况的信息公开制度

解决资源配置信息不对称的另一个必要措施就是实行信息公开制度，即让代理人每年定期公布该区域各义务教育学校的资源配置情况，包括其现实均衡状况。这不仅有利于发挥作为委托人的人民的监督作用以监督其信息的真实性，而且有利于打破下级政府的信息垄断，让上级政府把握真实信息，充分履行委托人职责，从而有效避免或减少各种委托-代理问题。

然而，地方政府官员并不愿对义务教育的资源配置及其均衡与否的实际状况进行规范的信息披露。这是因为，保守秘密乃是代理人顺利谋求个人效用最大化的根本条件。只有维持相对于上级委托人的信息不对称优势，代理人才能更好地进行共谋、寻租、卸责等败德活动。对此，我国于 2008 年 5 月 1 日公布的《中华人民共和国政府信息公开条例》已明确规定：各级政府必须公开政务信息（包括教育资源配置信息），并将之作为公共服务的一项重要内容；必须以公开的方式，如政府公报、政府网站、新闻发布会，以及报刊、广播、电视等为主，以便于上级部门和群众查询。然而，笔者调查发现，目前各地教育主管部门的网站中，关于"信息公开"一栏基本上仍是虚位以待或显示"该网页正在创建中"，并不见任何实际内容。为此，作为人民利益代表的中央政府还须进一步规定信息公开的具体栏目和内容（即设计更完备的契约），并将信息公开制度作为地方官员考核的一项硬性指标，才能有效地改善这一状况。而且只有真正做到了信息公开，上级政府获得了真实信息，才能尽可能避免上级政府政策决策的失误和下级政府的委托-代理问题。

（四）建立良好的代理人决策参与机制

在现有的委托-代理关系中，各级委托人与代理人之间并非平等的主体，下游代理人往往由上游代理人委派，因而很难有充分或自由表达其代理意志和利益的机会。因而政策制定往往因为缺乏各级政府之间的充分参与和论证而不切实际。下级政府在缺乏应有的表达和沟通的情况下也只能无条件地接受和执行。这不仅使得代理人严重缺位，而且加剧了信息不对称程度。为此，必须建立和完善代理人决策参与机制，如建立下级政府提案制度和政府间的决策听证制度等（陈静漪等，2008），以让各级政府之间得到充分的信息沟通和交流。

四、完善激励约束机制，促进资源均衡配置

只要有分工合作，即实行所有权与经营权的分离，就会存在委托-代理关系。而只要存在委托-代理关系，就存在目标函数不一致和信息不对称，从而产生委托-代理无可回避的一些问题。要解决这些问题，不仅须从源头着手以降低问题的发生概率，而且应通过设计完备的契约来进行良好的激励和约束。而这种契约的制定关键在于要实现委托人和代理人的激励兼容（incentive compatibility），即制定的规则要能激励代理人在追求自身利益最大化的同时也实现了委托人的利益。委托-代理理论的具体模型分析（如隐藏行动的道德风险模型和隐藏信息的逆向选择模型等）为此提供了重要依据。

在义务教育资源配置制度设计中，要实现委托人和代理人的激励兼容就必须将委托目标更加明确化和具体化，将义务教育投资及其资源配置状况作为相关政府政绩考核的重要指标，并按照权、责、利对等的原则对实施结果进行奖优惩劣，对各类败德行为依法严加惩处。由于只有所有者才有监督代理人的积极性，而公共义务教育资源的产权主体是全体国民，政府只是其产权代表，要有效地实现委托人和代理人的激励兼容，还必须充分发挥人民的监督作用。一般而言，政府代理人要发出问题行为，往往是需要付出一定代价，即"代理问题成本"的。这主要取决于"所处的制度环境、社会舆论及其需求偏好、伦理道德等"。代理问题成本主要包括心理成本（如要突破社会舆论带来的心理障碍并承受的心理负担）、惩罚成本（被发现后可能遭受的惩罚）、机会成本和博弈成本等。因此，要有效地改善政治代理问题，就需要培育健全而充分竞争的代理人市场，增强政治代理人的职业道德和公共服务意识（李春成，2000）。在义务教育资源配置中，必须坚持显性激励与隐性激励相结合、物质激励和精神激励相结合的原则，通过信息公开让代理人接受社会呼声与民众舆论的监督和激励。在符合广大人民根本利益的基础上，根据代理人政绩的好坏决定其去留，以使代理人为其问题行为付出成本。只有这样，才能培育良好的代理人竞争市场。总之，要充分发挥激励机制、法制建设和民主监督的作用，从根本上实现委托人和代理人的激励兼容，才能避免或减少各种委托-代理问题的产生，促使代理人有效地实现均衡配置义务

教育资源的委托目标。

第三节　教育产权制度变革

根据前文(第四章)从产权的角度对义务教育预算外经费和教师资源的配置制度进行的理论和实证分析来看,我国义务教育差距的形成还根源于义务教育产权制度安排的许多不合理方面。因此,要治理义务教育差距问题,还须从以下方面进行相应的变革。

一、还给教育行政机构剩余索取权

如前所述,我国义务教育行政机构的产权安排存在着剩余索取权缺失的问题:政府教育行政机构的代理人只享有合理配置资源的剩余控制权而没有剩余索取权,从而不能很好地履行其统筹均衡配置教育资源的法定权利,进而导致教育差距的产生。为此,必须将教育资源均衡配置的结果作为其行为主体政绩考核的重要因子,并与其利益挂钩,给予其足够的激励。只有如此,才能使得政府教育行政机构的代理人对称地享有配置教育资源的剩余控制权和剩余索取权,从而更好地履行其法定的均衡配置教育资源的权利。

二、调整教育机构之间剩余控制权

由于政府放弃了统筹配置学校经营收入的权利(即政府将统筹使用学校经营收入的剩余处置权错误地留给了学校),而学校之间的经营收入可谓是千差万别,以至于导致了校际资源配置差距日益悬殊。为此,必须把学校经营收入,即所谓预算外经费也纳入政府统筹配置的权限范围之内。学校经营收入是学校应用国有资产开展非独立核算经营活动获得的创收,因而产权属于国有。既然属于国有教育资源,政府就应享有统筹配置的权利。事实上,现有的制度规定已经承认其国有属性,而且要求学校将其"上解入账"。但《中小学校财务制度》第二十三条却又规定将其仅"并入学校结余",归学校"结余留用",并不纳入政府统筹均衡配置的范畴。显然,这一规定本身就是与《义务教育法》(2006 年修订)第六条"国务院和县级以上地方人民政府应当合理配置教育资源,促进义务教育均衡发展"的内容相冲突的。

从学校经营收入的性质来看,有些收入属于教育成本的回收,如学前教育收费等,有的则属于教育收益的组成部分,如对外投资收入。它们与受教育者的社会贡献一起共同构成了教育的总收益。尽管其中也凝聚了教育人力资本的贡献,如学校管理者的决策和经营努力，但这些努力应属于人力资本的剩余控制权范畴，因而只应享有一定的剩余索取权，即应通过绩效工资的途径根据学校经营状况给予激励或进行剩余分享。而对于学校经营收入则应将其视为公共教育资源的一部分，并纳入政府统筹均衡配置的权限范围之中。这无论从理论上还是实践上，都是可行的。唯其如此，才能进一步解决义务教育差距日益拉大的问题。

三、教师人力资本剩余索取权纠错

从产权角度来看，我国现行的义务教育教师人力资本虽然享有一定的剩余分享权，但由于其制度安排的不合理，一方面，津贴补贴太少或不到位使得广大农村、偏僻山区或贫困地区等环境较差学校的教师由于其人力资本投入成本长期得不到应有的补偿而往往选择"流失"或怠工；另一方面，不同学校之间教师所获得的校内福利又因学校经营收入不同而存在巨大差距。这些因素必然导致学校之间教师流动的无序和失衡，加大师资配置的差距。为此，须作如下制度变革。

首先，应加大并落实津补贴资助力度。在实行岗位绩效工资制度下，教师津贴补贴主要是用于教师人力资本超额支付的成本补偿，因此应反映教师实际的成本付出，如交通费、通信费及其他相关的由环境较差导致发生的成本。鉴于前面所述的实证调查情况，我们认为，各地方政府还应加大和落实义务教育教师津补贴的资助力度。各地应在实际调研的基础上，将学校视艰苦程度不同分类型，即根据一般农村、边远、贫困、山区等各种情况，重新制订义务教育教师津补贴制度的具体实施方案，并保证其真正落到实处。

其次，应取消将学校经营收入用于教师福利的制度，而将学校经营中相关教师的实际表现和贡献仅仅纳入绩效考核之中，并通过绩效工资的途径进行激励或回报。学校经营收入是学校相关人员的人力资本（已通过契约成为国民所有）与义务教育非人力资本（也属于国有）共同创造的收入，属于教育收益的组成部分，也是国有资产的范畴，因而不应成为学校成员的私有财产而被瓜分。将学校经营收入用于教师福利实质就是将学校经营收入的国有产权混同为学校集体产权了。而且据实证调查来看，各学校的这些经营收入差距在更大程度上是由地域环境不同而造成的，而并非学校经营决策的因素所致，如学校土地、商铺（小卖部）、学前生源等都因地域差别而存在巨大差距。因此，将学校经营收入用于教师福利并不具合理性。但由于委托-代理关系的存在，而且学校经营收入的多寡也在一定程度上与学校的实际经营决策有联系，即学校相关人员的人力资本在经营中拥有剩余控制权，给予其一定的剩余回报也是必须的。可行的办法就是将学校经营中相关教师的实际贡献纳入绩效考核之中，并在绩效工资中予以剩余分享或利润回报。

总之，只有根据义务教育教师人力资本的产权特征，才能科学合理地制定教师收入分配制度。也只有科学合理地制定教师收入分配制度，才能为改善和解决学校之间的师资配置差距问题提供可能。

四、协调各主体人力资本控制权，落实教师定期流动制度

正如前面分析的那样，长期以来，我国义务教育教师并没有自由流动的权利（这恰恰正是教师人力资本应有的产权安排），而政府相关部门在享有和实施均衡配置教师资源权利的时候也往往因相关正式制度缺失或不健全而未能很好地履行其职权。两个方面的因素使得我国义务教育的教师人力资本往往被错置，以至于供求失衡、两极分化，形成校际师资配置的巨大差距。为此，必须还给教师在教育系统内一定的自由流动权，同时也必须对政府及其代理人在具体实施均衡配置师资的权利时的行为给予正式制度的规范和保障。而要做到这一点，就必须把早在1996年教育部《关于"九五"期间加强中小学教师队伍建设的意见》中就已提出的"教师定期交流"制度落到实处。

实行义务教育教师定期交流制度，无论是从政府统筹配置教师资源的角度还是从教师实现其人力资本剩余控制权的角度来看，都是非常必要而且是可行的。但要真正做到这一点，就必须首先打破教师使用的单位所有制和地区所有制，从而才能使中小学教师根据自己的意愿，结合政府统筹和岗位设置的需要，并在遵循制度规范和程序的基础上在学校和地区之间进行交流，实现教育系统内部人力资源的合理配置。事实上，义务教育教师人力资本并非属于某一学校或地区所有，其产权属于国有，因而具体的学校或地区只拥有教师人力资本的使用权而并不拥有所有权和占有权。因此，《教师法》及其他有关政策法规中关于"城市中小学校拥有教师聘任权，而农村中小学的教师聘任权则由县级教育行政部门实行"的规定是不合理的。在"以县为主"的管理体制下，至少应实行由县级教育行政部门统一聘任义务教育教师的制度，否则教师就不能在县域内合理流动，即首先实现县域内教师资源均衡配置，而教师定期流动制度也不可能真正得到推行。

要打破教师使用的单位所有制和地区所有制，不仅要实行由政府统一聘任教师到具体学校的制度，而且应确立合理的义务教育教师法律身份。教师法律身份在本质上是界定教师与其他交易主体之间的产权关系的一种契约身份。《教师法》将义务教育教师界定为专业技术人员并不合理，它与义务教育的外部性特征存在冲突（黄彬等，2008）（这是我国义务教育教师聘任制未能真正落实的重要原因）。因此，义务教育教师的法律身份尚需重新界定。我们认为，义务教育的外部性及

其教师人力资本的高度专用性和个人占有的天然性等决定了义务教育教师的职业兼有公务性和专业性的特征,因而其法律身份既不能简单地定为公务员,也不能定为专业技术人员,而只能定为公务雇员(夏茂林等,2013)。只有确立了义务教育教师"公务雇员"的法律身份后,教师定期流动制度才具有实施的法律依据和前提。

在打破教师资源的学校所有制和地区所有制并确立了合理的教师法律身份的基础上,还要制定具体的操作规范的教师定期流动制度。这种教师定期流动制度的制定应能够体现教师个人的权利、义务和社会公共利益的共同要求。具体而言,就是要根据各学校生源变化即师资需求情况适时调整编制和岗位设置,在平衡教师的性别结构、年龄结构和学科结构等基础上,根据教师的任职期限和制度统一要求,由教师自愿选择学校,在政府组织和统筹下实施流动和将教师聘任到其意愿的学校。对于参与流动的教师,政府还应建立完善的流动教师利益补偿机制作为配套措施,以补偿流动给教师带来的成本和损失。具体操作可借鉴日本、韩国等已经有过较多成功实践经验国家的做法。

毋庸置疑,只有通过教师定期流动制度的建立和实行,义务教育师资配置的校际差距问题才能够得到根本解决。

第四节　教育非正式制度建构

通过对非正式制度进行的调查研究发现,意识形态、道德信仰、习俗惯例和文化传统等范畴都对义务教育资源配置影响较大,而且其中一些内容正是导致我国义务教育巨大差距的重要因素。因此,为了从根本上有效地缩小义务教育差距,不仅要从正式制度进行变革,还必须对一些非正式制度进行建构。

一、加强宣传教育,树立正确意识

观念是行为的先导。根据第五章的实证调查分析,在非正式制度因素中,意识形态对我国义务教育差距影响力最大,其中的差异发展观是对我国义务教育差距影响最大的两个因子。长期以来,差异发展观支配着政府的办学决策,从而在义务教育资源配置方面坚持了以城市为中心的非均衡发展思路,使得义务教育差距日益拉大。为此,必须强化正确的意识形态宣传和教育,使教育管理者纠正原有的发展思路,在义务教育中牢固树立均衡发展观和素质教育观,充分认识到只有促进义务教育均衡发展和学生素质全面发展,才能提高义务教育资源的整体效率和效用。具体说来,首先,就应在教育行政管理系统内自上而下进行均衡发展观念的学习,并把它上升到科学发展观的高度,作为指引义务教育发展规划和资源配置的主导思想；其次，还应加强在全社会的舆论宣传，批评应试教育的极端错误做法，树立学生全面发展观和素质教育意识，正确对待升学和教育评价，消解应试教育带来的不良竞争及其对教育差距的不良影响。

二、加强人员交流和精神引领，重塑职业道德与信仰

从调查来看，教育工作者普遍存在职业信仰危机和职业道德感不足等问题，这主要源于对物质利益过于看重的拜金主义等思潮的影响。这些道德信仰范畴的非正式制度对于义务教育资源配置差距（包括政府层面的资源配置和教师流动导致的师资配置）的影响较大。为此，应加强对社会舆论和道德风尚的改造，尤其是对教育系统内部包括管理者和教师进行职业道德和信仰的重新塑造。而要有效地做到这一点，就必须打破现有的人员岗位固化状态，加强人员交流，才能有效地破除原有不良的组织文化，为重塑职业道德与职业信仰排除干扰和创造条件。同时，应加强对教育工作者的精神引领和激励，让教育系统的工作人员勤于职守，忠于人民教育事业和教育育人的神圣职责。

三、加强正式制度导向与执法，促进非正式制度变迁

制度经济学研究认为，要促进制度变迁既不能只看到正式制度，也不能仅重视非正式制度。只有将两者协同进行变革，才能有效地作用于实践。因此，要更好地促进非正式制度变迁，也还得依靠正式制度变迁的力量。从调查结果来看，对义务教育资源配置产生不良影响的还有一些不良习俗惯例和文化传统，如人情关系、重点学校惯例、潜规则、集权文化，以及官本位、校本位和家本位等本位文化因素。显然，要变革这些不良的非正式制度并非易事。这必然要经历一个漫长的演化过程，因而短期内是不可能实现根本性改变的。但为了有效地促进这些方面的良性变迁，笔者认为，应从如下方面着手：一方面，应加强对公共利益意识和集体主义意识及正确价值观的宣传和教育，以逐步革除官本位、校本位和家本位等本位主义不良文化的影响；另一方面，也是很重要的途径，那就是应加快相关正式制度的建立和完善，加强促进义务教育均衡发展的正式制度变革和执行力度，对不良行为要坚决制止，并加大对不法行为的惩处力度。对于重点校、示范校制度，不仅要坚决予以取缔，在配置教育资源时不但不再向重点校倾斜，反而转向扶持薄弱学校，而且要"抑强"，要取消其高额的入门费、择校费、赞助费等，并打破招生的就近入学的户籍限制，在本地区实行统一招生，平等录取，让一般百姓子弟可以通过公平竞争去享受优质教育资源。虽然让农村学生与城市学生一起凭成绩竞争并非完全公平，但也会相对公平得多，至少可以保证上重点

学校不再沦为达官富人子弟的专利。另外，还应该充分发挥名校的示范性和辐射力，使之以先进的管理和优质的教育去带动薄弱学校，真正起到示范带动作用。

非正式制度尤其是潜规则的盛行往往是由正式制度及其实施机制缺失或不健全导致的，因此，强化规范的正式制度运作才能有效地消解人情关系、重点学校惯例和潜规则等非正式制度的不良作用。根据调查，潜规则和本位主义等因子对师资配置差距的影响极其显著地高于其对财物资源配置差距的影响。因此，在消除教师资源配置差距问题上，还应更加强化正式制度的完善和落实，突出地注重对潜规则和本位主义文化的破除。总之，只有通过强化各种正式制度的正确导向和贯彻落实，包括借助法制的力量，才能更为有效地促使上述非正式制度实现强制性变迁。

结　束　语

　　行文至此，应该说，本书关于义务教育差距问题的制度归因及其变迁的研究就基本结束了。然而，凡事说到"结束"二字，人们多少都会有些感慨万千。做人如此，做事如此，做学问更是如此。事实上，任何"结束"都是"了犹未了"而"不了了之"的。曾经在选题之初的雄心勃勃和信誓旦旦并没有在研究过程中获得像"春风得意马蹄疾，一日看尽长安花"那样的轻松和惬意。有时甚至是"为看一枝'花'，消得人憔悴"。客观地说，由于各种主客观的原因，不得不承认，本书未曾深入的内容和未能解决的问题还不少。因此，本书的结束并不意味着研究的彻底终结。终点也是起点。适时的结束不过是为了更好地继续。而为了更好地继续，就有必要再回过头来对本书获得的基本观点及不足之处作一个简要的梳理和自我总结。

一、基本观点总结

　　"两极分化、悬殊差距"对于任何一个国家的任何一个方面的发展而言，都不会带来好的结果，因而都是应极力避免的。正如邓小平（1993）所说，"如果导致两极分化，改革就算失败了"。因此，对于经历了30多年改革开放并取得了经济社会较大发展的中国而言，缩小差距、促进和谐已成为进入21世纪以来相当长一段时期内的一大时代主题。而缩小由人为的资源配置制度因素所造成的城乡之间、地区之间和学校之间的义务教育办学差距尤显紧迫。这不仅在于义务教育资源配置失衡的诸多危害（危及社会公平正义，影响社会和谐稳定；助推了应试教育和择校风气；降低了教育资源配置的整体效率；与经济差距形成了恶性循环；在一定程度上阻碍了国民经济快速增长与结构优化；等等），而且在于义务教育差距仍有继续拉大的发展态势，同时更在于义务教育的特殊性（要实现效用最大化需要校际资源的均衡配置，而不是基尼系数警戒线以内的差距配置。这是因为基尼系数警戒线仅仅反映了社会公平程度导致的人们的反响和社会后果，而不是资源配置的效率效用本身的客观要求）。

　　义务教育差距根源于义务教育制度。因此，我们认为，义务教育差距是一个典型的制度悖论，其实质是一个制度绩效问题。为此，本书选择了新制度经济学中的委托-代理理论和产权理论并结合我国的制度实际和调查实际，分别分析了义务教育预算内投入体制、预算外投入体制和师资配置等方面正式制度存在的问题及其对义务教育资源配置差距的影响，选择运用非正式制度理论实证研究了导致义务教育资源配置差距的非正式制度因素，同时还运用制度变迁理论分析了缩小义务教育资源配置差距的制度变迁问题。综合各项分析所得到的观点，概括提炼起来形成了以下几个方面的结论。

（一）打破制度变迁困境是缩小义务教育差距的关键

通过对我国义务教育差距不断演化及其治理背后的制度变迁问题进行的分析发现，改革开放以来，决定和制约义务教育制度变迁的主要因素有社会经济环境、政府决策、利益博弈和文化意识等方面。尽管目前我国义务教育制度变迁面临着外部社会经济环境变化、中央政府及政策变化和博弈格局力量对比变化等带来的契机，但也在较大程度上面临着纳什均衡、利益博弈阻力和路径依赖等困境。因此，要有效治理义务教育差距问题，关键就在于打破其制度变迁困境。为此，我们提出了以下几点措施：①让决策者利益与促进均衡的制度变迁方向一致，并加大中央政府对制度变迁的强制执行力度，以打破利益博弈格局；②强化关于义务教育"均衡发展及其技术"的学习机制，形成地方政府和社会民众对义务教育制度变迁的"多数同意"；③选择合适的制度变迁方式。具体说来，义务教育制度应选择实行政府强制式、主动式、局部式和渐进式等变迁方式。

（二）改善投入体制的委托-代理关系是缩小义务教育差距的根本途径

政府财政投入是义务教育资源的主要来源。然而，我国义务教育财政投入体制中的委托-代理结构不仅存在信息不对称、目标函数不一致和契约不完全等一般委托-代理问题，而且还存在许多特殊问题，如初始委托人虚拟、缺位、弱势，代理人市场缺乏，代理层级多、链条长，身份矛盾重叠，权责不对等等。正是这些原因使得我国义务教育财政投入体制出现了严重的委托代理问题，如逆向选择、道德风险、代理人合谋和内部人控制问题等，并极大地拉大了义务教育的办学差距。因此，要缩小义务教育资源配置差距，最根本途径就在于改善义务教育投入体制的委托-代理关系。为此，我们提出了以下措施：①恢复中央政府的投资委托人身份，由中央政府统筹义务教育资源的筹集和配置；②调整投资代理人，实行"以省为主、省直管县"的义务教育管理制度，将投资代理人层级统一上移到省级政府；③通过减少代理人层级、建立科学统一的资源配置标准和均衡发展的评价指标体系、健全均衡状况的信息公开制度、建立良好的代理人决策参与机制等途径来促进信息畅通，改善信息不对称状况；④将义务教育投资及其资源配置状况作为相关政府政绩考核的重要指标，并通过信息公开接受监督和进行奖优惩劣，以完善激励约束机制。

(三)调整相关产权制度是缩小义务教育差距的必要途径

产权制度也是决定资源配置状况的重要因素。通过理论分析并结合调查实际发现，我国义务教育在预算外经费和人力资源方面的产权制度存在不少问题，并极大地导致了义务教育资源配置差距，主要表现在：教育机构及其代理人的剩余索取权缺失导致其均衡配置教育资源的动力缺失；教育机构的剩余控制权错位使得预算外教育经费缺乏政府统筹，从而导致校际教育差距拉大；教师人力资本的剩余索取权配置谬误及剩余控制权配置失谐导致了师资配置失衡。因此，缩小义务教育办学差距就必须调整现有的义务教育相关产权制度。为此，我们提出了以下措施：①还给教育行政机构应有的剩余索取权和剩余控制权。一是要将教育资源均衡配置的结果与其行为主体的利益挂起钩来，并给予其足够的激励。二是应把学校经营收入纳入政府统筹配置的权限范围之内。②应加大并落实津补贴资助力度，健全教师人力资本剩余索取权制度，并取消将学校经营收入用于教师福利的制度，而将学校经营中相关人员的实际表现和贡献纳入绩效考核之中进行激励或回报。③协调各主体对教师人力资本的控制权，实行由地方教育行政部门统一聘任义务教育教师并定期流动的制度。

(四)重构非正式制度是缩小义务教育差距的难点所在

非正式制度作为一种不同于市场和计划的力量，是调节资源配置的另一只"看不见的手"。它往往与正式制度相互依存、相互补充、相互影响，共同决定着社会资源的配置状况。通过对非正式制度进行的调查研究发现，表现在意识形态、道德信仰、习俗惯例和文化传统等范畴的一些非正式制度内容也是导致我国义务教育差距的重要因素，如应试教育、差异发展观、重点学校传统、集权文化、潜规则、人情关系、拜金主义、本位主义文化、职业信仰、职业道德等。因此，缩小义务教育差距，不仅要从正式制度进行变革，还必须对一些不合理的非正式制度进行重构，以促进整个教育制度的协同变迁。为此，我们提出了以下措施：①强化正确意识宣传，树立义务教育均衡发展观。具体而言，一方面，应在教育行政管理系统内自上而下进行均衡发展观念的学习，并把它上升到科学发展观的高度，作为指引义务教育发展规划和资源配置的主导思想；另一方面，还应在全社会加强舆论宣传，批评拉大义务教育差距的错误做法。②加强教育工作人员岗位交流和精神引领，破除原有不良的组织文化，为重塑职业道德与职业信仰排除干扰和创造条件；同时应加强对教育工作者的精神引领和激励，让教育系统的工作人员重新树立良好的职业道德与职业信仰。③通过加强正式制度导向和执法来促进非正式制度变迁。一方面，应加强对公共利益意识和集体主义意识及正确价值观的宣传和教育，以逐步革除不良文化的影响；另一方面，还应加快相关正式制度的建立和完善，加强促进义务教育均衡发展的正式制度变革和执行力度，对不良行为要加大惩处力度并予以坚决制止。

　　然而，正式制度可以在一夜之间发生改变，非正式制度变迁却非一朝一夕之功可以完成的。它注定了必然是一个缓慢的逐步演化的过程。只要那些不合理的非正式制度没有得到真正彻底地改变，正式制度变迁就会受到阻碍或难以落到实处。正因为如此，我们认为，重构非正式制度将是缩小义务教育差距的难点所在。

二、需要进一步研究的问题

　　毋庸置疑，由于课题本身的难度、本人研究能力的局限及其他各种主客观研究条件的限制等，本书还存在诸多不足，不少问题还需要进一步探讨。例如，关于如何有效构建义务教育投资体制的委托-代理关系以实现投资委托人与代理人的激励兼容问题；对于义务教育投资剩余及其分享机制的具体构建问题；对于义务教育制度变迁的博弈问题；等等。这些均有待在以后的研究中不断深入。

参 考 文 献

巴泽尔 Y. 1997. 产权的经济分析 [M]. 费方域，段毅才译. 上海：上海人民出版社.

白雪梅. 2004. 教育与收入不平等：中国的经验研究 [J]. 管理世界，(6).

包海芹. 2004. 教育政策执行中的委托-代理问题 [J]. 江苏高教，(3).

鲍传友. 2005. 中国城乡义务教育差距的政策审视 [J]. 北京师范大学学报（社会科学版），(3).

贝克尔 J S. 1995. 人类行为的经济分析 [M]. 王业宇，陈琪译. 上海：上海人民出版社.

庇古 A C. 2010. 福利经济学（上下卷）[M]. 朱泱，等译. 北京：商务印书馆.

布坎南 J M. 2009. 公共物品的需求与供给 [M]. 马珺译. 上海：上海人民出版社.

曹淑江，范开秀. 2001. 也谈关于教育中的产权问题——兼与杨丽娟同志商榷 [J]. 教育与经济，(4).

曹淑江，朱成昆. 2002. 关于民办学校的非营利性和产权问题探讨 [J]. 河北师范大学学报（教育科学版）(4).

曹淑江. 2004a. 教育制度和教育组织的经济学分析 [M]. 北京：北京师范大学出版社：19，53.

曹淑江. 2004b. 教育中的交易、契约选择和学校组织的契约性质 [J]. 教育科学，(3).

袁景州. 1994. 建立有利于义务教育均衡发展的资金保障体系 [J]. 贵州社会科学，(1).

陈初越. 2005. "教育公平改革"风雷隐动 [J]. 基础教育. (9)：47-51.

陈东琪，李茂生. 1995. 社会主义市场经济学 [M]. 4版. 长沙：湖南人民出版社.

陈惠雄. 2006. 人本经济学原理 [M]. 2版. 上海：上海财经大学出版社.

陈静漪，袁桂林. 2008. 农村义务教育财政供给的委托-代理关系研究 [J]. 教育发展研究，(19).

陈军宣. 2006. 义务教育均衡发展的制度分析 [D]. 厦门大学硕士学位论文.

陈心慧. 2006. 城乡教育差距的制度因素 [J]. 湖北广播电视大学学报. (5).

陈阳. 2007. 中小学教师流动的制度化研究 [D]. 东北师范大学硕士研究论文.

陈永正，陈家泽. 2004. 乡级财政——扩张冲动与自筹制度 [J]. 经济学家. (4).

陈郁. 2006. 所有权、控制权与激励——代理经济学文选 [M]. 上海：上海人民出版社.

程方平. 2006. 北京市海淀区教育均衡化问题的调查报告 [J]. 中国教师. (2).

褚宏启，高莉. 2010. 义务教育均衡发展评估指标与标准的制订 [J]. 教育发展研究，(6).

褚宏启. 2009. 城乡教育一体化：体系重构与制度创新——中国教育二元结构及其破解 [J]. 教育研究，(11).

崔红菊. 2009. 义务教育均衡发展政策研究 [D]. 厦门大学硕士学位论文.

崔玉平. 2002. 高等教育制度创新的经济学分析 [M]. 北京：北京师范大学出版社：172.

德姆塞茨 H. 1991. 关于产权的理论 [A] //科斯 R，阿尔钦 A，诺思 D. 财产权利与制度变迁——产权学派与新制度经济学派译文集 [C]. 上海：上海三联书店：97.

邓路. 2007. 学校与教师契约关系评析 [J]. 教育科学研究. (5).

邓小平. 1993. 邓小平文选（第三卷）[C]. 北京：人民出版社：373，277-278，374.

董泽芳，杨海松，陈文娇. 2010. 区域内义务教育均衡发展的阻碍因素分析 [J]. 教育研究与实验. (5).

杜育红. 2000. 教育发展不平衡研究 [M]. 北京：北京师范大学出版社：9.

法马，詹森. 1998. 所有权与控制权的分离 [A] //陈郁编. 所有权、控制权与激励——代理经济学文选

［C］. 上海：上海三联书店：185.

凡勃伦 T B. 2012. 有闲阶级论——关于制度的经济研究［M］. 李华夏译. 北京：中央编译出版社.

樊钢. 2003. 现代制度经济学［M］. 北京：北京人学出版社.

樊继达. 2009. 公共经济视角下的城乡义务教育：差距及收敛［J］. 中央财经大学学报，(9).

范先佐. 1999. 教育经济学［M］. 北京：人民教育出版社.

范先佐. 2002. 教育的低效率与教育产权分析［J］. 华中师范大学学报（人文社会科学版），(3).

菲吕博顿 E G，配杰威齐 S. 1994. 产权与经济理论［A］∥ ［美］科斯 R，阿尔钦 A，诺思 D. 财产权利
     与制度变迁［C］. 上海：上海三联书店：204.

冯国有，栗玉香. 2003. 论学校经营中的人力资本产权［J］. 现代教育论丛，(4).

冯友兰. 2000. 中国哲学史（上、下册）［M］. 上海：华东师范大学出版社.

盖玉欣. 2008. 促进县域内义务教育均衡发展的策略研究［D］. 东北师范大学博士学位论文.

盖浙生. 1982. 教育经济与计划［M］. 台北：五南图书出版公司.

高金玲. 2004. 教育产权制度研究［M］. 桂林：广西师范大学出版社.

高庆蓬，杨颖秀. 2006. 西部少数民族地区义务教育的差距分析与对策思考［J］. 中国教育学刊，(9).

高如峰. 2004. 重构中国农村义务教育财政体制的政策建议［J］. 教育研究，(7).

高兆勇. 2008. 农村义务教育财政投资的委托-代理理论分析［D］. 中共中央党校硕士学位论文.

葛新斌. 2005. 农村教育在国家现代化进程中究竟位居何处? ——从"分级办学"到"以县为主"的制度
     变迁分析［J］. 华南师范大学学报（社会科学版）. (3).

葛新斌. 2006. 现行校长负责制变革思路之探讨——从"委托—代理关系"的视角出发［J］. 教育科学研
     究. (4).

龚文海. 2007. 人力资本产权制度变迁与制度创新［D］. 西南财经大学博士学位论文.

古翠凤. 2006. 我国基础教育政策变迁的路径分析［D］. 广西师范大学博士学位论文.

古翠凤，周劲波. 2007. 基础教育政策变迁的路径分析［J］. 辽宁教育研究，(11).

顾明远. 1990.《教育大辞典》（第一卷）［M］. 上海：上海教育出版社：69.

顾荣如. 2004. 将教师流动纳入制度化管理轨道［J］. 中小学管理. (3).

郭宏宝. 2007. 财政视角下公共服务均等化的功效系数评价——以教育均等化为例［J］. 财贸经济.
     (51).

郭建如. 2003. 基础教育财政体制变革与农村义务教育发展研究：制度分析的视角［J］. 社会科学战线.
     (5).

韩嘉玲. 2001. 北京市流动儿童义务教育状况调查报告［J］. 青年研究. (8)：1－7.

韩庆华. 2003. 企业人力资本的产权激励［J］. 中外科技信息，(11).

韩淑萍. 2009. 我国教育均衡背景下教师流动问题的研究述评［J］. 教育导刊. (1).

杭永宝，王荣. 2004. 教育产权制度问题与对策［J］. 教育发展研究. (7).

何维达. 1998. 企业委托代理机制的比较分析：制衡机制与效率［M］. 北京：中国财政经济出版社：19.

亨廷顿. 1989. 变化社会中的政治秩序［M］. 王冠华，等译. 上海：上海三联书店：12-24.

胡代光. 1998. 西方经济学说的演变及其影响［M］. 北京：北京大学出版社：2.

胡少明. 2010. 教育即交易，学校即契约——新制度经济学视野下对教育与学校的再思考［J］. 继续教育
     研究. (4).

胡咏梅，卢珂，薛海平. 2008. 中小学择校问题的实证研究——基于北京市中小学的调查［J］. 教育学
     报，(2).

黄彬，杨挺. 2008. 义务教育学校教师聘任制的内隐困境［J］. 教育科学，(5).

黄复生. 2002. 校长负责制下的委托－代理问题初探 [J]. 江西教育科研. (8).

黄少安. 1995. 产权经济学导论 [M]. 济南：山东人民出版社：348.

黄少安. 2011. 制度经济学研究 [M]. 北京：经济科学出版社.

黄潇. 2011. 中国教育不平等与收入分配差距的实证研究 [D]. 重庆大学博士学位论文.

黄晓妹. 2003. 均衡发展：我国义务教育的决策选择 [D]. 硕士学位论文.

贾建国，岳训涛. 2012. 城乡教师流动非正式制度阻碍因素和实现路径探析——新制度理论的视角 [J].
    继续教育研究，(7).

姜广东. 2006. 非正式制度、财产权利与分工扩展 [D]. 东北财经大学博士学位论文：68.

蒋听捷，樊未晨. 2005. PETS 成为北京"小升初"考试新战场 [N]. 中国青年报，2005-11-24.

焦建国. 2005. 农村教育与二元经济社会结构——城乡教育比较与我国教育当前急需解决的问题 [J]. 学
    习与探索. (3).

教育部. 2010. 国家中长期教育改革和发展规划纲要（2010—2020 年）[M]. 北京：人民出版社.

金绍荣，肖前玲. 2005. 对教师转会制的理性诉求 [J]. 科技广场. (11).

靳希斌. 2003a. 教育产权与教育体制创新 [J]. 广东社会科学，(2).

靳希斌. 2003b. 论教育服务及其价值 [J]. 教育研究，(1).

柯武刚，史漫飞. 2008. 制度经济学——社会秩序与公共政策 [M]. 北京：商务印书馆：212.

科斯 R，阿尔钦 A，诺思 D. 2001. 财产权利与制度变迁——产权学派与新制度经济学派译文集 [M].
    胡庄君等译. 上海：上海人民出版社.

旷乾. 2007. 教育资源配置中的政府与市场 [M]. 南宁：广西教育出版社.

赖秀龙. 2011. 区域性义务教育师资均衡配置的政策研究 [D]. 华东师范大学博士学位论文.

李秉中. 2004. 教育均衡发展的制度化研究 [D]. 东北师范大学博士学位论文.

李成威. 2011. 公共产品理论与应用 [M]. 上海：立信会计出版社.

李春成. 2000. 信息不对称下政治代理人的问题行为分析 [J]. 学术界，(3).

李春玲. 2003. 社会政治变迁与教育机会不平等——家庭背景及制度因素对教育获得的影响（1940—
    2001）[J]. 中国社会科学，(3).

李江源. 2004. 论教育制度的逻辑结构与权力结构 [J]. 复旦教育论坛. (5). 22－27.

李江源. 2010. 论教育制度变迁 [J]. 河北师范大学学报（教育科学版），(11).

李敬沛，王明琦. 2002. 中小学骨干教师趋利性流动剖析 [J]. 教育文汇. (4).

李路路. 1997. 私人企业主的个人背景与企业"成功" [J]. 中国社会科学，(2).

李路路，李汉林. 1999. 单位组织中资源获得 [J]. 中国社会科学，(6).

李萍，盘宇章，吕荣. 2010. 义务教育学校绩效工资改革的经济学分析——基于委托—代理理论的分析框
    架 [J]. 经济理论与经济管理. (2).

李涛，余世琳. 2007. 均衡城乡资源凸显统筹特色——对重庆基础教育统筹发展的思考 [J]. 教育发展研
    究. (10B).

李祥云. 2008. 我国财政体制变迁中的义务教育财政制度改革 [M]. 北京：北京大学出版社.

李宜江. 2010. 义务教育均衡发展理念走向"现实"的法律思考 [J]. 中国教育学刊，(4).

李振国. 2006. 缩小城乡教育差距构建城乡和谐社会探析 [J]. 教育与职业，(29).

厉以宁. 1999. 关于教育产品的性质和对教育的经营 [J]. 教育发展研究，(10).

栗玉香. 2006. 义务教育均衡推进的财政分析与政策选择 [J]. 教育理论与实践. (8).

栗玉香. 2009. 推进义务教育校际间财政均衡的策略 [J]. 中国教育学刊，(12).

栗玉香，郭庆. 2009. 义务教育财政均衡：政策与效果——基于北京市的实证分析 [M]. 北京：经济科

学出版社：61-65.

廖楚晖. 2006. 教育财政学 [M]. 北京：北京大学出版社.

林剑花，张丽娟. 2008. 教育支出的信息不对称与委托-代理问题探讨 [J]. 现代商贸工业，(2).

林涛. 2008. 基于基尼系数的我国教育公平问题研究 [J]. 教育发展研究，(9).

林涛，姆利 D W. 2006. 经济利益与经济制度——公共政策的理论基础 [M]. 陈郁，郭宇峰，汪春译. 上海：上海人民出版社.

林志伟. 2006. 我国城乡收入差距与教育差距的协整性分析 [J]. 山西财经大学学报（高等教育版），(4).

刘国艳. 2007. 制度分析视野中的学校变革 [D]. 山东师范大学博士学位论文.

刘峻峰 钟云华. 2008. 委托代理理论视野下的政校关系 [J]. 湖湘论坛，(4).

刘峻峰，钟云华. 2008. 委托-代理理论视野下的政校关系 [J]. 湖湘论坛，(4).

刘诗白. 1998. 主体产权论 [M]. 北京：经济科学出版社：23.

刘颂，宋扬. 2007. 城乡义务教育发展差异的政策原因探析 [J]. 江西教育科研. (4).

刘文. 2003. 教师人力资本产权的特性 [J]. Journal of Yunnan Finance & Economics University，(2).

刘云忠，徐映梅. 2007. 我国城乡教育差距与城乡居民教育投入差距的协整研究——基于 1990—2005 年的数据分析 [J]. 教育与经济，(4).

刘志国. 2007. 政府权力与产权制度变迁 [M]. 北京：中国财政经济出版社.

卢现祥. 2010. 有利于穷人的制度经济学 [M]. 北京：社会科学文献出版社.

卢现祥，朱巧玲. 2007. 新制度经济学 [M]. 北京：北京大学出版社.

吕丽艳，邓淇. 2006. 农村教育管理体制中的委托-代理分析 [J]. 当代教育科学，(2).

罗必良. 2005. 新制度经济学 [M]. 太原：山西经济出版社：491-493.

罗必良，曹正汉，张日新. 2006. 观念、教育观念与教育——基于新制度经济学的分析 [J]. 高等教育研究. (1).

罗昌瀚. 2007. 非正式制度的演化博弈分析 [M]. 北京：中国财政经济出版社.

罗尔斯. 1991. 正义论 [M]. 谢延光译. 上海：上海译文出版社：66.

罗尔斯 J B. 1988. 何怀宏等译. 1988. 正义论 [M]. 北京：中国社会科学出版社：50.

罗建钢. 2004. 委托代理国有资产管理体制创新 [M]. 北京：中国财政经济出版社.

罗素 B. 2003. 西方哲学史（上、下册）[M]. 何兆武，李约瑟译. 北京：商务印书馆.

马艾云等. 2007. 县域教师流动机制实施框架——城乡义务教育均衡发展的一种构想 [J]. 当代教育科学. (9).

马焕灵. 2010. 城乡基础教育一体化之制度障碍及其克服 [J]. 当代教育科学，(10).

马佳宏，彭慧. 2006. 偏差与平衡：城乡义务教育财力资源配置问题研究 [J]. 中国教育经济学年会论文.

马健生. 2003. 试论教育改革中的制度变迁 [J]. 教育科学，(3).

马克思，恩格斯. 1995. 马克思恩格斯选集（1—4卷）[M]. 中共中央马克思恩格斯列宁斯大林著作编译局编译. 北京：人民出版社：25.

闵维方. 2005. 探索教育改革：经济学和管理政策的视角 [M]. 北京：教育科学出版社：129，158.

缪勒 D C. 2010. 公共选择理论（第3版）[M]. 韩旭，等译. 北京：中国社会科学出版社.

南旭光，罗慧英. 2007. GHM 理论视角下的教育产权制度问题及对策 [J]. 复旦教育论坛，(5).

倪伟平. 2008. 教师教学行为选择的委托-代理模型 [J]. 经济研究导刊，(17).

宁本涛. 2000. 调整结构 明晰产权——对我国教育资源配置效率与公平问题的制度分析 [J]. 教育与经

济，(3).

诺思 D C. 1991. 经济史中的结构与变迁 [M]. 上海：上海三联书店.

诺思 D C. 2008a. 理解经济变迁过程 [M]. 钟正生，等译. 北京：中国人民大学出版社.

诺思 D C. 2008b. 制度、制度变迁与经济绩效 [M]. 杭行译. 韦森译审. 上海：上海人民出版社.

潘懋元. 2003. 教育主权与教育产权关系辨析 [J]. 中国高等教育. (6)：14—16.

潘玉君，罗明东. 2007. 义务教育发展区域均衡系统研究第 2 卷：区域教育发展及其均衡对策研究 [M].
　　北京：北京大学出版社：250.

庞丽娟. 2006. 加强城乡教师流动的制度化建设，切实提高农村教师队伍素质 [J]. 民主. (4).

彭新万. 2009. 我国"三农"制度变迁中的政府作用研究（1949—2007）[M]. 北京：中国财政经济出
　　版社.

彭学农. 2003. 从制度经济学看哲学与经济学之互动 [M]. 上海：上海大学出版社.

普成林. 2010. 云南省贫困、民族、山区县义务教育均衡发展的初步研究——以墨江哈尼族自治县为例
　　[J]. 西南农业大学学报（社会科学版），(6).

钱扑. 2006. 教师流动中的社会学问题探讨 [J]. 上海教育科研. (11).

乔榛. 2010. 中等收入陷阱的中国式规避 [N]. 光明日报，2010-4-14.

青木昌彦. 2000. 什么是制度？我们如何理解制度 [J]. 周黎安，等译. 经济社会体制比较，(6).

丘渊. 2001. 教育经济学导论（修订本）[M]. 北京：人民教育出版社.

邱国华. 2005. 义务教育完成率："普九"新阶段的核心指标 [J]. 教育发展研究，(4).

冉幕娟. 2006. 城乡教育不平等与收入差距关系研究 [J]. 山西财经大学学报（高等教育版）. (1).

任仕君. 2005. 县域义务教育资源配置现状分析与对策研究 [J]. 当代教育科学，(2).

萨谬尔森 P A，诺德豪斯 W D. 2007. 经济学（第 18 版）[M]. 萧琛译. 北京：人民邮电出版社：32.

沈有禄. 2008. 基础教育资源配置公平研究 [D]. 北京师范大学博士学位论文.

盛洪. 2009. 现代制度经济学 [M]. 北京：中国发展出版社.

史云峰，许艳丽. 2004. 农村义务教育财政制度变迁路径依赖及创新 [J]. 教育科学，(4).

舒尔茨 T W. 1990. 论人力资本投资 [M]. 北京：北京经济学院出版社.

司晓宏，杨令平. 2010. 当前我国西部地区农村义务教育形势分析 [J]. 教育研究. (8).

思拉恩·埃格特森 S. 1996. 经济行为与制度 [M]. 吴经邦译. 北京：商务印书馆：35.

苏君阳. 2005. 义务教育均衡发展基本策略分析 [J]. 中国教育学刊. (12).

孙培青. 2000. 中国教育史 [M]. 上海：华东师范大学出版社.

孙永健，徐良万. 2004. 教师激励机制的理论依据与报酬模型 [J]. 九江职业技术学院学报. (2).

孙志军，杜育红，李婷婷. 2010. 义务教育财政改革的增量效果与分配效果 [J]. 北京大学教育评论.
　　(1).

谈松华. 2008. 义务教育的均衡发展：从行政措施到制度建设 [J]. 群言，(5).

谭俊英. 2012. 构建第三部门投入农村义务教育的非正式制度环境 [J]. 现代教育管理，(1).

檀静. 2010. 浅谈农村义务教育办学体制的创新 [J]. 西安社会科学. (3).

唐绍欣. 2010. 非正式制度经济学 [M]. 济南：山东大学出版社.

唐寿宁. 1996. 行政一致同意——对中国公共职能机构改革的一个解释 [A] // 中国制度变迁的案例研究
　　（第一集）[C]. 张曙光编. 上海：上海人民出版社：120.

唐友名等. 2011. "委托—代理"理论下学校管理激励机制的构建 [J]. 厦门理工学院学报. (2).

田芬. 2004. 基础教育均衡发展研究 [D]. 苏州大学博士学位论文.

万明钢. 2002. "积极差别待遇"与"教育优先区"的理论构想——西部少数民族贫困地区教育发展途径

探索 [J]. 教育研究, (5).

汪丞. 2006. 教师定期轮换流动制度——促进校际师资均衡发展的一种思路 [J]. 中国教师. (2).

汪丁丁, 韦森, 姚洋. 2005. 制度经济学三人谈 [M]. 北京：北京大学出版社.

汪明. 2005. 义务教育均衡发展的政策选择 [J]. 中国基础教育. (5).

汪育华. 2004. "一费制"镜鉴——先期实行"一费制"的农村义务教育调研 [J]. 四川教育, (1).

王爱民, 徐翔. 2008. 区域教育差距的影响因素实证研究 [J]. 南京师大学报 (社会科学版), (4).

王爱民, 徐翔. 2009. 教育差距、要素生产率与经济增长 [J]. 教育与经济, (1).

王德文. 2003. 中国农村义务教育：现状、问题和出路 [J]. 中国农村经济, (11).

王官诚. 2009. 我国教育产权的提出：意义、问题与重组 [J]. 教育导刊. (21).

王海光. 2003. 当代中国户籍制度形成与沿革的宏观分析 [J]. 新华文摘. (10).

王红. 2002. 公共财政与教育财政制度的变革 [J]. 教育与经济, (4).

王洪斌. 2001. 新时期高校人才的流动与稳定 [J]. 大连大学学报. (1).

王焕清. 2006. 完善"以县为主"农村义务教育管理体制的思考 [J]. 湖南财经高等专科学校学报. (8).

王建容, 夏志强. 2010. 我国省际间义务教育均衡发展状况的实证研究 [J]. 教育研究与实验, (5).

王梅清. 2011. 城乡教育差距的原因分析 [J]. 陕西行政学院学报. (3).

王蓉. 2003. 我国义务教育投入之公平性研究 [J]. 经济学季刊. (2)：453−468.

王蓉. 2004. 教育水平的差异与公共教育资源分配的不平等 [J]. 北大教育经济研究, (3).

王善迈, 杜育红, 刘远新. 1998. 我国教育发展不平衡的实证分析 [J]. 教育研究, (6).

王远伟. 2007. 农村寄宿制中小学问题的探索和反思——以内蒙古三个旗县为例 [J]. 大家参考. (9).

韦森. 2001. 社会制序的经济分析导论 [M]. 上海：上海三联书店：62.

韦斯托扎尔·平乔维奇 W. 1999. 产权经济学——一种关于比较体制的理论 [M]. 蒋琳琪译. 北京：经
　　济科学出版社：28.

温娇秀. 2007a. 我国城乡教育不平等与收入差距扩大的动态研究 [J]. 当代经济科学, (5).

温娇秀. 2007b. 地区间教育不平等与收入差距扩大的动态研究 [J]. 山西财经大学学报, (8).

温娇秀, 王延军. 2010. 中国农村地区收入差距与教育差距的动态研究 [J]. 经济经纬, (1).

文东茅. 2006. 我国城市义务教育阶段的择校及其对弱势群体的影响 [J]. 北京大学教育评论, (2).

沃克. 1988. 牛津法律大辞典（中译本）[Z]. 北京：光明日报出版社：729.

吴春霞. 2007. 中国城乡义务教育经费差距演变与影响因素研究 [J]. 教育科学, (6).

吴宏超. 2007. 义务教育均衡发展的现状与政府效能改进 [J]. 教育发展研究, (12A).

吴开俊. 1997. 我国义务教育投资体制的缺陷与对策 [J]. 上饶师范学院学报. (4).

吴思. 2003. 血酬定律 [M]. 北京：中国工人出版社：46.

吴易风, 关雪凌. 2010. 产权理论与实践 [M]. 北京：中国人民大学出版社.

吴忠民. 2010. 中国现阶段社会矛盾特征分析 [J]. 教学与研究, (3).

伍装. 2011. 非正式制度论 [M]. 上海：上海财经大学出版社.

武恒光等. 2005. 我国农村义务教育融资制度变迁模式及其影响因素研究 [J]. 经济体制改革. (3).

夏海勇, 张小强, 韩雪. 2008. 人力资本投资中道德风险的防范——基于委托—代理理论的契约设计
　　[J]. 郑州航空工业管理学院学报. (4).

夏茂林, 张学敏. 2013. 关于义务教育教师法律身份的经济学思考——基于新制度经济学的分析视角
　　[J]. 教师教育研究, (3).

谢光灵, 汤仙月, 曾勇明. 2004. 城乡教育均衡发展的调查与思考 [J]. 上海电机技术高等专科学校学
　　报. (9).

谢童伟，张锦华，吴方卫．2011．中国教育省际差距收敛分析及教育投入体制效应评价与改进——基于 31 个省（市）面板数据的实证分析［J］．当代经济科学．（4）．

谢泽源，王小清．2006．现代远程教育与义务教育均衡发展［J］．教育探索．（2）．

萧仁武．2012．择校费，我们伤不起［N］．公民导刊，2012-10-21．

徐剑波．2006．沿海发达地区城乡义务教育均衡发展对策研究［J］．教育发展研究，（23）．

徐玲．2004．公立学校与教师之间的"委托-代理"关系［J］．阴山学刊，（1）．

徐文．2003．义务教育资源配置的产权分析［J］．教育与经济，（2）．

徐文．2004．教育产权论［D］．华东师范大学博士学位论文．

许云霄．2006．公共选择理论［M］．北京：北京大学出版社．

亚里士多德．2003．尼各马可伦理学［M］．廖申白译．北京：商务印书馆：135-136．

闫坤，刘新波．2010．"以县为主"教育管理体制下农村义务教育非均衡发展的测算——基于历年省级数据的实证分析［J］．中国社会科学院研究生院学报，（4）．

杨道宇等．2011．教育资源的城乡不均衡分布——以黑龙江省基础教育为例［J］．教育与经济．（1）．

杨德才．2007．新制度经济学［M］．南京：南京大学出版社．

杨东平．2000．对我国教育公平问题的认识和思考［J］．教育发展研究，（8）．

杨东平．2006．中国教育公平的理想与现实［M］．北京：北京大学出版社：126．

杨东平，周金燕．2003．我国教育公平评价指标初探［J］．教育研究，（11）．

杨海燕．2006．校长与教育行政机关的委托-代理关系与校长激励［J］．国家教育行政学院学报，（4）．

杨俊，李雪松．2007．教育不平等、人力资本积累与经济增长：基于中国的实证研究［J］．数量经济技术经济研究，（2）．

杨克瑞，谢作诗．2007．教育经济学新论［M］．北京：人民出版社．

杨丽娟．2000．关于教育产权若干问题的探讨［J］．教育与经济，（1）．

杨瑞龙，周业安．1997．一个关于企业所有权安排的规范性分析框架及其理论含义［J］．经济研究，（1）．

杨挺．2004．教育投资主体多元化背景下的学校产权规范分析［J］．中国教育学刊，（6）．

杨卫安．2010．我国城乡教育关系制度的变迁研究［D］．东北师范大学博士学位论文．

杨秀芹．2009．教育资源利用效率与教育制度安排［M］．武汉：华中师范大学出版社．

杨兆山，金金．2005．建设"标准化学校"搭建义务教育均衡发展的操作平台［J］．东北师大学报（哲学社会科学版）．（5）．

叶碧英．2006．转型期弱势群体向上流动的障碍——教育不公［J］．理论界，（4）．

尹力．2005．《教师法》实施 10 年：守望与期待［J］．教育理论与实践，（2）．

游佳忆．2010．"委托—代理"视角下的教师激励机制研究［J］．教育与教学研究．（7）．

于发友．2005．县域义务教育均衡发展研究［D］．山东师范大学博士学位论文．

于月萍．2008．义务教育区域内均衡发展的对策研究［J］．中国教育学刊，（3）．

袁庆明．2011．新制度经济学教程［M］．北京：中国发展出版社．

袁小平．2005．委托—代理关系下校长隐性激励与选择［J］．江苏教育学院学报（社会科学版）．（2）．

袁振国．1999．论中国教育政策的转变对我国重点中学平等与效益的个案研究［M］．广州：广东教育出版社．

袁振国．2003．建立教育发展均衡系数 切实推进教育均衡发展［J］．人民教育．（6）：11-13．

袁振国．2005．缩小差距——中国政策的重大命题［J］．北京师范大学学报（社会科学版），（3）．

约翰·康芒斯 JR．2009．制度经济学［M］．赵睿译．北京：华夏出版社．

约翰·斯图亚特·穆勒．2013．金镝译．政治经济学原理［M］．北京：华夏出版社．

岳洪江，严全治. 2002. 我国地区教育程度指标差距问题研究 [J]. 教育与经济，(3).

曾满超. 1990. 西方教育经济学流派 [M]. 北京：北京师范大学出版社.

曾鹏飞. 2007. 制度创新：省域义务教育均衡发展的关键 [N]. 光明日报，2007-12-4.

曾天山. 1999. 义务教育阶段"择校生"现象剖析 [M]. 南宁：广西教育出版社：25.

曾天山. 2003. 农村义务教育"以县为主"新体制的调查与思考 [J]. 人民教育，(11).

甄志宏. 2004. 正式制度与非正式制度的冲突与融合 [D]. 吉林大学博士学位论文.

翟博. 2007. 中国基础教育均衡发展实证分析 [J]. 教育研究，(7).

翟博. 2008. 教育均衡论：中国基础教育均衡发展实证研究 [M]. 北京：人民教育出版社.

詹姆斯·布坎南 JM. 2009. 成本与选择 [M]. 刘志铭，等译. 杭州：浙江大学出版社.

詹姆斯·科尔曼. 1966. /1989. 教育机会均等的观念 [M]. 上海：华东师范大学出版社：180.

张长征，李怀祖. 2005. 中国教育公平与经济增长质量关系实证研究：1978—2004 [J]. 经济理论与经济
管理，(12).

张长征等. 2003. 组织内外部双重专业化与知识管理 [J]. 科学管理研究. (6).

张驰，韩强. 2003. 公立学校产权制度改革的法律 [J]. 华东政法学院学报，(4).

张海峰. 2006. 城乡教育不平等与收入差距扩大——基于省级混合截面数据的实证分析 [J]. 山西财经大
学学报，(4).

张汉昌. 2007. 从"阿尔钦之迹"看教育产权制度的改革与创新 [J]. 南阳师范学院学报（社会科学版）.
(1).

张欢等. 2004. 农村义务教育经费"挤出效应"研究 [J]. 清华大学教育研究. (5).

张继焦. 1999a. 市场化中的非正式制度 [M]. 北京：文物出版社：4.

张继焦. 1999b. 非正式制度、资源配置与制度变迁 [J]. 社会科学战线，(1).

张家军，靳玉乐. 2007. 论教育制度及其对行为的规训 [J]. 教育学报，(3).

张家军，杨浩强. 2012. 我国教育政策的城乡差异及其伦理反思 [J]. 教育理论与实践. (19)：16—20.

张劲松. 2008. 论农村义务教育投入欠缺及其改善——一个委托-代理理论的模型分析 [J]. 湖北社会科
学，(8).

张侃. 2011. 制度视角下的我国义务教育均衡发展 [J]. 教育科学，(3).

张力. 2010. 均衡发展是义务教育制度的本质要求 [J]. 中国农村教育，(2).

张娜. 2007. 基础教育产权制度研究 [D]. 华东师范大学博士学位论文.

张天雪，朱智刚. 2009. 非正式制度规约下教师流动实证分析——以桐庐县为例 [J]. 中国教育学刊，
(4).

张铁明. 1998. 教育产业论——教育与经济增长关系的新视角 [M]. 广州：广东高等教育出版社：281.

张万朋，薛天祥. 2003. 产权与教育产权——一种基于经济学说史视角的分析 [J]. 江苏高教，(6).

张维迎. 1995. 公有制经济中的委托-代理人关系：理论分析与政策含义 [J]. 经济研究，(4).

张维迎. 1996. 所有制、治理结构及委托-代理关系 [J]. 经济研究，(9).

张文和. 2009. 中国教育制度变迁——一种历史制度分析的新视角 [J]. 南京农业大学学报（社会科学
版），(3).

张五常. 2001. 经济组织与交易成本 [M]. 北京：商务印书馆：446.

张馨. 1999. 公共财政论纲 [M]. 北京：经济科学出版社.

张馨，杨志勇. 2000. 当代财政与财政学主流 [M]. 沈阳：东北财经大学出版社.

张秀英. 2005. 制度视野中的乡镇负债探析 [J]. 中共中央党校学报. (2).

张学敏，叶忠. 2009. 教育经济学 [M]. 北京：高等教育出版社.

张业圳. 2007. 统筹城乡与我国农村基础教育产品供给 [J]. 福建师范大学学报 (哲学社会科学版), (1).

张玉林. 2003. 分级办学制度下的教育资源分配与城乡教育差距 [J]. 中国农村观察, (1)

张志勇. 2005. 教育的区域差距与政策选择 [J]. 北京师范大学学报 (社会科学版), (3).

赵全军. 2006. 中国农村义务教育供给制度研究 (1978—2005) ——行政学的分析 [D]. 复旦大学博士学位论文.

赵文彬. 2009. 转型期中国教育制度变迁的三角结构和三角博弈 [J]. 现代教育管理, (7).

赵泽碧. 2006. 关于实现教育均衡发展的理性思考 [J]. 教育探索. (2).

中国大百科全书总编辑委员会《教育》编辑委员会. 1985. 中国大百科全书·教育 [M]. 北京：中国大百科全书出版社：487.

中央教育科学研究所. 2002. 2001 年中国基础教育发展研究报告 [M]. 北京：教育科学出版社：28-56.

中央教育科学研究所教育督导评估研究中心. 2010. 义务教育均衡发展报告·2010 [M]. 北京：教育科学出版社：73-132.

钟庆才. 2002. 人力资本产权与实现机制分析 [D]. 暨南大学博士学位论文.

周大平. 2005. 治理择校乱收费的一种思路 [N]. 瞭望, 2005-1-10.

周洪宇. 2005. 实现教育公平促进和谐社会建设 [J]. 民主. (4).

周金玲. 2003. 基础教育制度变迁的经济学分析 [J]. 学术月刊, (11).

周金玲. 2005. 义务教育及其财政制度研究 [D]. 浙江大学博士学位论文.

周金玲. 2006. 义务教育制度效率的历史阶段性与我国的选择 [J]. 山东社会科学, (4).

周其仁. 1996. 市场里的企业：一个人力资本与非人力资本的特别合约 [J]. 经济研究, (6).

周业安. 2001. 关于当前中国新制度经济学研究的反思 [J]. 经济研究, (7).

朱迎春, 周志刚. 2006. 从教育公平原则看中国城乡教育差距 [J]. 教育理论与实践, (4).

朱智刚. 2009. 学校非正式制度探微 [J]. 教学与管理, (8).

祝平. 2006. 中小学教师流动的外部性研究 [D]. 首都师范大学硕士学位论文。

庄西真. 2001. 职业技术教育产权多元化的变革与政府干预 [J]. 教育科学, (2).

邹泓等. 2004. 我国九城市流动 儿童生存和受保护状况调查 [J]. 青年研究. (1)：1—8.

左海云. 2010. 基于委托—代理理论的校长激励策略 [J]. 河北师范大学学报 (教育科学版). (7).

Becker G S, Chiswick B R. 1966. Education and the distribution of earning [J]. American Economic Review, 56 (1)：358—369.

Benabou R. 1996. Inequality And Growth in Bernanke, B. S. and Rotemberg, J. J. eds, NBERM Acroeconomics Annual：11—73.

Chun—Hung A Lin. 2007. Educational expansion, Educational Inequality, and Income Inequality：Evidence from Taiwan, 1976—2003. Social Indicators Research：601—615.

Deng Z, Treiman D. 1997. The impact of cultural revolution on trends in educational attainment in the People's Republic of China [J]. American Journal of Sociology, 103 (2).

Parish W L. 1984. Destratification in China [A] //Watson J L. Class and Social Stratification in Post-Revolution China [M]. Cambridge：Cambridge University Press：84-120.

Park K H. 1996. Educational Expansion and Educational Inequality on Income Distribution, Economics of Education Review, (15)：51—58.

Psacharopoulos G. 1977. Unequal Access to Education and Income Distribution：An International Comparison [J]. De Economist, 25 (4)：383—398.

Whyte M. 1975. Inequality and stratification in China [J]. China Quarterly, 64 (3).

Whyte M. 1981. Destratification and restratification in China [A] // Berreman G. In Social Inequality [C]. NewYork: Academic: 309-336.

附 录

附录一 访 谈 提 纲

一、针对教育主管部门领导的访谈提纲

(1)您认为本地义务教育学校之间的办学差距大吗？您怎么看待这一问题呢？

(2)请问当前本地教育局对于义务教育经费主要按照什么规则分配给各学校呢？例如，在公用经费上？各种专项经费？

(3)您认为本地政府是否存在推卸义务教育投资责任的现象？请具体谈谈。

(4)上级部门对学校是否有乱摊派现象？比如，强行要求订阅不必要的报刊、杂志等。

(5)您认为是哪些因素导致了义务教育经费在学校之间的分配差距？请具体谈谈。

(6)"示范校""实验学校"等重点学校在资源获得中占有哪些优势？城市学校相对于农村学校呢？

(7)您认为现行的教育经费分配制度在执行中存在哪些问题？

(8)您认为主要有哪些因素影响了教师资源在学校之间的不合理分配(包括观念意识或者文化上的因素)？

二、针对学校领导的访谈提纲

(1)您认为本地义务教育学校之间的办学差距大吗？您怎么看待这些学校之间的发展差距呢？您认为本地教育主管部门对于农村义务教育是否重视？

(2)请问本地教育局对于义务教育经费主要按照什么规则分配给各学校呢？例如，在公用经费上？各种专项经费？

(3)您认为是哪些因素导致了义务教育经费在学校之间的分配差距？"示范校""实验学校"等重点学校在资源获得中有哪些优势吗？城市学校相对于农村学校呢？

(4)您认为学校要想争取更多的教育经费(教师),可以通过哪些途径和方式?

(5)您认为本地政府是否存在推卸义务教育投资责任的现象?请举例谈谈。对贵校是否有乱摊派现象?比如,强行要求订阅不必要的报刊、杂志等。

(6)贵校校内创收主要有哪些途径?每年能达多少呢?对于这些收入有哪些使用规定?

(7)贵校教师绩效工资人均每年达多少?具体如何分配的?

(8)贵校现有多少学生?师生比为多少?教师编制为多少人?还缺编或超编多少人?

(9)本地学校是否落实了教师聘任制?新增教师资源是如何配置的?有无统一的配置制度?

(10)在职教师工作调动是按什么规则进行的?具体如何?

(11)您认为主要有哪些因素导致了教师资源在学校之间的不合理分配(包括观念意识或者文化上的因素)?请具体谈谈。

三、针对教师的访谈提纲

(1)您认为本地义务教育学校之间的办学差距大吗?您怎么看待这一问题呢?

(2)您认为当前本地教育主管部门对于农村义务教育是否重视?对于义务教育各类学校的资源配置是否存在厚此薄彼?

(3)您认为当前教师和教育管理者的职业道德状况如何?

(4)您认为新增教师是如何分配的?有没有统一的分配制度?在职教师工作调动是按什么规则进行的?存在哪些问题?

(5)本地学校是否真正实行了教师聘任制?您认为主要有哪些因素影响了教师流动(包括观念意识或者文化上的因素)?请具体谈谈。

(6)您如何看待您现在的工作?您打算离开贵校吗?为什么?

附录二　导致义务教育资源配置差距的非正式制度调查问卷

尊敬的老师(领导):

您好!这是一份学术问卷。我们诚心恳请您的协助。本问卷的主要目的是了解义务教育资源配置差距的非正式制度因素,以便为义务教育制度变革提供依据。问卷内容不涉及个人隐私。我们承诺,对问卷内容将做好匿名和保密处理,对本问卷所得信息只作综合分析，不作个别意见分析。您的填写很重要，请根据真实情况如实填写。非常感谢您的鼎力协助！

西华师范大学　夏茂林

2013 年 5 月

说明：非正式制度是指一切不需要正式社会组织以正式成文方式加以确认和强制实施的社会规范，包括意识形态、价值观念、道德信仰、风俗习惯、文化传统等。

第一部分　个人基本信息

请在您认为合适的"○"内打"√"。

1. 您的性别：○男　　○女

2. 您的职务：○教师　　○学校中层管理干部　　○副校长　　○校长　　○其他

3. 您所在的学校位于：_____市_____县(区)

4. 您所在的学校位于：○城市(含县级市)　　○农村(含山区)

5. 您曾经在学校之间调动工作的次数：○0 次　　○1 次　　○2 次　　○3 次及以上

6. 贵校教师中属于上级领导的关系户情况：

○特别多　　　　○较多　　　　　○较少　　　　　○基本没有

7. 您认为政府部门对贵校的发展是否重视：

○特别重视　　　○比较重视　　　○一般　　　　　○不重视

第二部分　非正式制度调查

一、请根据您的看法在相应的方框内处打"√"。

您认为，下列因素对义务教育各学校获得资源(经费、物资)差距的影响程度分别是	非常大	比较大	一般	有点影响	没有影响
1. 对学生考分和学校升学率的片面追求	5	4	3	2	1
2. 政府有差别地对待各中小学发展的观念	5	4	3	2	1
3. 管理者"一切向钱看"的观念意识	5	4	3	2	1
4. 教育管理者缺乏办好本地教育事业的职业信仰	5	4	3	2	1
5. 管理者对本职业缺乏诚实守信、育人为本的道德操守	5	4	3	2	1
6. 教育主管领导与学校之间的人情关系	5	4	3	2	1
7. 政府历年来重点投资办好某些学校的惯例	5	4	3	2	1

续表

您认为，下列因素对义务教育各学校获得资源（经费、物资）差距的影响程度分别是	非常大	比较大	一般	有点影响	没有影响
8.教育主管领导与学校的幕后（金钱、权钱）交易等潜规则	5	4	3	2	1
9.教育决策一切都由"领导说了算"的风气	5	4	3	2	1
10.学校领导极力为自己学校争夺教育资源的风气	5	4	3	2	1

二、请根据您的看法在相应的方框内打"√"。

您认为，下列因素对我国义务教育学校教师资源配置差距的影响程度分别是	非常大	比较大	一般	有点影响	没有影响
1.对学生考分和学校升学率的片面追求	5	4	3	2	1
2.政府有差别地对待各中小学发展的观念	5	4	3	2	1
3.教师们"一切向钱看"的观念意识	5	4	3	2	1
4.教育工作者缺乏搞好教育的职业信仰	5	4	3	2	1
5.教育工作者对本职业缺乏诚实守信、育人为本的道德操守	5	4	3	2	1
6.主管领导与教师的人情关系	5	4	3	2	1
7.政府历年来重点投资办好某些学校的惯例	5	4	3	2	1
8.政府官员在分（调）配教师时存在的幕后（金钱、权钱、权权）交易等潜规则	5	4	3	2	1
9.教育决策一切都由"领导说了算"的风气	5	4	3	2	1
10.教师以家庭利益为首要动因的流动趋势	5	4	3	2	1

对于导致义务教育差距的非正式制度问题，您还有其他什么看法？请提供给我们，谢谢！

_____

_____

（问卷至此结束，请不要漏答，再次感谢您的帮助！）

后　记

本书乃笔者在原博士学位论文的基础上修改而成。遥想当年，论文完稿之时，正值元宵节前夕，国内许多地方都下起了大雪。外面正天寒地冻，冷得仿佛节日的气氛都快要凝固了。论文虽已草就，但却总难释怀。一种难以名状的诚惶诚恐与惴惴不安不断地拷问着我的自信。想起读博之初，我曾调侃博士学位论文就像曹雪芹在《红楼梦》中借道士之口所感叹的那样，真是"满纸荒唐言，一把辛酸泪。都云作者痴，谁解其中味？"而彼时彼刻，对于"学问难做"的体会算是更深了。在这个"满纸荒唐言"的完成过程中，个中滋味还真是"一把辛酸泪"，竟不知"都云作者痴"？还是有"谁解其中味"？

尽管如此，本书毕竟是三年博士阶段努力的主要见证。尽管事过境迁有年，但值此即将付梓之际，仍禁不住心潮澎湃，百感交集。激动的心情像脱缰的野马久久不能平息。禁不住再回首那三年间的车尘马迹，往事历历犹在眼前。期间固然有"剑匣诗囊长作伴，踏破晚风朝露"的求学之艰辛与坎坷，更有一路行来师友和亲人之关爱与帮助。我属于智力平平但比较勤奋的那类人，能够取得一点点成绩，实乃得益于师友和亲人的大力帮助。每念及此，感激之情不由得才下眉头，又涌上心头！

感谢我的博士生导师张学敏教授！三年来幸蒙恩师不弃，给予了悉心指导和耐心教育，才使得比较愚钝和顽固的我不断涉入更深层次的教育经济学研究，并获得了些许成绩和进步。感谢我的硕士生导师冯文全教授和师母张善碧女士！冯老师的厚道、朴实、大气和睿智一直是照耀我求学的光辉。读博之初离不开他和师母的殷切希望和鼓励。读博过程中更是沐浴着冯老师的洪大师恩。冯老师不仅在生活和工作中默默地给予我极大帮助，他在学术上的高深造诣也对我影响颇深！

在此，还要感谢华中师范大学的范先佐教授和南京师范大学的叶忠教授，以及西南大学的崔延强教授、朱德全教授、陈恩伦教授、赵伶俐教授、王德清教授、易连云教授、孙振东教授、徐学福教授等的不吝赐教。感谢在我调研期间予以大力支持的蔡涛校长、邓建华校长、胡小国校长等老朋友！感谢同事何晓燕、张红对我的问卷调研提供的大力帮助！感谢谭俊英、侯小兵、兰正彦、何国伟、王坤、杨晓平、李琰、阎德明、刘小强等众多博士好友的关心与帮助！

最后，我要感谢我的亲人！是他们在背后的默默支持，才使得我能够静下心来专心求学。读博三年犹如"出家"三年，即使在家也如同"居士"一般，终日打坐诵经，虔心修炼，不问尘事，以求"自度度人，自觉觉他"。一切家务都交给了妻子一人承担。那期间，岳父病重住院，父亲也长期生病求医，妻子既要上班，又要照顾父母，还要照管儿子的生活和学习，一个人忙里忙外，真是不堪其累，身体都衰弱了很多。每次看在眼里，痛在心里，可妻子却总是说"你比我更辛苦"。可以说，"军功章"里有我的一半，更有妻子的一半！感谢我那可爱的儿子！当年，为了能够让爸爸虔心学习，面对愁眉不展、犹豫不决的爸爸，只有八岁的儿子当机立断毅然选择了转学。他真是个大英雄！那时候就已经知道"天行健，君子以自强不息"的道理了，并把它写在了书桌上作为座右铭。如今儿子成绩优异，个子比"爸爸发表的文章堆起来"高多了，写的文章比爸爸的文章都多、都好。这也许是对我这颗充满愧疚之心的最大慰藉吧！

　　荏苒岁月，匆匆如掠水惊鸿；如烟往事，回首已几许朦胧。三年的读博经历业已成为记忆，唯愿本书没有辜负亲人和师友们的期望！聊以自慰的是，本书在匿名送审和答辩时都曾被专家一致评为优秀。正所谓"人生到处知何似？应是飞鸿踏雪泥"。这或许能算是留下的一点点"雪泥鸿爪"吧！

夏茂林

2015 年 6 月于千年绸都南充